# 바울과 고린도교회

# 바울과 고린도교회

## 1세기 지중해지역 초기 교회 현장을 찾아서

김판임 지음

동연

# 머 리 말

이 책에 수록된 글들은 모두 고린도전서에 대한 연구결과물들이다. 고린도전서는 고린도에 있는 교인들에게 사도 바울이 보낸 편지이다. 고린도전서만큼 초기 교회의 생생한 삶의 현장을 잘 보여주는 자료는 없다.

고린도는 1세기 지중해 지역에서 금융과 무역 등 경제가 활성화된 도시였다. 사람들의 왕래가 빈번하며 급변하는 사회에서 고린도교인들은 사도 바울이 전하는 복음을 열정적으로 받아들였다. 그들 중에는 로마라는 거대한 제국을 중심으로 변화하는 세계 속에 적응하여 나름대로 잘사는 사람들이 많았다. 오랜 세월 침체되어 있다가 다시 활성화되는 고린도 시의 특징은 서울의 강남이 뽕나무밭에서 개발되어 대거 아파트 밀집지역이 되면서 급속도로 놀라운 경제적 발전을 이룬 것과 유사한 느낌을 준다.

한국교회에서는 그런 목회자가 드물지만, 고린도지역에 믿는 사람들이 어느 정도 생기자 바울은 다른 지역에서 선교하기 위해 그곳을 떠난다. 그러나 그들에 대한 바울의 기대는 남다르다. 바울이 떠난 지

얼마 지나지 않아 생각지도 못한 일들이 교회 안에 일어났고, 사도로서의 책임감이 있는 바울은 당시의 선교 현지를 떠나지 못하고 대신 그 문제들에 대해 성실히 답변을 적어 보낸다. 경우에 따라 문제를 노골적으로 드러내지 못하고 돌려서 말하는 때도 많다. 노골적으로 문제를 드러내면 문제가 해결되기보다는 더 큰 문제로 번질 수 있기 때문이다. 그렇기 때문에 현대의 독자들은 바울의 표현 후면에 있는 역사를 헤아리면서 바울 서신을 잘 읽어야 한다. 서신 속에 담긴 바울의 마음과 바울의 의도와 그 글로 소통되는 고린도교회 교인들의 상황을 상상할 수 있어야 한다.

이 책에 실는 논문들의 연구 방법은 본문 비평과 1세기 지중해 지역의 정치경제적, 사회문화적, 종교문화적 배경 지식과 종교적 상상력이다.

필자는 13년간의 독일 유학생활 끝에 박사학위를 받고 귀국하였다. 1996년 1학기부터 대학에서 강의를 맡으며 한국 사회에 적응하고자 노력을 기울이기 시작했다. 그리고 얼마 되지 않았을 때 한국은 IMF라는 전례 없는 경제적 타격을 받았다. 그런 상황을 반영하듯 한국신약학회 연구 주제는 "경제윤리"라는 매우 현실적인 것이 선택되었고, 십여 년간 박사학위를 위해 "구원"이라는 매우 전통적이고 종교적인 주제를 다루었던 내게는 경제윤리라는 주제는 실로 새롭고 어려운 것이었다. 그러나 1998년 한국신약학회 정기학술대회에서 바울의 경제윤리를 연구 발표하면서, 종교가 멀고먼 하늘나라의 이야기가 아니라 우리의 삶과 매우 밀착해 있는 것임을 깨닫게 되었다. 그뿐만 아니라 1999년에 출간된 대한기독교서회 창립 100주년 기념 주석 시리즈 중에 고린도후서 주석을 맡기도 했다. 나는 그 주석 연구를 통해 바울의 인간적인 면모를 여실히 알게 되었다. 1998년 한국신약학회 학술대회와 1999년 고린도후서 연구를 통해 얻은 깨달음은 성서학자로서의 필자를 탈바꿈하게 한 사건이라고 감히 고백할 수 있다.

고린도후서가 바울 개인의 문제와 갈등을 담은 내용으로 이루어져 있다면, 고린도전서는 교회 안에서 교인들의 갈등 상황을 해결해보려는 사도 바울의 노고가 드러나는 글들로 구성돼 있다. 바울이 그토록 사랑했고 기대했던 고린도교회, 믿음에 있어서 그 누구보다도 열정적이었던 고린도교회 교인들의 문제들을 짚어가면서 필자는 한국교회의 문제들과 겹친다는 생각을 하게 되었다. 고린도교회와 한국교회는 시간적으로는 거의 2000년의 차이가 있고, 공간적으로도 지중해와 동북아시아 끝자락이라는 팔팔결의 차이가 있다. 이런 차이에도 두 교회가 닮은 듯이 보이는 이유는 예수 그리스도를 믿고, 교회에 사람들이 모이는 신앙적 열정을 가지고 있다는 점 때문이다. 그래서인지 고린도교회에 생긴 많은 문제들은 한국교회에서도 과거에 이미 문제가 불거졌고, 현재에도 상존하며, 앞으로도 떨칠 수 없을지 모르는 일이다. 그러므로 고린도전서를 잘 이해하면 한국교회에서 발생하는 많은 문제와 숱한 갈등을 풀어나갈 지혜를 얻을 수 있으리라 확신한다.

이 책에 수록된 논문들은 1998년부터 2013년에 이르는 동안 필자가 천착했던 연구의 결과들이다. 15년. 반 세대가 지났으니 오래 묵혀서 책으로 묶는다. 빨리 연구를 끝내지 못했던 이유는, 대학에서 감당하는 강의와 다른 연구들에 시간을 할애해야 했기 때문이다.

15년 동안 한국사회도, 한국교회도 많이 변하였다. 교회 외부 사람들로부터 '개독교'라는 욕을 먹기도 하고 교회 내부인들도 교회 내 많은 문제들을 비판하지만, 이 모든 일이 좀 더 나은 교회를 기대하기 때문일 것이다.

개개의 논문들은 고린도교회 안에 생긴 문제들이 무엇이고, 왜 그런 문제들이 발생했는지 신학적 근거와 문제를 해결하기 위해 바울이 제시한 해법을 찾으려는 생각으로 시도되었다. 그리고 고린도교회의 문제와 유사한 것을 생각하여 한국교회 상황에서 연구의 출발점을 잡기도 하였다. 이 연구들은 신약성서가 멀고먼 거룩한 문서일 뿐만 아니라 작은 일에 울고 웃는 미약한 인간들의 삶을 보여주고, 그럼에도 불구하고 신을 향한 열정을 가진 존재들의 삶을 담아낸 문서임을 인식하게 해주었다.

가장 먼저 쓴 논문은 1998년「말씀과 교회」지에 수록된 "바울은 왜 스스로 벌어가며 선교하였나? — 고전 9장 연구"이다. "성령과 함께 기뻐하자"는 글은 이 책에서 유일하게 학술논문의 형식을 띠지 않고 설교를 위한 주석 형식을 취하였다. 이는 설교를 위한 성경해설지(1999년 5월)로부터 청탁을 받아 작성하였기 때문이다. "바울은 이혼을 허락하였나? — 고전 7장 연구"는 2004년「헤르메네이아 투데이」에, "믿음 소망 사랑 중에 사랑이 제일인 이유 — 바울신학 이해를 위한 소고"는 2005년「신학연구」에 실렸던 것이다. "지식과 사랑 사이에서 — 고전 8장 연구"와 "바람직한 공동식사를 위한 제언 — 고전 11:17-34 연구"는 각각「말씀과 교회」지에 2006년과 2007년에 수록되었던 것을 수정 보완한 것이다. "왜 여자만 머리를 덮으라 하는가? — 고린도전서 11장 12-16절 연구"는 2009년「신약논단」(16/2)에, 그리고 "바울파와 아볼로파, 고린도교회 분쟁의 실상에 관한 연구"는 2011년「대학과 선교」 20호에 실렸던 글이다. "고린도교회의 음행의 실체에 관하여 — 고린도전서 5장 연구"는 이 책에서 처음으로 발표하는 글이다.

논문을 싣는 차례는 편의상 고린도전서의 순서를 따랐다. 필자의 연구 시기가 다르기에 어휘 선택이나 문제의식에서 차이를 보일 수도 있겠다. 독자 입장에서는 순서대로 읽어도 되고, 혹은 연구된 시기에 맞춰 읽어도 좋으며, 관심 있는 부분을 무작위로 선택해서 읽어도 큰 걸림은 없을 것이다.

이 책이 기독교 역사에서 열정적으로 선교활동을 하였던 바울과 그가 개척하는 데 성공한 고린도교회를 이해하고자 하는 독자들에게 도움을 줄 수 있으리라 확신한다. 더 나아가 한국교회의 미래를 희망적으로 건설하고 싶은 독자들에게 도움을 줄 것이다. 교회란 언제나 그렇듯이 부족한 인간들이 모이되, 하나님의 은혜와 성령의 역사를 간구하기 때문이다.

이 글들이 완성되기까지는 장신대 신대원과 감신대 신대원, 그리고 강남대, 실천신학대학원 등에서 여러 차례 행한 고린도전서에 관한 강의에 힘입었다. 강의할 기회를 준 대학 당국과, 진지한 토론으로 고린도교회의 실상에 접근하는 데 함께했던 대학원생들에게 이 책을 통해 심심한 감사를 드린다. 그리고 처음 논문을 발표할 기회를 주었고, 인생의 어려운 고비마다 함께하며 학문적 토론과 연대를 통해 동지애를 나누었던 한국신학학회 회원들 그리고 한국기독교장로회 목회와신학연구소의 소장님들과 연구위원들, 물심양면으로 지원을 아끼지 않는 이사회에도 각별히 고마운 마음을 전한다.

2014년 부활절에

김판임

# 차 례

## 2장_ 고린도교회의 음행의 실체에 관하여
— 고린도전서 5장 연구



## 3장_ 바울은 이혼을 허락하였는가?
— 고린도전서 7장 연구

## 4장_ 지식과 사랑 사이에서

— 고린도전서 8장 연구



## 5장_ 바울은 왜 스스로 벌어가며 선교하였는가?

— 고린도전서 9장 연구

## 6장_ 왜 여자만 머리를 덮으라고 하는가?
— 고린도전서 11장 2-16절 연구



## 7장_ 바람직한 공동식사를 위한 제언
— 고린도전서 11장 17-34절 연구

## 8장_ 성령과 함께 기뻐하자

— 고린도전서 12장 1-11절 해설

## 9장_ 믿음 소망 사랑 중에 사랑이 제일인 이유
— 바울 신학 이해를 위한 소고

제 1 장

# 바울파와 아볼로파, 고린도교회 분쟁의 실상에 관한 연구

— 고린도전서 1-4장 연구, 3장을 중심으로

## I. 들어가는 말

고린도전서는 바울이 자신이 개척한 고린도교회에 보낸 편지이다. 사도행전에 따르면 바울은 고린도에 18개월간 머물면서 복음을 전했다(행 18:11). 고린도교회는 바울의 복음화 활동이 맺은 열매라고 할 수 있다. 바울은 그곳에 신자들이 생기는 것을 보고 오래 머물지 않고 다른 지역에 복음을 전하기 위해 떠난다. 바울이 떠난 뒤 교회 안에는 여러 가지 문제들이 속출한다. 믿음의 생활을 시작한 고린도교인들은 예수를 믿음으로 구원을 받았다는 구원의 확신과 열정이 넘쳤지만, 반대급부로 공동체 생활의 위기를 직면하기도 한다. 바울이 교회를 개척한 후 그곳에 머물러 있었다면 고린도교회에서 발생하는 여러 가지 문제를 말로 즉각 대응하여 해결했을 것이고, 결국 문서 기록을 남기지는 못했을 것이다.

그러나 바울은 고린도를 떠났다. 많은 학자이 고린도전서를 쓸 때 바울은 에베소에 있었다고 추정한다.[1] 그곳에서 고린도교회의 문제 상황에 대해 보고받는다. 복음을 전한 사도로서, 교회 개척자로서 바울은 책임의식을 가지고 문제 해결을 위해 편지를 쓴다. 바울이 편지를 보낼 때 교회 구성원들은 거의 모두 초보신자 수준이라고 보는 것이 옳을 것이다.

본고는 고린도전서 3장을 중심으로 세 가지 문제를 풀어가고자 한다. 1) 고린도교회 내에 어떠한 문제가 발생한 것인가? 2) 그 문제는 왜 일어났는가? 3) 이 문제를 해결하기 위해 제시한 바울의 해결방안은 무엇인가? 마지막으로 바울이 제시한 해법이 오늘날 한국교회의 현실에 어떠한 메시지를 주는지 살펴보고자 한다.

우리가 다루고자 하는 고린도전서 3장은 고전 1:10-4:21의 큰 문맥 안에 속한 구절이다. "어떤 이는 말하되 나는 바울에게라, 다른 이는 나는 아볼로에게라 하니"(고전 3:4)라는 표현은 이미 고전 1장 12절에 나왔던 것이다. 이 구절에는 바울과 아볼로 외에 게바와 그리스도도 언급된다: "너희가 각각 이르되 나는 바울에게, 나는 아볼로에게, 나는 게바에게, 나는 그리스도에게 속한 자라 한다는 것이다." 이 구절에 근거하여 고린도교회에 네 종류의 파당이 형성되어 있으며, 각 파당은 그 인물을 신봉하는 사람들로 구성되어 있다고 전제하여 각 파당의 특징을 추론하곤 하였다.[2)]

---

1) 김창락(외 12인), 『신약성서개론』(서울: 대한기독교서회, 2002), 301-384, 특히 307 참조; 박익수, 『누가 과연 참그리스도인인가』(서울: 대한기독교서회, 2002), 66; F. Lang, *Die Briefe an die Korinther* (NTD 7) (Göttingen: Vandenhoeck und Ruprecht, 1986), 3.

2) 아무 비판 없이 네 파당의 성격을 묘사하고 있는 주석서들이 있다. 대표적으로 바레트/번역실 역, 『고린도전서』(국제성서주석 35)(서울: 한국신학연구소, 1985), 64- 67; W. Schrage, *Der erste Brief an die Brief an die Korinther, 1.Teilband 1 Kor 1,1-6,11*, EKK VII/1 (Neukirchen: Neukirchener Verlag, 1991), 142-152. 한국어 주석서로는 김

과연 고린도교회에 네 종류의 파당이 형성되어 있었던 것일까? 어떤 연유로 여러 파당이 나뉘게 된 것일까? 이 분쟁의 실체는 무엇일까? 이 문제를 해결하기 위해 바울이 내놓은 해법은 무엇이었나? 위와 같은 질문들을 통해 고린도교회의 모습을 살펴보며, 교회에서 생길 만한 문제들이 무엇이며, 이러한 문제들에 봉착해서 취해야 할 교회의 바람직한 태도는 무엇인지 살펴보고, 현대 한국교회에서 이와 유사한 일들은 무엇이며, 이러한 문제가 벌어질 때 가져야 할 바른 태도를 강구해 보려는 것이 본고의 목표이다.

## II. 본말

### 1. 고린도교회의 문제의 실상 – 네 파가 아니라 두 파이다

고린도교회의 문제가 무엇이었는지 알기 위해서는 고전 3장 3절에 나오는바, "너희 가운데 시기(ζηλος)와 분쟁(ερις)이 있으니"라는 표현을 중심으로 출발해볼 수 있겠다. 이 표현은 헬라어는 다르지만 고전 1장 10절에서 "너희 가운데, 분쟁(σχισματα)이 없이 같은 마음과 같은 뜻으로 온전히 합하라"고 권면하고 있으며 11절에서 "너희 가운데 분쟁(εριδες)이 있다는 것이라"고 표현이 나온다. 그러므로 3장에서 다루는 문제는 이미 1장 10절에서 거론하기 시작했다고 볼 수 있다.

어떠한 공동체이든 여러 종류의 사람이 모이는 곳이면 종종 다툼과

---

지철, 『고린도전서』(대한기독교서회 창립 100주년기념 성서주석 38)(서울: 대한기독교서회, 1999), 89-98.

갈등이 있게 마련이다. 심지어 가족공동체 안에서도, 가령 부부 간에도 몰이해로 인한 갈등이 있고, 형제간에 서로 다른 능력이나 혹은 부모의 편애로 인해 시기와 다툼이 있을 수 있다.[3] 사람이 모이는 곳이면 어떤 모임이든지 구성원들에 따라 시기와 분쟁이 생기기 십상이다. 누군가가 특별히 남보다 탁월하다든가 하면 부러움과 동시에 시기심이 발생할 수 있기 때문이다. 교회공동체도 예외가 아닌 것이다.

현대 사회에서는 협력보다 경쟁 관계가 개개인을 더욱 발전시킨다는 신념으로 우리를 무한경쟁에 내몰고 있는 듯하다. 그러나 교회공동체를 형성하여 출범시킨 바울은 경쟁이나 분쟁을 그리 좋은 덕목으로 생각하지 않는다. 교회공동체를 위해서는 경쟁보다는 협력관계가 더욱 유익한 것이다. 바울은 '시기'와 '분쟁'이야말로 공동체를 와해하는 문제로 여기고, 이를 극복하도록 하기 위해 간절한 마음으로 편지를 쓰는 것이다. 고린도전서 1-4장을 집필하게 된 교회 내부의 분쟁 문제의 실상은 과연 무엇인가?

이 문제에 관해서는 이미 다양한 견해들이 있어 왔다. 고린도전서 1장 12절에 열거된 대로, 고린도교회 분파가 넷이 있었다는 '네 파당설'로부터 바울파와 그리스도파, 바울과 아볼로파라는 '두 파당설'에 이르기까지 기존의 이론들의 내용과 문제점을 지적함으로써 고린도교회의 실상을 살펴보도록 하겠다.

---

3) 창세기에 나오는 요셉이야기가 바로 부모의 편애로 인한 형제간의 질투와 시기를 잘 보여준다(창 37:1-11 참조). 가인과 아벨, 에서와 야곱, 요셉과 그의 형제들의 이야기도 형제간의 시기와 질투를 보여주는 예들이다.

### 1) 네 파당설(바울, 아볼로, 게바, 그리스도)

#### – 대표학자: 바우르, 바레트, 쉬라게, 김지철

네 파당설은 고린도전서 1장 12절에서 언급된 네 이름을 중심으로 네 개의 파당이 고린도교회에 있었다는 주장이다. 바우르(F.C. Baur)는 이 네 파당 중 바울파와 아볼로파는 이방인 출신의 그리스도인들이며, 게바파와 그리스도파는 유대인 출신의 그리스도인들로 구성되어 있다고 추정했으나, 그의 주장은 학계에서 더 이상 지지되고 있지는 않다. 그러나 고린도전서 1장 12절에 바울이 표현한 그대로 고린도교인들이 발설했다고 보고 고린도교회 네 파가 있었다는 것을 기정사실로 간주하여[4] 네 파의 특징을 이름에 근거하여 멋지게 재구성하여 소개하는 일은 여러 개론서와 주석서에서 흔하게 찾아볼 수 있다.

가령 쉬라게에 의하면 바울파는 자신들이 바울에게 속했다는 것을 대내외적으로 선언하는 사람들로서 교회의 설립자요 지도자인 바울의 위치가 흔들리는 것을 못마땅하게 여겨 스스로 바울파로 내세웠다는 것이다. 이는 교회 내 바울을 폄하하거나 비판하는 사람들에 대한 반작용으로 일어난 현상으로 보고 있다.[5]

아볼로파는 아볼로를 따르는 사람들을 지칭한다고 본다. 사도행전에 의하면 아볼로는 브리스길라와 아굴라 부부에 의해 복음의 내용을 교육받은 후 고린도를 방문했다(행 18:27-19:1). 아볼로는 알렉산드리아 출신으로서 학식이 있고 성경에 대한 지식도 박식하며, 언변에

---

4) 가령 W.G. Kümmel, *Die Einleitung in das Neue Testament* (Heidelberg: Quelle und Meyer, 1989(21)), 235-238; 큄멜/박익수 역, 『신약성경개론』(서울: 대한기독교출판사, 1988), 276-279; 김득중, 『신약성서개론』 (서울: 컨콜디아사, 1995), 187 참조.

5) W. Schrage, 앞의 책, 143.

능한 유대인으로서 세례요한의 그룹에 속했던 사람으로 추정된다(행 18:25 참조). 아볼로는 유대 문헌에 정통하고 알레고리적 해석에도 능하며, 지혜로운 탁월한 수사학적 언변으로 인해 고린도교인들에게 감동을 주었을 것이고 많은 추종자들을 가지게 되었다는 것이다.[6)]

게바파에 대해서는 논란이 많다. 네 파당설을 지지하는 쉬라게조차도 게바파에 대해 확신을 주저하는 것으로 보인다. 베드로가 고린도를 방문한 적이 있었는지는 역사적으로 불확실하기 때문이다. 그럼에도 불구하고 쉬라게는 베드로가 고린도에 와서 사람들을 전도하고 영향을 끼쳤을 것으로 추측하고, 필하우어와 뤼데만의 주장에 의거하여 게바의 권위를 인정하고 따르는 고린도교인들이 바로 게바파라고 본다. 또한 고린도전서 1장 17절에 보면 바울은 세례로써 분쟁문제를 해결하고자 하는 모습을 보여주는데, 이에 의거해서, 게바의 이름으로 세례를 받은 팔레스타인 출신의 유대 그리스도인으로 구성되었을 것이라고, 혹은 베드로의 원사도성을 인증하면서 바울의 사도직을 공격했을 것으로 추측하기도 한다.[7)] 그러나 게바가 언제 고린도에 와서, 자신의 이름으로 세례를 주었는지, 그리고 추종자를 거느리기까지 했을지는 역사적으로 입증되지 않은 일이다. 물론 고린도교인들이 게바나 베드로의 이름을 알 수는 있는데, 이는 그가 고린도에 와서 영향을 끼쳤기 때문이라기보다는 당시 예루살렘 교회의 수장이었기 때문이었을 것이라는 쉥크의 견해가 설득력이 있다.[8)]

---

6) G. Sellin, "Das Geheimnis der Weisheit und das Raetsel der Christuspartei (Zu 1Kor 1-4)", *ZNW* 73, 1982, 69-96 참조.

7) H.D. Wendland, *Der Brief an die Korinther* (Göttingen: Vandenhoeck und Ruprecht, 1980), 18.

8) W. Schenk, Art. "Korinterbriefe", *TRE* 19 (1990), 620-640(625).

네 파당을 주장하는 학자들의 입장은 고전 1장 12절에 나오는 바울의 표현에 근거를 둔 것이다. 즉, 바울이 글로에의 집 사람 편에서 들은 말 그대로 썼다고 믿는 것이다.[9] 김지철은 그의 주석서에서 쉬라게의 의견을 그대로 반영하여, 그리스도파란 "다른 분파들이 각자 인간적인 지도자들을 강조하는 것을 보고 그 문제점을 드러내기 위하여 그리스도를 내세워 주장한 것이거나 아니면 사도적인 권위와는 다른 권위를 갖고 있다고 주장한 사람들이 그리스도를 내세운 것일 수도 있다"고 추측성 발언을 하지만,[10] 설득력은 그다지 강하지 않다. 오히려 그리스도파의 존재를 의심하는 많은 사람들이 지적하는 바대로 "나는 그리스도에게 속하였다"는 표현은 교인의 말이 아니라 고린도교회의 분쟁 문제를 풀기 위한 바울의 표현이라는 주장이 더욱 개연성이 높아 보인다.

이상에서 살펴본 바와 같이 네 파당설을 주장하는 학자들의 근거는 고전 1장 12절에서 바울이 네 이름을 거론했다는 사실에 있지만, 바울이 글로에 집 사람들의 말을 그대로 재현했는지의 여부는 알 수가 없다. 고린도교회의 분쟁 분제를 해결하기 위해 1장부터 4장까지 길게 할애를 하고 있다는 사실과, 그럼에도 불구하고 1-4장 전체에서 게바파나 그리스도파에 관련된 내용은 나오고 있지 않다는 점에서 이 두 파의 현존에 대한 의심은 지울 수가 없다.

---

9) W. Schrage, 앞의 책, 148. 그럼에도 불구하고 쉬라게는 바울의 창작일 가능성에 대해 열어두고 있다. 그러나 김지철은 네 파당의 존재에 대해 전혀 의심이 없다. 김지철, 앞의 책, 95.

10) 김지철, 앞의 책, 95.

2) 세 파당설(바울파, 아볼로파, 게바파)

– 대표학자: 하인리히, 바이스, 전경연

고린도전서 1장 12절에 네 이름이 거론되지만, 그리스도파에 대해서는 일찍부터 의심이 제기되었다. 20세기 초 요한네스 바이스는 그의 주석서에서 하인리히의 이론을 따라 그리스도파는 실제로 존재할 수 없으며 그 표현은 바울 자신의 창작임을 입증하고자 하였다.[11] 바이스의 관찰은 다음과 같은 이유에서 탁월한 것으로 보인다. 첫째, 바울·아볼로·게바, 이 세 이름은 당시 교회를 위해 활동하던 사람의 이름인 반면에 그리스도는 신앙인들의 신앙 대상이라는 점에서 앞의 삼자와 결정적으로 다른 성격의 칭호이라는 점에서 눈에 띈다. 둘째, 형식적 증거로는 고린도교회 파당문제를 다루는 1장 10절부터 4장 21절에서 이름들이 열거되는 곳은 네 번인데, 그중 단 한 번만 그리스도가 언급되었다는 점이다.

| | |
|---|---|
| 1:12 | 바울, 아볼로, 게바, 그리스도 |
| 3:4, 5, 6 | 바울, 아볼로 |
| 3:22 | 바울, 아볼로, 게바 |
| 4:6 | 바울, 아볼로 |

11) J. Weiss, *Der Brief an die Korinther* (Göttingen: Vandenhoeck und Ruprecht, 1910 (9)), xxxvi-xxxix, 그리고 15 이하. 하인리히(Heinrich)는 고린도후서 10장 7절에 "누구든지 자기가 그리스도의 사람이라는 확신을 가졌다면"이라는 표현과 관련하여, 이러한 표현은 특정한 파가 아니라 모든 그리스도인이 가지는 자의식의 표현이라는 것이다. 그러므로 이 표현은 고린도후서 10장 7절과 고린도후서 11장 23절에서 촉발되어 기록된 것이라고 추정하였다.

셋째, 교회사에서도 그리스도파에 대한 의심이 매우 일찍부터 제기되었다는 점이다. 90년경에 기록된 것으로 알려진 클레멘스 제1서(47:3)에 그리스도가 언급되지 않는다: "그는 성령에 감동되어 진리에 입각하여 여러분에게 자기 자신과 게바와 아볼로에 관하여 편지했습니다. 그 때에도 여러분 가운데 파당이 형성되었기 때문입니다."

필자도 역시 고린도교회 파당과 관련하여 그리스도파는 없었다는 점에 동의한다.[12] "나는 그리스도에게 속하였다"고 주장하면서 교회 안의 다른 사람들과 분열을 조장하며 파당을 이루는 사람은 없었으리라는 것이다. 그렇다면 이 표현은 글로에 집 사람에게서 들은 것이 아니라 바울이 창작한 것으로 보아야 한다. 그렇다면 바울은 왜 "나는 그리스도에게 속하였다"라고 주장하는 사람이 있는 것처럼 1장 12절에 언급한 것일까?

그리스도파의 존재를 의심하는 학자들은 대개 "나는 그리스도에게 (속하였다)"는 표현이 곧 이어지는 "그리스도께서 어찌 나뉘었느냐?"라는 질문(13절)을 순조롭게 연결하기 위한 수사학적 기술로 보고자 한다. 물론 수사학적 이유도 타당하다고 본다. 그러나 그것을 넘어 무시할 수 없는 중요한 내용적 가르침도 엿보인다. 즉, 고린도교인들이 "나는 누구에게 속하였다"라는 표현으로써 분쟁을 일으키고 있는 현실에서, 그런 말을 하려거든 특정한 사람의 이름을 지적할 것이 아니라

---

12) 그리스도파의 부재를 지지하는 학자들은 상당히 많다. H. Conzelmann, *Der erste Brief an die Korinther* (Göttingen: Vandenhoeck und Ruprecht, 1969), 47-48; A. Lindemann, *Der erste Korintherbrief*, HNT 9/1 (Tübingen: Mohr, 2000), 39; U. Schnelle, *Paulus. Leben und Denken* (Berlin: Walter de Gruyter, 2003), 207; 전경연, 『고린도서신의 신학논제』(서울: 대한기독교출판사, 1988), 38-49; 앤와이어/조태연 역, 『원시그리스도교의 잊혀진 여성들』(서울: 대한기독교서회, 2001), 38.

오직 "나는 그리스도에게(εγω δε Χριστου)"라고 표현해야 한다는 것을 가르치기 위한 의도가 함축되어 있는 것으로 보인다.

바울이 활동하던 초기 교회에서는 사도들이 전한 복음을 듣고 그리스도인이 되려고 하는 사람들에게 "주 예수 그리스도의 이름으로" 세례를 주었다(고전 6:11).[13] 그리고 주 예수 그리스도의 이름으로 세례를 받은 사람은 세례 후 "주 예수 그리스도"와 "하나님 아버지"를 외침으로써(고전 8:6 참조) 교회의 정회원으로 인정된다. 세례를 받은 사람은 예수 그리스도의 이름이 불리워지는 곳, 즉 교회의 구성원으로서 "그리스도를 옷 입고"(갈 3:27), 그리스도에게 소속된다. 예수 그리스도가 세례 받은 자에게는 주(인)님(퀴리오스)이므로, 세례를 받은 자는 그리스도에게 속한 자가 되는 것이다. 그러므로 그리스도인이 누구에게 소속되었음을 말해야 한다면, 이는 오직 그리스도일 뿐, 다른 이는 될 수 없다. 이런 의미에서 바울은 "나는 그리스도에게 속하였다"라는 표현을 쓴 것이고, 이어서 "그리스도가 어찌 나뉘었느냐?"(고전 1:13)라는 설의법적 질문으로 고린도교회 내 파당 문제를 해결해보고자 한 것이다.

또한 바울이 분쟁 문제 해결을 위해 13절에서 제시한 "바울이 너희를 위해서 십자가에 못 박혔느냐?", "바울의 이름으로 너희가 세례를 받았느냐?"고 하는 두 가지 설의법적 질문은 바로 바울 자신을 포함한 사도들이 전한 복음의 핵심과 세례를 말하는 것이다. 즉, 복음은 다름 아닌 "그리스도가 우리를 위하여 십자가에 못 박히셨다"는 것이다. 사도들은 이 복음을 전하였고, 복음을 받아들인 사람들을 교회의 멤버로

---

13) 김판임, 『쿰란공동체와 초기그리스도교』(서울: 비블리카 아카데미아, 2008), 21-52 참조.

받아들일 때 "주 예수 그리스도의 이름으로" 세례를 주었던 것이다. 이러한 복음 전파와 세례 의식을 통해 사람들은 그리스도에 속한 자로서 "그리스도인"이 되는 것이다. 즉, 모든 그리스도인들은 "그리스도에게 속하였다"고 말하는 것이 마땅하다. 바울에게 속하였다거나 그 어떤 다른 사람에게 속하였다는 표현은 그리스도인들에겐 어불성설임을 가르치고자 하는 바울의 의도가 담긴 표현이라 하겠다: "너희는 그리스도의 것이다"(고전 3:23).

#### 3) 두 파당설

고린도전서 1장 12절에 파당을 이루는 이름이 넷이 거론되었지만, 실재의 파당은 둘이라고 하는 주장들이 대두되고 있다. 두 파당설은 다양해서 바울파와 그리스도파, 바울파와 게바파, 바울파와 아볼로파, 이렇게 세 종류의 학설이 있다.

##### (1) 바울파와 그리스도파 - 슈미트할즈, 박익수

그리스도파의 현존에 관해 많은 의심이 제기되었음에도 불구하고 오히려 그리스도파가 고린도교회 파당 문제의 핵심이라고 주장하는 학자들도 있다. 고린도교회에 네 파당의 존재를 주장했던 바우르는 그중 그리스도파를 바울의 주된 적대자로 보고, 고린도후서 10-13장에 나오는 적대자들과 동일시하여 그리스도파는 유대주의자들일 거라고 가정한다. 그러나 고린도전서에는 율법이나 할례와 같은 유대적인 주제가 논의되지 않는 것으로 볼 때 그의 가정은 지지될 수가 없다. 그리하여 뤼트게르트(W. Lütgert)는 그리스도파가 바울의 적대자라는 것에 동의하면서 유대주의자라는 것만 수정하여, 방종주의적 성령주의

자라고 보았다.[14] 불트만(R. Bultmann)과 그의 제자 딩클러(Dinkler)도 고린도전후서에 등장하는 바울의 적대자들이 유대출신의 그리스도인 영지주의자로 보았다. 그리고 이러한 의견은 슈미트할즈에 의해 대변되었다.[15]

이와 같이 고린도교회의 파당의 문제를 바울파와 그리스도파의 갈등으로 보는 견해는 바울과 바울의 적대자 구도에서 이해하려는 것이다. 아볼로는 바울의 적대자일 수 없고, 게바는 고린도에 왔었는지도 분명치 않을 뿐만 아니라 고린도교회에서 게바를 따르는 사람들이 과연 얼마나 되는지 의심스러움을 그 근거로 하고 있다. 즉, 아볼로와 게바라는 사도들의 이름을 거론한 것은 단순히 수사학적인 이유일 뿐이며, 실제 분쟁의 장본인은 그리스도파라는 것이다.

슈미트할스는 고린도전서 8장 1절에 표현한대로 "지식(그노시스)"을 가지고, 자유를 오해하여 누리는 그리스도인들(고전 6:12; 8:9; 10:23)을 그리스도파로 보고, 이들을 영지주의자라고 확언하였다.[16] 그러나 영지주의란 2세기 중엽에서야 나타나는 현상임을 감안할 때,

---

14) W. Lütgert, *Freiheitspredigt und Schwarmgeister in Korinth. Ein Beitrag zur Charakteristik der Christuspartei* (Gütersloh: Gütersloherverlag,1908), 3.

15) W. Schmithals, *Die Gnosis in Korinth. Eine Untersuchung zu den Korintherbriefen* (Göttingen: Vandenhoeck und Ruprecht, 1969(3)) 참조.

16) 쉬미트할즈는 고린도전후서에 나타나는 바울의 적대자들이 1) 영에 관한 지식을 가지고 있다(고후 11:4; 고전 15:46; 7:40b; 12-14장; 고후 10:1, 10), 2) 자기자랑이 있다(고전 4:7 이하; 고후 4:2-5, 3:4 이하; 12:12-13; 5:11-15), 그리고 3) 신화론적 배경을 가진다(고후 13:13, 5; 10:17; 고전 1:12; 4:10; 고후11:13; 12:1-10)는 것을 영지주의자들의 자의식의 특징으로 보았다. 앞의 책, 206-232 참조. 그러나 그가 지적한 이러한 특징은 영지주의자들에게만 나타나는 것은 아니라는 것과, 바울이 지식(그노시스)이라는 말을 쓸 때도—가령 고전 8장—전혀 영지주의와 관련이 없다는 사실에서 그의 이론은 타당성을 얻기 어렵다. 뿐만 아니라 그는 지혜(소피아)와 지식(그노시스)를 구별 없이 혼용하고 있다.

그리스도파를 영지주의자라는 이론은 더 이상 지지되지 않는다. 1945년 나그함마디에서 발견된 문서들에 의해 영지주의는 비교적 후대에 나타난 현상임이 밝혀지면서 고린도교회와 영지주의가 관련이 없다는 것이 학계에서 더욱 확고해지자, 고린도교회의 문제의 장본인들을 영지주의자 대신에 영-열광주의자로 설명하는 경향이 나타났다.[17]

영-열광주의(Pneumatisches Enthusiasmus)라는 표현은 호른(F.W. Horn)이 바울의 성령론을 다루는 가운데, 고린도교회에서 방언을 심히 떠드는 현상들(고전 12-14장)을 지칭해서 표현한 말이다.[18] 즉 영을 받았다고 열광하는 일련의 사람들을 표현한 것인데, 이들은 영을 받아 육으로부터 자유로워져서, 영적인 부활을 경험하고 세상의 판단에 제재를 받지 않는다고 생각한, 그리스도인의 자유를 오해한 자들이라는 것이다. 호른은 영-열광주의자들을 바울 표현으로는 퓨뉴마티코이(pneumatikoi)로서, 다음과 같은 표현들이 그들의 주장일 것이라고 추정한다. a) 모든 것이 내게 가능하다(고전 6:12; 혹은 고전 10:23). 그들은 세상적 질서나 규율을 무시한다. b) 우리 모두는 지식을 가지고 있다(고전 8:1). 여기서 지식이란 표현이 헬라어로 그노시스이므로 이에 근거하여 슈미트할스같은 학자가 영지주의자라고 말한 것이다. c) "죽은 자들의 부활은 없다"(고전 15:12).[19] 그들은 부활과 같은 경험이 그들에게 이미 일어난 것으로 이해한다는 것이다.

그러나 그리스도파를 영-열광주의자로 보려는 시도는 그 개연성이 매우 희박하다. 고린도교회의 파당문제를 해결하기 위해 쓴 고전

17) 가령, 박익수, 앞의 책, 36-39 참조.

18) F. W. Horn, *Angeld des Geistes* (Göttingen: Vandenhoeck und Ruprecht, 1992), 201 이하 참조.

19) 앞의 책, 221-224.

1-4장에서 영-열광주의와 대결하는 내용은 찾아보기 어렵기 때문이다. 이들의 문제점은 고린도전서 1-4장에 거론되는 교인들 간의 시기와 분쟁 문제를 바울과 그의 적대자라는 구조 속에서 보려는 데 오류가 있어 보인다. 김창락이 개론서에서 지적하는 바와 같이, 고린도전서 1-4장에서 거론되는 분쟁 문제는 특정한 인물에 대한 선호에서 생긴 것이므로, 고린도교회의 분쟁 문제에서 바울의 복음을 반대하는 적대자를 찾으려고 하는 것은 잘못된 시도이다.[20] 또한 고린도전서 5-6장에서 거론되는 음행 관련 문제, 12-14장에서 거론되는 방언으로 인한 갈등은 1-4장에서 주제가 된 분쟁 문제와 다른 별도의 개별적인 문제로 다루는 것이 합당하다. 뿐만 아니라 바울의 적대자 문제는 고린도전서에서는 나타나지 않고 고린도후서에서 주제화된다.

결국 "나는 그리스도에게 속하였다"는 표현은 고린도교회의 파당의 하나이거나, 혹은 바울의 적대자로서 영지주의자나 혹은 영-열광주의자들이 내세우는 모토가 아니라, 모든 그리스도인이라면 그렇게 말하여야 한다는 바울의 가르침으로 보는 것이 옳다. 즉, 나는 바울에게 속하였다, 나는 아볼로에게 속하였다라고 교인들 간에 시기와 분쟁을 조장하는 고린도인들을 향해, '누구에게 속하였다고 주장을 하려거든, 그리스도에게 속하였다고 하는 것이 옳습니다'라는 의미에서 바울이 돌려 표현한 것으로 이해하는 것이 좋을 것이다.

(2) 바울파와 게바파 - 필하우어

고린도교회 분쟁의 핵심에는 게바파가 있다고 주장하는 학자는 필

20) 김창락(외 12인), 앞의 책 - 제11장 바울의 서신들, 350-351.

하우어이다. 그는 그리스도파는 바울의 창작일 수 있다는 점에 동의하므로 파당 문제는 바울파, 아볼로파, 게바파로 좁혀지는데, 3장에서 바울이 아볼로는 동역자임을 강조하는 것으로 보아 게바파와 바울파가 문제의 핵심이라고 논리를 펴고 있다.[21)]

게바란 베드로의 아람어적 이름이다. 바울은 그의 서신들에서 베드로라는 이름을 두 번(갈 2:7, 8), 그리고 게바라는 이름을 여덟 번(갈 1:18; 2: 9, 11, 14; 고전 1:12; 3:22; 9:5; 15:5) 사용했다. 갈라디아서에서는 바울이 자신의 자전적 회고를 하는 맥락에서 예루살렘 교회의 수장으로 베드로 혹은 게바를 차별성 없이 언급하고 있다(갈 1:18-2:14). 이러한 사실로 보아 게바의 선택은 별다른 의미는 없어 보이지만, 사용의 빈도수로 볼 때 게바라는 이름이 베드로라는 이름보다 선호되었던 것으로 보인다.

베드로가 당시 예수의 직제자이며 예루살렘 교회의 수장으로 알려져 있는 사실은 의심의 여지가 없다. 고린도전서 9장 5절에서 바울은 자신의 생계문제와 관련하여 "우리가 다른 사도들과 주의 형제들과 게바와 같이 믿음의 자매된 아내를 데리고 다닐 권리가 없겠느냐"고 언급하고 있다. 바울 당시 바울 외에도 그리스도의 복음을 전하는 많은 사도들이 있었다는 것과 게바라는 이름이 고린도교인들에게도 알려졌음을 알 수 있다. 뿐만 아니라 고린도전서 15장은 복음의 내용으로서 사도들이 전하는 그리스도의 죽음과 부활을 내용으로 하고 있다. 그 끝 부분에 그리스도의 부활을 목격한 사람들의 명단 속에 제일 먼저

---

21) Ph. Vielhauer, "Paulus und Kephaspartei in Korinth", *NTS* 2(1975), 341-352. 혹은 그의 논문 모음집인 *Oikodome. Aufsätze zum Neuen Testament Bd 2* (München: Kaiser, 1979), 169-182.

게바가 언급되고 있다. 고전 15:3-8은 바울이 말하는 바와 같이 바울 이전부터 전승되어온 내용이었다.[22)]

그러나 게바가 선교자로서, 그리고 부활의 목격자로서 알려져 있다고 해서, 게바를 내세워 그에게 속했다고 하며 파당을 이룰 사람들이 실제로 고린도에 있었느냐는 또 다른 문제이다. 많은 학자들이 베드로가 고린도를 방문했다거나 그의 신학적 영향력을 고린도인들에게 행사를 했으리라는 것에 대해 회의를 한다.[23)] 오직 필하우어만 게바파가 고린도전서 1-4장을 기록하게 된 문제의 장본인으로 보고자 하지만, 그의 논리는 역으로 적용될 수 있다. 즉, 바울이 고린도전서 3장에서 오직 아볼로를 예를 들어, 그가 자신의 동역자라고 굳이 말한 것은 문제의 장본인이 아볼로파라고 볼 수 있는 근거가 되는 것이다.

그러므로 "나는 게바에게 속하였다"는 표현은 고린도교인의 말이 아니라 바울의 창작으로 보는 것이 바람직하다. 게바가 고린도에 온 적도 없으며, 따라서 고린도인에게 영향을 끼칠 만한 일도 없었음에도 불구하고 바울이 파당문제를 거론하는 중에 게바의 이름을 언급하는 이유는 무엇일까? 그것은 분쟁의 장본인인 바울파와 아볼로파만 딱 꼬집어서 지적한다면, 너무 직접적인 언급으로 인해 문제 해결보다는 오히려 문제의 불씨에 불을 붙여 더욱 심각하게 만들 수 있는 가능성까

---

22) 고전 15:3 이하가 전승에 속한다는 것은 3절 첫 부분의 바울의 표현에 근거해 볼 때 의심의 여지가 없다: "내가 받은 것을 먼저 너희에게 전하였노니." 바울 이전 전승에 관하여는 K. Wengst, *Christologische Formeln und Lieder des Urchristentums* (Gütersloh: Güterslohervelag, 1972), 92-104; W. Kramer, *Christos Kyrios Gottessohn* (Zürich: Zwingli, 1963), 15-40; Ph. Vielhauer, *Geschichte der urchristlichen Literatur* (Berlin/New York: Gryter, 1979), 18-23 참조.

23) 가령, M. Karr, "Petrus im paulinischen Gemeindekreis," *ZNW* 80(1989), 210-231.

지 예측했기 때문인 것 같다. 그래서 두 사람의 이름만이 아니라 당대 유명한—가장 유명한—사도의 이름, 대표성 있는 이름 게바를 언급함으로써 문제의 당사자들이 직접적인 공격을 당하는 것 같은 인상을 받지 않고 여유 있게 문제를 대면하도록 하려는 의지가 엿보인다.

(3) 바울파와 아볼로파 - 젤린, 와이어, 김판임

필자는 젤린과 와이어와 함께 고린도교회의 분쟁의 실상은 아볼로를 따르는 사람들과 바울을 따르는 사람들의 분파라고 본다.[24] 즉, 바울이 고린도교회를 개척하고 떠난 이후, 아볼로가 들어와 지혜로운 말로 가르침을 줌으로써 많은 고린도교인들이 그에게 호감을 가지고 따르게 됨으로 일어난 일이다. 그들은 아볼로를 통해 간절히 원하던 지혜를 얻었다고 자랑을 했다. 그러자 교회 개척자인 바울에 대한 의리를 가진 사람들이 자신들은 바울에게 속했다고 하면서 일어난 분쟁인 것이다. 이를 위해 다음과 같은 근거를 제시할 수 있다.

첫째, 이미 앞서 지적한 바와 같이 고린도전서 1장 12절에 네 명의 이름이 언급되지만, 바울과 아볼로, 게바가 당시 복음을 전하는 사도적 역할을 하는 생존인물이라면, 그리스도는 이미 복음의 내용이라는 점에서 차별성이 있다는 점이다. 아마도 그리스도를 언급하는 이유는 분쟁의 상황에서 그리스도를 중심으로 하나가 되도록 가르치려는 바울의 수사학적 조치로 볼 수 있기 때문이다. 즉, 그리스도인들이 누구

---

24) G. Sellin. "Das Geheimnis der Weisheit und das Rätsel der Christuspartei (Zu 1Kor 1-4)", *ZNW* 73(1982), 69-96. 젤린이 고린도교회의 분쟁문제를 바울파와 아볼로파의 양대 구조로 파악한 점은 동의하지만, 그리스도파가 아볼로파의 한 부류라고 하는 점은 동의할 수 없다. A.C. Wire, *The Corinthian Women Prophet. A Reconstruction through Paul's Rhetoric* (Minneapolis: Augsburg Fortress, 1990), 42.

에게 속했다고 말하려면 "그리스도에게 속하였다"고 말해야 한다는 것이다.

둘째, 2장에서 언급되는 내용은 모두 "지혜"와 관련된 것인데, 지혜야말로 알렉산드리아 출신의 아볼로의 특징이기 때문이다. 아볼로는 당시 문화적으로 최고의 도시 알렉산드리아에서 활동하던 필로의 가르침을 받았을 가능성이 매우 높다. 바울이 떠난 후 지혜의 말로써 가르치는 아볼로에게 많은 고린도교인들이 사로 잡혔을 가능성이 매우 높다.

셋째, 3장에서는 구체적으로 아볼로와 바울만을 들어서 문제의 진면모를 보여주고 있다고 하겠다. 1장 12절에서 바울과 아볼로 외에 게바를 첨가하여 언급한 것은 둘만을 내세우면, 그렇지 않아도 두 파당이 대립되고 있는 불씨가 있는 상황에 부채질을 하게 되는 것을 피하기 위한 바울의 지혜로운 처사라고 할 수 있다. 게바파가 고린도교회에 실제로 없음에도 불구하고 바울파와 아볼로파의 대립의 첨예화를 방지하기 위함이라는 것은 게바가 고린도에 온 적이 없다는 사실과 고린도에 유대인 출신의 교인이 적다는 사실을 근거로 추론해볼 수 있다. 가장 확실한 증거는 이 문제를 본격적으로 다루는 고전 3장 4절과 5절, 6절에서 오직 바울과 아볼로만을 예로 든다는 사실에 있다. 3장에서 본격적으로 이 문제를 다루고 보니 게바의 이름을 빠뜨린 것을 의식하여, 3장 22절에 의식적으로 게바의 이름을 추가한다. 그러나 다시 4장 6절에서 아볼로의 이름만 거론한 것은 이 문제의 진상이 아볼로에게 있다는 것을 의식하고 있다는 것을 보여준다.

결국 고린도전서 1-4장에서 다루고 있는 고린도교회 문제의 실상은 다음과 같이 요약해볼 수 있다. 고린도교회의 개척자인 바울이 떠난 후 알렉산드리아 출신의 아볼로가 왔다. 아볼로의 지혜의 말에 근거한 가르침을 받고 아볼로가 최고라고 말하는 교인들이 생겨났고, 이러한 현상에 대해 바울을 따르고 존경하던 사람들이 문제의식을 가지고 바울에게 교회 상황을 전함으로써 바울이 이에 대해 아볼로와 자신의 관계에 관해 언급한 것으로 생각해볼 수 있겠다.

### 2. 문제의 원인: 소피아(지혜) 획득 자랑

고린도교회에 생긴 문제의 진상이 바울 추종자와 아볼로 추종자의 갈등으로 좁혀졌다면 그 원인을 분석하는 것은 그리 어렵지 않을 것으로 보인다. 그럼에도 불구하고 필자와 같은 입장에 있는 와이어는 그 원인 분석에 있어서 빗나간다. 와이어는 1장 13-14절에서 세례가 언급된다는 점에 착안하여 고린도에서 "아볼로가 세례와 웅변적 설교를 통해 잘 알려져 있었고 그는 또한 세례에 대한 자신의 가르침뿐만 아니라 다른 이들로 하여금 세례와 관련된 영적 은사를 경험케 하는 일로써 유명하였기 때문"[25]이라고 본다.

분쟁문제를 거론한 직후 바울이 세례를 언급하는 것은 의미심장하다. 그러나 그것이 아볼로의 영향이라기보다 "세례를 통해 그리스도 안으로 들어온 그리스도인의 하나됨"을 가르치기 위한 것이다. 그래서 13절에서 "그리스도가 어찌 나뉘었느뇨? 바울이 너희를 위하여 십자가에 못 박혔으며 바울의 이름으로 너희가 세례를 받았느냐?"고 항변적인 어조로 언급한다. 즉, "그리스도인은 우리를 위하여 십자가에 달

---

25) 앤와이어/조태연 역, 앞의 책, 39.

리신 그리스도를 믿는 믿음을 기초로 주 예수 그리스도의 이름으로 세례를 받아 그리스도에게 속한 자"라는 것을 설의법을 사용하여 가르치고 있는 것이다. 이와 같이 "그리스도인 됨"에 대한 기초지식을 근거로 분쟁 문제를 풀어가고자 하는 것이다.

바울이 고린도를 떠난 후 아볼로가 그곳에 당도하였으리라는 것은 역사적으로 매우 개연성이 높다. 이는 사도행전의 서술이 입증해준다(행 18:1-28). 아볼로는 당시 문화의 중심도시인 알렉산드리아 출신으로서 언변에 능하고 지혜도 풍부하였을 것이다. 특별히 고린도가 위치한 그리스-아가야 지방은 수백 년 전통의 그리스문화권으로서 지혜(소피아)가 최고의 가치로 추구되고 있었다.[26] 지혜를 최고 가치로 추구하는 이방인 출신의 고린도인들이 지혜로운 말을 전하는 아볼로의 매력에 이끌려 아볼로를 좋아한 나머지 나는 아볼로파라고 자칭하는 사람이 생겨났다고 여겨진다. 이들은 아볼로를 통해 지혜를 얻은 것을 자랑하였고, 이에 바울을 추종하던 사람이 복음을 전해준 바울에 대한 자신들의 신의를 위해 나는 바울파라고 주장하면서 서로 나뉜 것으로 보인다. 즉, 고린도교회 분쟁 문제는 흔히 한국의 여러 교회에서도 일어나는 일이듯이, 교회 후임목사가 새로 들어왔을 때, 전임자를 더 좋

26) 기원전 5세기 페리클레스 시대 왕성하게 활동했던 소피스트들은 소피아(지혜)를 추구하던 사람들이었고, 당시 소피스트들이 교육을 담당하고 있었음을 고려하면 지혜를 얻는 것이 고대 그리스인들의 최고의 가치관이었을 것으로 짐작된다. 지혜를 얻기 위해 수사학을 배우고 많은 지식을 쌓으려고 했던 것 같다. 소크라테스와 플라톤 아리스토텔레스로 이어지면서 점차 학문적이고 논리적인 기반을 잡았지만, 일반인들 사이에서는 소피아가 여전히 매력적인 것이었음에 틀림없다. 소피아란 그 특성상 누구나 동의할 수 있는 내용을 담고 있지 때문이다. 소피아는 논리를 필요로 하지도 않고, 지식을 필요로 하지도 않고 지혜 그 자체로서 설득력이 있기 때문이다. 고대 그리스인들의 생활에 관해서는 로베르 플라실리에르/심현정 역, 『고대 그리스의 일상생활』(서울: 우물이 있는 집, 2004), 특히 교육과 관련하여 149-194 참조.

아하는 사람들과 후임자를 더 좋아하는 사람들이 생기게 되면서 일어나는 시기와 분쟁 현상이라고 보면 될 것이다.

아볼로 추종자들이 지혜를 자랑하였다고 짐작이 되는 것은 고린도전서 1:17-2:16에서 바울이 느닷없이 지혜와 관련된 언급을 한다는 사실에 근거한다. 고린도전서 1-4장에서 "지혜(소피아)"란 용어는 26회나 사용되는데, 고전 1-4장을 제외하면 이 용어는 바울서신 전체에서 7회 정도밖엔 사용되지 않는다. 아볼로 추종자들이 지혜를 자랑하였으므로, 1장 마지막 절에서 "자랑하는 자는 주 안에서 자랑하라"(고전 1:31; 렘 9:23-24 참조)는 성서인용으로 마감을 할 뿐만 아니라, 2장에서 바울은 그들의 자랑인 지혜를 인간적인 것으로 저평가하고, 자신이 전한 복음을 하나님의 지혜라고 하면서 대결시킴으로써 그들의 자랑을 잠재우고자 하는 것이다. 그리고 3장에서 본격적으로 아볼로에 관해 언급한다. 그러므로 1장 18-31절, 그리고 2장과 3장에 흐르는 내용을 근거해 볼 때 문제의 원인은 아볼로의 지혜의 말에 있다는 것을 확정할 수 있다.

## 3. 바울의 해법 제시

### 1) 고린도교인을 위한 젖과 고형식(고전 3:1-4)

무엇보다도 먼저 바울은 이러한 문제가 생기게 된 원인을 자기 자신에게 돌린다: "내가 너희를 젖으로 먹이고 밥으로 아니 하였노니"(고전 3:2). 이 구절에 의하면 바울과 고린도교인과의 관계는 마치 유모와 젖먹이의 관계와 같다. 유모가 어린아이의 발육상태에 맞추어 젖에서 이유식으로 그리고 고형식으로 음식을 정하듯이, 복음을 전하고 가르치는 바울도 복음을 받아들이는 사람들의 영적 수준을 고려해야 했던 것이다. 고린도교인들에게 생긴 문제의 원인을 사도인 바울이 밥이라는 고형 음식을 먹이지 않고 젖만 먹였기 때문에, 즉 가르침의 수준이 유아적이기 때문에 일어난 것으로 보는 것이다.

그러나 이것은 또한 고린도교인들의 책임이기도 하다. 복음을 전할 때 바울의 선교원칙은 "유대인에게는 유대인처럼, 이방인에게는 이방인처럼, 믿음이 약한 자에게는 믿음이 약한 자에게는 믿음이 약한 자처럼"(고전 9: 19-23)이다.[27] 바울의 선교원칙을 요즘 말로 하자면, 눈높이 교육이라고 할 수 있을 것이다. 고린도교인들에게 젖밖에 줄 수 없었던 것은 그들의 수준 때문인 것이다. 이 부분에서 바울이 파당의 문제가 자신이 잘못 가르친 결과라고 자기 책임으로 돌리고 있는 듯하면서도, 결국은 그 정도밖에 가르칠 수 없었던 이유는 고린도교인들의 수준 때문이라고, 결국 그들에 대한 꾸중의 내용이기도 하다.

### 2) 우리는 하나님의 동역자(3:5-9)

바울이 교회를 개척한 후 머물며 교인들을 가르치지 않고 그 교회를 떠남으로써 그 이후 교회에 당도한 다른 사도들로 인해 교회는 갈등을 겪곤 한다. 고린도교회뿐만 아니라 갈라디아 교회에도 유사한 문제가 발생했다. 갈라디아서에도 바울이 떠난 후에 다른 사람들이 교회에 와서 무언가 가르치고 갈라디아교인들이 그 가르침에 이끌려감으로써 생긴 문제를 반영하고 있다. 그 편지에서는 "다른 복음"(갈 1:6-7)이라고까지 말하며, "너희를 어지럽게 하는자들"(갈 5:12)이라고 매우 분노

---

27) 바울의 선교원칙에 관하여는 김판임, "바울의 신앙고백과 선교",「말씀과 교회」26 (2000, 가을), 221-235 참조.

하며 말하는 반면, 고린도교회에서 가르치고 활동한 아볼로에 대해서는 적대감이 전혀 없다.

고전 16장 12절에 의하면 바울이 고린도전서를 쓸 때 아볼로는 바울 곁에 있다. 그리고 아볼로의 가르침이 바울의 복음의 내용을 저해할 내용을 담고 있다고 보지는 않았던 것 같다. 지혜 자체가 누구나 수긍할 수 있는 그런 내용들이기 때문이다. 다만 지혜의 말을 전하는 아볼로에 비해 복음을 전하는 바울이 어리석은 자로 보일 가능성에 대항하여, 바울은 고린도전서 2장에서 세상의 지혜와 하나님의 지혜, 지혜와 십자가, 지혜의 아름다운 것과 성령의 능력, 사람의 지혜와 하나님의 능력을 대립시킴으로써 아볼로보다 자신을 내세우기도 한다.

고린도전서 3장에서 바울은 아볼로와 바울이 고린도교회를 위해 서로 다른 기능을 발휘할 뿐이며, 둘 다 하나님의 동역자라고 말한다. 복음을 전하여 고린도교회를 개척한 바울 자신에 대해서는 씨를 심은 자로 표현하였고, 그 이후에 가서 지혜로써 가르치는 아볼로는 물을 주는 자로 묘사하고 있다. 그러면서 씨를 뿌린 자나 물주는 자는 아무것도 아니며, 오직 자라게 하시는 이는 하나님이라고 내세움으로써 아볼로나 바울을 중심으로 누가 더 잘났느니, 누가 더 훌륭하니 하면서 분쟁을 조장하려는 고린도교회의 분위기를 "하나님 중심"으로 바로 잡고 교회가 하나될 것을 가르치려고 한다.

### 3) 교회의 터는 예수 그리스도(3:10-15)

믿음의 공동체, 교회를 자라게 하시는 이는 하나님이라고 강조함으로써 교회 안에서 발생하는 시기와 분쟁의 문제를 해결하려는 바울은 이제 다시금 "예수 그리스도"가 교회의 터임을 강조하고 있다. 분쟁의 소식을 듣자마자 바울은 십자가신학과 세례신학으로 문제를 해결하고자 했다(고전 1:13). 즉 교회의 기초가 "우리를 위하여 십자가에 죽으신" 그리스도에게 있으며, 모든 그리스도인은 "예수 그리스도의 이름으로 세례"를 받아 그리스도에게 속했음을 확인시키고 그리스도 안에서 하나됨을 강조했었다. "나는 바울에게", "나는 아볼로에게"라고 외치며 분쟁을 조장한 사람들을 향해 바울은 "나는 그리스도에게"라는 슬로건을 제시함으로써 모든 그리스도인은 그 어느 사람에게 속한 것이 아니라 속한다면 오직 예수 그리스도에게 속한다는 것을 주장한다.

이제 문제의 장본인인 아볼로와 바울은 하나님의 동역자이고, 고린도교인들은 하나님이 동하시는 하나님의 밭과 집으로 묘사하며, 그 집의 터전은 "우리를 위하여 죽으신" 예수 그리스도라고 복음의 핵심을 말함으로써 그리스도 안에서 모든 그리스도인이 하나가 될 것을 요청하고 있다.

#### 4) 그리스도인은 사람이나 지혜를 자랑하지 말라(3:16-21)

고린도교회는 대개 이방인들로 구성되어 지혜(소피아)를 최고의 가치로 여겼던 것 같다.[28] 그런 가치관을 가진 사람들에게 아볼로가 말하는 것은 지혜의 말들로서 매우 유익하고 감동적인 말들이었을 것으로 여겨진다. 그러면서 그들은 지혜를 얻었다고 자랑했고, 지혜의

---

28) 고린도인들이 지혜를 최고의 가치로 여겼다는 사실은 고린도전서 12장 8절 이하에서 성령의 은사들은 열거할 때 제일 먼저 언급된다는 사실에서도 확인된다: "어떤 사람에게는 성령으로 말미암아 지혜의 말씀을, 어떤 사람에게는 같은 성령을 따라 지식의 말씀을, 다른 사람에게는 같은 성령으로 믿음을, 어떤 사람에게는 한 성령으로 병 고치는 은사를…"(고전 12:8-9).

말을 전하는 아볼로를 자랑했다(고전 3:18-21 참조). 바울은 지혜를 얻었다고 자랑하는 고린도인들을 향해 그들이 지혜보다 더 큰 것, 즉 하나님의 영을 받았다고 자부심을 갖도록 가르친다: "너희는 너희가 하나님의 성전인 것과 하나님의 성령이 너희 안에 계시는 것을 알지 못하느냐"(고전 3:16).

뿐만 아니라 그들이 가졌다고 자랑하는 모든 것, 그것이 지혜이든, 혹은 부이든 모두 하나님에게서 온 것임을 지적하고 자랑이 어리석은 일임을 가르친다: "네게 있는 것 중에 받지 아니한 것이 무엇이냐 네가 받았은즉, 어찌 받지 아니한 것같이 자랑하느냐!"(고전 4:7).

5) 그리스도인들은 누구나 그리스도에게 속한 자들이다(3:22-23)

바울은 고린도인들이 아볼로에게 속하였다, 혹은 바울에게 속하였다는 표현으로써 교회 안에 파당을 형성하는 것이 무의미할 뿐만 아니라 유해하다는 것을 인지하고, 바울이든 아볼로든, 그리고 예루살렘 교회의 제일인자인 게바라 할지라도 그들에게 속하진 않는다고 가르친다. 3장에서 본격적인 논의를 마치고 기록한 마지막 표현이 바울이 가르치고 싶은 내용이다: "그러므로 누구든지 사람을 자랑하지 마십시오. 바울도 아볼로도 게바도 여러분에게 속한 것입니다. 여러분이 바울에게 속했다, 아볼로에게 속했다 그런 말은 하지 마십시오, 여러분이 주인공입니다. 바울도 아볼로도 게바도 여러분의 것입니다. 세계도 생명도 죽음도, 현재 것이나 장래 것이나 모두 다 여러분의 것입니다. 여러분은 모든 것을 가졌고, 오직 그리스도에게만 속할 뿐입니다. 그리고 그리스도는 하나님께 속해 있습니다"(고전 3:22-23).

## III. 나오는 말

고린도전서 1:10-4:21을 중심으로 고린도교회의 분쟁 문제를 살펴보았다. 이 문제는 3장 1-23절에 더욱 상세하게 논하고 있다. 연구결과로 다음과 같이 조심스럽게 당시 모습을 재구성해볼 수 있겠다. 바울이 전한 복음을 받아들여 이루어진 고린도교회에 바울이 떠나고 난 후에 아볼로가 들어왔다. 그가 지혜로운 말로 가르치자 많은 교인들이 호응하였다. 지혜는 당시 지중해지역의 많은 사람들에게 최고의 가치로 존중되고 있었기 때문에 지혜를 얻었다고 자랑하였다. 그러자 바울에게 신의를 지키려는 사람들이 "나는 바울에게 속하였다"고 하고, 아볼로의 지혜의 말에 감동받는 사람들은 "나는 아볼로에게 속하였다"고 하면서 분쟁이 일었던 것이다. 이러한 현상은 한국교회에서도 종종 발생하는바, 교회 전임자와 후임자 사이에서 전임자를 따르는 교인들과 후임자를 따르는 교인들 사이의 갈등과 분쟁과 유사한 문제이다.

바울이 볼 때 이 문제는 교회의 존립을 위해 해결을 보아야 하는 매우 중요한 것이었다. 바울이나 아볼로나 능력은 다르지만 모두 하나님의 일을 하는 사람들인데, 교인들이 각각 자신들의 구미에 맞는 사도에게 속하였다고 주장하면서 분쟁을 일으키는 것이 문제였다. 이 문제를 바로 잡아주지 않으면, 교회가 그리스도나 하나님을 중심으로 하나가 되지 못하고, 바울이나 아볼로 중심으로 분립되는 현상이 벌어질 우려가 있다. 이렇게 되면 교회는 사람 중심으로 모이는 다른 일반 집회와 다를 바가 없다.

하나님으로부터 보냄을 받았다는 사도로서의 자의식이 강한 바울로서는 교인들이 바울 자신이나 아볼로 중심으로 나뉜다는 것은 위험천만한 일이고, 예수 그리스도를 통한 하나님의 구원활동을 전하는 사도 바울의 활동을 무산하는 결과를 가져올 수도 있는 일이었다. 이에 바울은 바울과 아볼로의 활동을 개인의 우수함을 자랑하는 일이 아니라 오직 하나님의 일을 수행하는 것임을 강조하고, "우리는 하나님의 동역자"일 뿐이라고 말함으로써, 그들을 통해 일하시는 하나님의 활동을 강조한다. 하나님이 활동하실 수 있도록 씨를 뿌리고, 하나님의 집이 건설될 수 있도록 그리스도라는 터전을 세운 일은 자신의 공로임을 밝히면서 아볼로와의 차별성을 분명히 하면서, 그리스도라는 터 위에서 그리스도인들이 하나가 될 것을 촉구한다.

고린도교회의 이러한 문제 상황과 이 문제를 해결하기 위해 제시한 바울의 해법은 오늘날 한국교회에 시사하는 바가 매우 크다.[29] 한국교회는 미국 선교사들에 의해 복음이 전해진 지 120여 년이 지났고, 다른 어느 나라와 비교할 수 없을 만큼 많은 교회들이 생겨났고 많은 교인들을 확보함으로써 양적인 성장을 보여주었다. 그러나 한국교회는 십자가에 달리신 그리스도를 전하며 그리스도 안에서 하나가 될 것을 가르치기보다는, 우리 교단 사람인지 아닌지 따지고 분리하는 일이 얼마나 심각한지, 마치 미국의 북장로교, 남장로교, 감리교 등의 교단들이 한국 땅에 이주한 것 같은 인상이 들 정도이다. 하나님 일을 하는데, 무슨 교단이나 교파가 문제가 되리요? "나는 칼빈파다", "나는 루터

---

29) 장혜경 교수가 고린도교회를 "현대교회의 거울"로 표현하고, 고린도교인들이 처했던 사회 문화적 환경이 오늘 우리의 그것과 너무나 흡사하다고 지적한 것은 이런 점에서 매우 적절하다고 하겠다. 장혜경(외), 『고린도전서. 어떻게 설교할 것인가』(두란노 How주석 시리즈 40)(서울: 두란노아카데미, 2007), 41-49 참조.

파다", "나는 감리교인이다"라고 하면서 교파와 교단을 주장하면서 나뉘고 협력하지 않는다면 한국교회의 미래는 밝아 보이지 않는다.

"하나가 되라"는 고린도교회를 향한 바울의 메시지는 한국교회를 향해 교단과 교파에 상관없이 하나님의 일을 위해 서로 협력하고 하나가 되도록 하는 성서적 기틀이 될 것을 소망한다.

# 제2장

## 고린도교회의 음행의 실체에 관하여

— 고린도전서 5장 연구

## I. 들어가는 말

언제부터인가 한국교회가 한국사회에서 지탄의 대상이 되고 있다. 특히 일반교인 뿐만 아니라 목회자의 부도덕한 면이 언론에 크게 부각되고 있다. 거론되는 사람은 다를지라도 내용면에서 보면 크게 재정문제와 성문제로 축약된다.[1] 사랑과 용서라는 기독교의 핵심적 가르침이 이천 년 기독교 역사에서 강조되면서 이러한 문제를 더 키워온 것이 아닌가 걱정이 될 정도이다. 이러한 현실에 직면해서 필자는 성과 관련된 문제가 이미 성서 안에 음행이나 간음이라는 용어를 통해 언급되고 있다는 점에 착안하여, "음행(포르네이아πορνεια)"이란 용어가 키워드로 사용되고 있는 고린도전서 5장을 중심으로 고린도교회에 나타난

1) 한국교회의 윤리적 실추의 모습은 심심치 않게 등장하는 개신교 목회자들의 성적 타락과 공금(헌금) 횡령 등의 사건들로 나타난다. 헌금 비리와 관련해서는 순복음교회 조용기 목사와 그의 아들, 제자교회의 정심지 목사 사건이 최근 대표적으로 알려져 있고, 목회자의 성적 문란은 여신도들을 성추행한 것으로 알려진 분당중앙교회 최종천 목사 사건과 전병욱 목사 사건 등이 대표적이라 하겠다.

음행의 실체가 무엇인지, 그리고 그 원인은 무엇인지, 마지막으로 이 문제를 해결하기 위한 바울의 해법은 무엇인지 살펴보고자 한다.

고린도전서 5장 1절에 의하면 바울이 "너희 중에 심지어 음행이 있다"는 말로써 심각하게 문제제기를 한다. 교회 안에 문제가 없다면 바울이 편지할 이유도 없다. 고린도교회에서 일어난 불상사를 바울은 "음행"라는 용어로 표현하고 있다. 도대체 무슨 일이 고린도교회 안에서 일어난 것일까? 이 문제에 대한 해결 방안으로 바울은 "교회에서의 축출"을 제시한다. 그것도 세 번씩이나(고전 5:2, 9, 13). 용서와 관용은 없다. 좀 더 부드러운 해결 방안은 없는 걸까? 왜 이렇게 강경한 것인가? 이토록 극단적인 처벌을 요구할 만큼 심각한 음행의 문제는 과연 무엇이었나?

기존의 여러 주석서나 연구서에서는 "근친상간의 문제",[2] 혹은 "성적 부도덕성 문제",[3] "불법적인 성행위"[4]라고 표현하고 있지만, 이러한 표현들은 음행이란 용어처럼 여전히 모호할 뿐만 아니라, 고린도교회 안에 일어난 구체적인 문제를 담아내기에는 역부족이다.

고린도전서 5장에서 다루는 교회의 문제를 연구하는 데 있어서 특

2) 가령 전경연은 "고린도전서의 상황과 윤리"라는 제목하에 고전 5장을 다루면서 "근친상간의 문제"라고 명명한다. 전경연, 『고린도서신의 신학논제』(서울: 대한기독교출판사, 1988), 122-126. 최근 윤철원도 전경연과 같이 근친상간이란 표현을 사용한다. 윤철원, 『고린도전서 다시 읽기』(서울: 한국성서학연구소, 2011), 113; 김지철, 『고린도전서』(서울: 대한기독교서회, 1999), 226-22.

3) 박익수, 『누가 과연 참 그리스도인인가』(서울: 대한기독교서회, 2002), 167 이하. 박익수는 "아버지의 처를 데리고 사는 패악"이라고 표현하고 있는데, 이 표현 역시 고린도교회의 구체적 상황이 어떠한지 불분명하다.

4) 제임스 던/박문재 역, 『바울신학』(고양: 크리스찬다이제스트, 2003), 904-907. 던은 "아버지의 아내와 함께 사는 것"이라고 막연히 표현할 뿐, 문제의 진상에 대한 관심조차 보이지 않는다.

이한 것은 고린도전서의 다른 본문이 연구된 것에 비해 치밀한 연구가 별로 없다는 점이다. 그리고 "음행"이란 낱말이 신약성서에 여러 번 나오지만 매번 그 의미가 일정하지 않을 뿐만 아니라 분명하지도 않다는 점도 연구의 난점에 속한다. 이 논문에서는 "음행"이란 용어로써 바울이 지적하고 있는 교회 안에 일어난 사건이 무엇인지, 그런 일은 왜 일어났으며, 이에 대해 바울이 극단적인 조치를 내리는 이유는 무엇인지 살펴보고자 한다.

## II. 본말

### 1. 고린도교회 문제의 실상: 계모와의 결혼

바울은 5장 1절에서 "너희 중에 심지어 음행이 있다 함을 들으니"(고전 5:1)라는 표현으로 시작한다. 아주 단도직입적인 서술이다. 이 표현을 통해 우리는 고린도교회 안에 생긴 문제에 관해 구두로 들었다는 것을 알 수 있다. 그러나 물론 바울이 표현한 대로 "우리 교회 안에 음행이 있어요"라는 식으로 누군가가 교회 소식을 알리지는 않았을 것이다. 즉, "너희 중에 음행이 있다"는 말은 바울이 들은 교회의 어떤 사건에 대한 바울의 표현이라 하겠다. "음행"이라는 바울의 표현 배후에 있는 실제 사건은 무엇일까?

그리스어 포르네이아(πορνεια)는 신약성서에 26회 등장하는데, 바울서신에 9회(롬 13:13; 고전 5:1에 2회, 6: 13, 18; 7:2; 고후 12:21; 갈 5:19; 살전 4:3)로 최다 사용된다.[5] 포르네이아는 성적인 행위와 관련된 용어임에는 틀림없지만, 엄밀한 의미를 부여하기가 쉽지 않다. 단케가 편집한 그리스어-영어 사전(A Greek-English Lexicon)에 의하면, unlawful sexual intercourse(비합법적인 성행위), prostitution(매춘), unchastity(부정, 음란), fornification(간음, 우상숭배) 등으로 소개하고 있다.[6] 모두 부도덕한 성행위와 관련된 것이다. 그러나 이러한 사전적 의미만 가지고는 이 문맥에서 지칭하는 고린도교회의 현상을 이해하긴 어렵다.

포르네이아라는 그리스어는 개역한글판 성경에서 음란(淫亂) 혹은 음행(淫行)으로 번역되었다.[7] 포르네이아의 동사형 포르뉴오(πορνευω)가 사용된 구절들(고전 5:9,10,11; 6:18; 엡 5:5; 딤전 1:10; 히 12:16; 13:4; 계 18:3)도 "음란하는 자" 혹은 "음행하는 자"로 번역되었다. 한국어 번역어인 음란과 음행, 두 용어의 차이도 분명하지 않다. 음란과 음행은 둘 다 한자어로서 음은 "음란할 음", 난은 "난잡한 란", 행은 "움직일 행"으로서, 사전적 의미에서조차 "음란"과 "음행"의 의미를 구분하기 매우 어렵다. 일반적으로 "음란"이란 난잡한 성행위, "음행"은 비합법적인 성행위로 표시하지만 실제로 두 어휘 사이의 특별한 차이를 나

---

5) 그 외 바울 후기 서신에 2회(엡 5:3; 골 3:5); 요한계시록에 7회(계 2:21; 9:21; 14:8; 17: 2, 4; 18:3; 19:2), 그리고 복음서에는 비교적 적게 사용되었다. 마태복음에 3회(마 5:32; 15;19; 19:9), 마가복음 1회(막 7:21), 요한복음 1회(요 8:41), 사도행전에 3회(행 15:20, 29; 21:25) 사용된다.

6) Frederick William Danker(ed.), *A Greek-English Lexicon of the New Testament and Early Christian Literature* (Chicago: The University of Chicago Press, 2000), 854.

7) 개역한글판 성경에서 "음란"으로 번역된 구절은 롬 13:13; 고전 6:13이고, 고후 12:21은 "음란함"으로, 그 외 모든 구절은 "음행"으로 번역되었다. 개역개정판 성경에서는 개역한글판과 동일하며, 표준새번역 개정판 성경에서는 같은 용어를 같은 언어로 번역하려는 노력이 보여 모두 음행으로 번역하였다. 다만 고후 12:21은 여전히 "음란함"으로 번역하였다.

타내기는 매우 어렵다.[8)]

포르네이아라는 단어의 사전적 의미로는 고린도교회에 무슨 사건이 일어났는지 정확히 알기 어렵다. 고린도교회의 문제의 실상이 무엇인지 풀기 위한 단서는 그 다음에 곧바로 이어지는 문장 "누가 아버지의 아내를 취하였다 하는도다"라는 표현에서 찾을 수 있다. 아버지의 아내를 취한다는 것은 무슨 일을 나타내는 표현일까?

고린도전서를 주석한 프리드리히 랑(Friedrich Lang)은 바울의 이 표현에서 구체적인 문제가 무엇인지 세 가지 점이 분명치 않다고 본다.[9)] 즉, 첫째는 "아버지의 아내"가 문제의 장본인의 생모인지 아니면 계모인지 하는 것이고, 둘째는 그 일이 그 사람의 아버지가 생존해 있

8) 이 용어의 난해함은 한국사회에서 사용하는 언어와 차이를 보인다는 점에도 기인하고 있다. 사회적 혹은 법적으로는 음행이란 말보다는 강간이나 간통 등의 표현이 일반적으로 사용되고 있다. 2012년 12월에 위헌 결정이 내려진 "혼인빙자간음죄"라는 표현에서 간음이란 말과 아직도 존속하고 있는 "간통죄"의 간통이란 말이 올바르지 못한 성관계를 나타내고 있다. 또한 음란이라 말도 마찬가지다. 미술품이나 영화, 만화 등에서 "음란물"이란 말은 사용하지만 음란은 그리 잘 사용하는 용어는 아니다. 더 나아가 마태복음에 전해지는 예수의 말 중에 "여자를 보고 음욕을 품는 자마다 간음을 한 것이다"(마 5:)는 표현도 성과 관련된 문제를 어렵게 하고 있다. 일반적으로 우리 사회에서는 음욕이란 표현보다는 성욕이란 표현을 쓰기 때문에, 음욕과 성욕이 같은 의미라고 여겨진다. 성욕은 학교 교육에서 인간이라면 자연스러운 현상으로 배우고 있는데, 자연스런 성욕을 해서는 안 될 간음과 같이 취급하고 있기 때문이다.
그러나 포르네이아가 "간음"으로 번역되지는 않았다는 사실은 한 가닥 희망이다. 간음이란 그리스어 모이케이아(μοιχεια)를 번역한 말이다. 그리고 간음하다는 동사형 모이큐오(μοιχευω)를 번역하여, 포르네이아와 구별하여 사용하고 있다. 물론 요한계시록에서처럼 성적 부정을 신과의 관계에 적용하여 우상숭배라는 의미로 사용할 때에는 간음이나 음행이나 같은 의미로 사용되고 있다. 이를 제외하면 간음이란 합법적인 부부관계를 제외한 성관계를 표현하는 말이라 하겠다. 그러므로 포르네이아는 간음과는 확연히 구별되는 말로 보아도 무방할 것이다.

9) F. Lang, *Die Briefe an die Korinther* (NTD 7) (Göttingen: Vandenhoeck und Ruprecht, 1986), 70.

는 동안에 일어난 일인지 아니면 별세나 이혼 후에 일어난 일인지, 그리고 마지막으로 아버지의 아내를 취한 사건이 혼인인지 아니면 비밀리에 이루어진 성적 관계를 의미하는지는 분명치 않다는 것이다.[10] 그러나 이는 조금만 더 깊이 연구하면 밝혀질 일이다. 한 문제씩 집어보기로 하자.

첫 번째 문제에 관해 랑을 비롯한 많은 학자들은 "아버지의 아내"라는 표현에서 문제의 실상이 오이디푸스 왕의 이야기에서와 같은 친모와의 관계가 아니라, 계모와의 성적 관계일 것으로 추정하고 있다. "이런 일은 이방인에게도 없는 것이라"고 강조함으로써 바울은 이 문제가 유대인들은 말할 것도 없고, 이방인들에게도 불가한 것은 자명한 일임을 표현한다. 구약성서 레위기 18장 6-18절에는 사람이 해서는 안 될 성적 관계들이 열거된다. 그중 첫 번째로 언급된 것은 친모와 아들, 두 번째가 계모와 아들의 관계이다. 레위기 본문에 의하면 생모와의 성관계 금지를 말할 때에는 "어머니"라는 표현을, 계모와의 성관계 금지를 말할 때에는 "아버지의 아내"라고 표현을 사용한다. 따라서 이 문제는 계모와 아들의 관계에 관한 것이 분명하다.[11]

두 번째 문제에 관해 랑은 아버지의 생존시에 아버지의 아내와 아들의 부적절한 관계를 의미한다고 해석한다. 아버지의 아내와의 결혼

---

10) 김지철은 계모라는 것에는 확신하고 있으며, 그 외 아버지가 이혼 상태인지 사망하였는지, 아니면 아버지가 살아 있는 상태에서 일어난 일인지 알 수 없다는 입장이다. 김지철, 앞의 책, 229. 이것은 바레트의 입장과도 같다. C.K. 바레트/번역실 역,『고린도전서』(국제성서주석 35)(서울: 한국신학연구소, 1985), 151.

11) 이에 대해서는 이의를 제기하는 학자는 거의 없다. C.K. 바레트/번역실 역, 앞의 책, 151; W. Schrage, *Der erste Brief an die Brief an die Korinther, 1.Teilband 1 Kor 1,1-6,11* (EKK VII/1) (Neukirchen: Neukirchener Verlag, 1991), 369; 김지철, 앞의 책, 229; 박익수, 앞의 책, 172; 윤철원, 앞의 책, 114.

은 유대법으로나 로마법으로나 금지된 일이며, 따라서 있을 수 없는 일이라는 것이다. 그러므로 계모와 아들의 결혼이라기보다는 아버지가 잠시 출타 중이거나 먼 타지에 출장을 가 있는 중에 이루어진 계모와 아들의 비밀스런 성관계를 의미한다고 보았다.12) 랑이 생각하는 것처럼 아들과 계모의 애정행각과 같은 일이라면, 타인에게 발각되지 않게 비밀스럽게 할 것이고, 그렇다면 외부인에게, 특히 교인들에게 알려질 가능성이 적기 때문이다.

바울의 논조로 보면 고린도전서 5장은 사건의 장본인을 향한 것이라기보다는 그 사건을 지켜본 교인들의 태도를 책망하는 것이다. 그렇다면 바울은 문제의 사건을 일으킨 사람보다는 이 사건에 대한 사람들의 반응을 문제 삼고 있다. 그러므로 이 일은 아버지가 생존해 있는 중에 아들과 계모의 비밀스런 애정행각일 수 없다. 비밀리에 행하던 일이 발각되었을 때 교인들의 반응이라기보다는, 오히려 아버지가 사망한 후에 아들이 계모와의 혼인관계를 교회에서 공식적으로 밝히고 교인들은 축하까지 한 상황이라고 보는 편이 훨씬 더 개연성이 있다.13)

이것을 입증한 만한 것은 성서 본문에서 찾아볼 수 있다. 첫째는 1절에서 "아버지의 아내를 취하였다"고 표현한 점이다. 취하였다라고 번역된 헬라어 에케인(εξειν)은 "가지다"라는 의미로서 성관계를 갖는다는 것을 표현하는 것이 아니라 혼인 관계로 발생된 남편의 법적 소유권을 표현하는 말이기 때문이다. 결혼하지 않은 사람은 여자를 가질 수 없다. 두 번째 증거는 2절에서 찾을 수 있다. 2절은 아버지의 아내,

12) F. Lang, 앞의 책, 71.

13) 윤철원도 이 사건이 비밀스런 것이 아니라 공개적이었다고 올바르게 파악하고 있다. 윤철원, 앞의 책, 113-114.

즉 계모와 혼인을 하는 사람에 대한 교인들의 태도에 관한 것이다. "그리하고도 너희가 오히려 교만하여져서 어찌하여 통한히 여기지 아니하고 그 일 행한 자를 너희 중에서 쫓아내지 아니하였느냐"고 바울은 고린도교인들은 문책한다. 즉, 문제된 사건은 개인의 애정행각이 아니라 교회 교인들에게 공개적으로 알려진 혼인관계에 관한 것이다.

세 번째 증거를 유추하자면 6장의 내용에서 힌트를 얻을 수 있다. 5장에서 "음행"이란 주제를 다루다가 6장에서 느닷없이 법정 소송건이 언급되고 있어서 독자들을 당황케 한다. 그러나 5장에서 언급된 내용이 단순한 애정행각이 아니라 혼인이라는 법적 문제라고 본다면, 6장에서 다른 법적 문제로 연결하고 있는 것은 자연스럽게 이해될 수 있기 때문이다. 6장 1-8절은 5:1-13이 단순한 애정행각이 아니라 결혼과 같은 법적 문제이기 때문에, 그 외 다른 법적 문제가 연상되어 일어난 주제이탈로 볼 수 있다. 그리고 바울은 6장 9-20절에서 다시 음행이란 주제로 돌아가서, 인간이 행하는 패덕 목록에서 가장 앞에 "음행"을 열거하고, "음행을 피하라"(고전 6:18)라는 말로써 5장 1절에서 언급하기 시작했던 음행 문제를 마감하는 것이다. 그러므로 5장에서 "음행"이란 표제어로써 언급한 교회 내 문제는 남몰래 행하는 애정행각이 아니라 "해서는 안 될 혼인 관계"에 관한 문제라고 볼 수 있다.[14)]

지금까지의 논의를 요약하면 고린도교회에 일어난 문제 상황의 진면목은 다음과 같다. 어떤 교인이 아버지의 사망 후에 계모와의 결혼을 교회공동체에 공적으로 알렸고, 다른 교인들이 이 일에 대해 문제

---

14) H. Conzelmann, *Der erste Brief an die Korinther* (Göttingen: Vandenhoeck und Ruprecht, 1969), 122-123. 깊은 논의는 하지 않았지만 윤철원도 이러한 사실을 감안하여 기술하고 있다. 윤철원, 앞의 책, 113-114 참조.

를 삼지 않고 그대로 인정해준 일이다. 그러나 교인 중에 누군가는 '이래도 되는 건지' 의아한 생각이 들어 이 일을 바울에게 전달하였다. 그 사람은 "교회에 음행이 있어요"라고 말하지 않았을 것은 분명하고, 아마도 다음과 같이 말하지 않았을까 추측해볼 수 있다. "어떤 교인이 아버지의 아내와 결혼을 했는데, 이래도 되는 건지 모르겠어요."

이 말을 들은 바울은 계모와의 결혼이란 있어서는 안 될 성적 관계로 여기기 때문에, "음행(포르네이아)"라는 용어를 사용하여 문제제기를 하는 것이다. 그리고 대부분의 고린도교인들이 이방인들이기 때문에 유대인의 법을 거론하지 않고, "이는 이방인 중에도 없는 것이라"고 언급함으로써 일언지하에 불가능한 일임을 선언한다. 5장 1절의 어투로 미뤄 볼 때 바울은 계모와의 결혼을 시도한 교인의 행동을 도저히 용납할 수 없는, 기고만장한 행위로 간주하고 있는 것으로 보인다. 이러한 유추에 동의할 수 있다면, 우리는 여기서 바울의 "포르네이아"라는 용어에 대한 사용의 의미를 어느 정도 확인할 수 있다. 즉, "포르네이아"란 일반적으로 통용될 수 없는, 해서는 안 되는 혼인 관계나 성적 관계를 일컬어 사용한 용어이다. 물론 우리말로 옮긴 "음행"이란 표현이 이런 사실을 담아내는 데 적절한지는 또 다른 문제이다.

## 2. 사건의 원인(신학적 이유): 주 안에서의 자유

고린도교회의 한 교인이 계모와 결혼을 하겠다는 발상이나 실현이 어떻게 일어날 수 있었을까? 고린도전서 5장의 문제를 "근친상간"이나 "계모를 데리고 사는 패악"으로 보는 학자들은 그 사건의 원인에 관해서 아무런 문제제기를 하지 않았다.[15] 그것은 그저 예쁜 여자에 대해 성적 욕구를 가진 남자의 육체적 욕망을 원인으로 보았기 때문이다. 그런 일은 인간의 본능에 의한 것으로 학문적으로 연구할 필요조차 없는 일로 평가되었기 때문으로 추정된다.

그러나 필자는 고린도전서 5장에서 언급된 것은 개인의 문제가 아니라 교회의 문제이고, 이것은 일반 사람들이 가질 수 있는 단순한 육체적 욕망의 분출이라는 차원이 아니라고 생각한다. 바울의 경우, 그런 일들은 음행이나 음란으로 번역된 헬라어 포르네이아를 사용하지 않고, 욕정, 욕심, 탐심, 정욕 등으로 번역된 헬라어 에피튀미아(επιθυμια)를 사용한다(가령, 롬 1: 24; 6:12; 7:7,8; 13:14; 갈 5;16, 24; 빌 1:23; 살전 2:17; 4:5 등).

또한 부도덕한 일인 줄 알고 남몰래 벌이는 애정행각이라면 사람들의 눈에 발각되기 쉽지 않다. 더구나 계모와 아들의 관계이기 때문에 이들은 한 집에 거주했을 가능성도 매우 높다. 그러므로 교회에서 일어난 일은 개인의 애정행각의 문제가 아니라 교회공동체 안에 공공연하게 알린 계모와의 결혼 문제이다. 바울은 이 문제와 관련하여 문제의 장본인을 나무라기보다는 그 일을 접했던 교인들의 태도를 더욱 문제로 여긴다. 즉, 교인들은 이 일을 접하여 문제제기는커녕 동조하는 태도를 취한 것에 대해 바울은 더욱 분개하고 심지어 "교만"이란 어휘를 사용한다.

바울은 고린도교인들을 향해 종종 "교만한 자들"이라고 표현한다(고전 4:6, 18, 19; 8:1; 13:4). 교만은 대개 무언가를 안다고 자랑하는 사람들에게서 나타나는 현상이다. 4장에서 바울은 지혜를 자랑하는

---

15) 물론 계모와의 공적인 결혼으로 파악한 윤철원도 그 이유에 관해서는 질문하지 않는다. 윤철원, 앞의 책, 109-138 참조.

고린도교인들을 향해 교만한 자들이라고 비난하고 있다. 5장 6절에서 "너희가 자랑하는 것이 옳지 아니하도다"라는 표현에서 우리는 5장에서 언급하는 교회의 문제가 그저 성적인 욕구에 의한 자연적인 사건이나 남 보기에 부끄러워 숨기는 애정행각 수준의 사건이 아니라, **지적인 근거**를 가지고 자랑을 했던 정도의 일이었음을 짐작할 수 있다.

지식과 교만이 매우 밀접하게 연결되어 있다는 것은 고린도전서 8장을 통해서 볼 때 분명하다. 바울은 "지식은 교만하게 하며"(고전 8:1)라는 표현을 씀으로써 그리스도인들이 취하는 교만한 태도가 지식에 근거하고 있음을 말하고 있다. 그리고 그 지식이란 일반적인 것이 아니라 신앙에 관련된 것이다. 8장에서 다루어지는 문제의 근거가 되는 지식은 6절에 언급된다.

"우리에게는 한 하나님 곧 아버지가 계시니 만물이 그에게서 났고 우리도 그를 위하여 있고 또한 한 주 예수 그리스도께서 계시니 만물이 그로 말미암고 우리도 그로 말미암아 있느니라." 이 구절은 하나님과 예수 그리스도, 그리고 만물과 우리(=그리스도인들)이 어떠한 관계에 있는지를 말해준다.[16] 하나님은 아버지이고 믿는 이들뿐만 아니라 세계 모든 만물의 창조주이며 동시에 심판자이다. 또한 예수그리스도는 그리스도인들에게 주이고, 세계 모든 만물과 믿는 이들에게 구원의 매개자가 된다. 이처럼 이 구절에 담긴 내용이 매우 출중하고, 매우 지적인 신앙고백문이라 할 수 있다.[17]

---

16) 이에 관해서는 김판임, "지식과 사랑의 이중주 - 고전 8장 연구", 「말씀과 교회」 제40호(2006), 64-76 참조.

17) 이 구절의 Sitz im Leben(삶의 자리)과 의미에 관해서는 K. Wengst, *Christologische Formeln und Lieder des Urchristentums* (Gütersloh: Gütersloher Verlag, 1972), 136-143 참조.

그렇다면 고린도전서 5장에서 거론되는 사건의 장본인뿐만 아니라 이 사건을 접한 교인들마저 이 일을 자랑할 만한 이유, 즉 그들이 교만에 빠질 만한 지식은 무엇이란 말인가? 그리고 어떻게 아버지의 아내와 혼인을 생각하고 실천하며 교인들에게 공표하기까지 할 수 있단 말인가? 이 사건을 처리하는 데 있어서 바울이 여자를 언급하지 않는 것은 여자가 교인이 아니기 때문이라고 보기 어렵다. 당시 문화에서 결혼의 결정권자는 남자와 여자 양측이 아니라 남자이기 때문이며, 이 사건의 장본인과 이 사건을 대하는 교인들이 문제의식을 갖기보다는 신학적 입장을 가지고 능동적으로 적극적으로 처리하였다는 데 있다. 그런 면에서 여자는 이 사건을 당한 자이지, 사건의 책임적 주체자는 아니었던 것이다.

이를 위해 고전 6장 12절의 표현을 참고할 만하다. "모든 것이 내게 가하다"(고전 6:12a). 12절에서 바울은 두 번이나 이 표어를 언급한다. 이것은 바울의 말이 아니라 고린도교인들이 그리스도 안에서 거듭난 생명, 예수 그리스도를 받아들이기 이전의 삶에 대해 그리스도인이 된 후의 변화된 삶의 특징을 구호처럼 표현한 말로 알려져 있다. 세례를 받음으로 성령을 받은 그리스도인들은 자신들의 영적인 자유의 상태를 기쁨으로 자랑스럽게 여겼다.

바울 당시 그리스도인들이 가졌던 세례 이해는 고린도전서 6장 11절에서 찾아볼 수 있다. 5장에서 다루던 음행 문제에서 이탈하여 바울은 6장 1-8절에서 법정 소송 문제로 넘어가버린다. 그리고 9절에서 교인들이 해서는 안 될 패덕 목록, 즉 하나님의 나라를 유업으로 받지 못할 자들의 목록을 9-10절에 제시하는데, 그중 가장 먼저 "음행하는 자(포르네이아)"를 언급함으로써 바울은 다시금 본인이 언급한 문제로 회귀하고 있으며, 11절에서 전승에서 얻은 세례신학을 전하고 있다. "주 예수 그리스도의 이름과 우리 하나님의 성령 안에서 씻음과 거룩함과 의롭다 하심을 받았느니라"(고전 6:11).

이 구절이 세례 이해와 관련되어 있다는 것은 이미 많은 학자들에 의해 입증되었다.[18] 무엇보다도 먼저 "주 예수 그리스도의 이름으로"라는 표현이 세례와 관련된 것이라는 것이다. 초기 교회는 세례를 줄 때 "예수 그리스도의 이름으로" 세례를 주었고, 세례 때 불리우는 이 이름으로 인해 성례전적인 효과가 있다고 보았다.[19] "우리 하나님의 영 안에서"라는 부사구는 세례 때에 하나님의 영이 작용한다는 것을 표현한다. 왜냐하면 세례 때에 하나님은 영을 수여하는 방식으로 개입하기 때문이다. 예수 그리스도의 이름을 부르는 일과 하나님의 영이 작용하는 것, 이것이 세례사건의 중요한 요소이다. 이 둘로써 세례자는 전적으로 새로운 존재가 된다. 그것은 "씻음 받았다, 거룩함 받았다, 의롭다함을 받았다"는 세 동사로 표현되고 있다.

씻음 받았다는 표현에서도 세례가 연상된다.[20] 세례는 형식적으로는 물로 씻기고 신학적으로는 죄로부터 씻김을 받았다는 의미를 지닌다.[21] 그리고 세상과 구별되어 거룩한 자가 되고,[22] 구원을 받기에

18) U. Schnelle, *Gerechtigkeit und Christusgegenwart* (Göttingen: Vandenhoeck und Ruprecht, 1986), 39-44; Panim Kim, *Heilsgegenwart bei Paulus* (Göttingen, Diss., 1996), 70-76.

19) W. Heitmüller, *Im Namen Jesu* (Göttingen: Vandenhoeck und Ruprecht, 1903), 102-109; R. Bultmann, *Theologie des Neuen Testament* (Göttingen: Vandenhoeck und Ruprecht, 1968), 42, 140.

20) 행 22:16; 엡 5:26; 딛 3:5; 계 1:5 참조.

21) U. Schnelle, 앞의 책(1986), 39.

22) 초기 그리스도인들이 "거룩한 자들(성도)"로서의 자의식을 가지고 있었다는 사실은 신약성서 여러 구절에서 찾아볼 수 있다. 가령 고전 6:1-2; 고전 1:30; 살전 4:3, 4,

합당한 의로운 자가 된다. 이 세 동사는 세례로써 그리스도인들이 완전히 새로워진 영적 존재임을 말해준다.

고린도교인들이 "모든 것이 내게 가하다"라고 말했다면, 그것은 세례를 통해 새롭게 된 자기 이해를 표현한 것이라고 볼 수 있을 것이다. 그것은 세상적 가치기준에 얽매이지 않는다는 의미이고, 그렇기에 세상에선 금지하는 계모와의 결혼도 "좋은 의도에서" 시도할 용기를 가졌을 것이다.

이상의 논의를 정리해볼 때 사건 발생의 원인은 다음과 같이 추론해 볼 수 있겠다.

교인 중에 어떤 사람이 아버지의 아내와 결혼하였다. 아버지는 아마도 이미 사망하여 계모는 과부가 된 상태였을 것이다. 그리고 사건의 장본인은 의식도 있고 명망도 있고 재산도 있는 사람이었을 것이다. 그는 세례로써 새로운 존재가 되었다는 의식과 함께 세상에 존재하는 통념이나 관습에 얽매일 필요가 없다고 생각하였다. 하여 계모와 혼인을 하는 것이 계모를 과부 상태로 혼자 두는 것보다 좋을 것이라고 여기고 교회공동체에 계모와의 혼인을 공적으로 알린 것 같다. 이에 대해 교인들도 세상과 구별된 존재라는 동일한 의식을 가지고 있었으므로 이를 축하해주었던 것이다. 세례를 통해 새로운 존재가 되었다는 자의식은 초기 그리스도인들이 공유하고 있었던 사실이었고, 이를 굳이 "열광주의"나 "방종주의"의 결과라기보다는 **그리스도인의 자유**에 대한 오해로 인한 사건이라고 보는 것이 가장 적절하리라 사료된다.

---

7; 3:13 참조. 이 표현은 종종 그리스도인들, 혹은 교회를 의미하기도 했다.

## 3. 문제 해결을 위한 바울의 해법과 그 이유: 축출하라

한 교인이 계모와의 결혼을 공표하고, 교인들은 이를 축하해준 일에 대해 바울은 심각하게 여겼다. 세상과 구별되었다는, 거룩한 그리스도인의 삶이 교인들 사이에서 오해로 나타난 것이다. 바울은 "그리스도인의 자유란 그런 것이 아니에요!"라는 식으로 가르침을 펼치지 않는다. 문제의 장본인을 직접적으로 나무라지도 않는다. 오히려 이 일에 대한 교인들의 태도를 '교만'이라는 말로 꾸짖는다. 교만이란, 안다고 생각해서 행하는 태도인 것이다. 그리고 그 문제의 장본인을 교회에서 "내어 쫓으라"고 강력하게 제안한다(고전 5:2, 5, 13). 이 문제의 결론에서만 교회로부터의 축출을 언급한 것이 아니라 5장 1-13절 사이에 세 번이나 강조하여 언급한다.

제일 먼저는 이 문제를 제시하자마자 곧바로 "그 일 행한 자를 너희 중에서 쫓아내지 아니하였느냐?"(5:2)고 교인들의 태도를 문제 삼고 있으며, 그리고 또 그 문제에 대해 이미 바울 자신이 판단을 내렸다고 하면서 "이런 자를 사탄에게 내어주라"(고전 5:5)[23]고 명한다. 여기서

---

23) 이 구절에 대한 한글개역판, 개역개정판 성서 번역은 문제가 있다. "주 예수의 이름으로 너희가 내 영과 함께 모여 우리 주 예수의 능력으로 이런 자를 사탄에게 내주었으니 이는 육신은 멸하고 영은 주 예수의 날에 구원을 받게 하려 함이라." 한국어 번역에 의하면 사탄에게 내어준 것으로 이해된다. 그러나 이 문장의 헬라어 원어성경에는 본동사가 없고 부정사가 사용되고 있다. 이는 4-5절의 내용은 고린도교인들이 행한 일을 말하는 것이 아니다. 3절에서 바울이 이 일을 행한 장본인에 대해 판단하였다고 전하고 있는데, 바로 4-5절의 부정사구문은 3절에 표기된 것은 바울의 판단 내용인 것이다. 그러므로 "너희는 이런 자를 사탄에게 넘겨주었다"라는 식으로 이미 교인들이 행한 행위로 표기해서는 안 되고, 그들이 행하여야 할 과제로 표시해야 한다. 즉, "이러한 자를 사탄에게 넘겨주라"는 뜻이다. 4-5절의 부정사 구문을 올바로 파악하고 번역된 것은 표준새번역 역본이다. "주 예수의 이름으로 여러분이 모여 있을 때에, 나

사탄에게 내어준다는 말은 특별히 상징적인 표현이 아니라, 교회에서 축출하라는 것과 같은 표현이다. 왜냐하면 바울에게 있어서 교회는 "성령 받은 자들, 세례 받은 자들의 모임"이고, "부활하신 그리스도의 몸"이다(고전 12:1-31). 그리고 개개의 교인들은 세례 받은 자들로서 거룩하고 의로운 자들이고, 그리스도의 몸인 교회의 지체이다. 그러므로 개개의 교인들은 구원의 지체답게 행동하여야 하며, 만일 그렇지 못하다면 거룩한 공동체의 지체가 될 수 없다는 것이 바울의 입장인 것이다.

이 일을 처리하려는 바울은 "교회의 순수성"을 사수하려는 의도를 가지고 있는 것으로 보인다. 고전 5장 7절에서 "너희는 누룩 없는 자"라고 말하며, "누룩 없이 오직 순전함과 진실함으로 떡으로 하자"고 권면한다(고전 5:8). 랑(F. Lang)은 누룩 표상이 느닷없이 등장한 것에 대해 아마도 이 편지를 쓸 때가 유월절 전후가 아니었을까 추측한다. 그러나 그것을 증명할 수는 없고 랑이 추측하는 바와 같이 추측일 뿐이다. 누룩 표상은 유월절이 아니더라도 무언가 파급효과가 상당한 일을 나타낼 때 종종 사용된다. 누룩의 영향으로 빵 반죽이 부풀려지기 때문에 누룩은 영향력이 큰 것을 지적할 때 사용된다. 이로써 바울은 이 사건의 장본인이 누구든지 간에 교회 안에서 이와 같은 일이 다시는 발생하지 않기를 바란다. 그래서 그를 교회에서 축출할 것을 요구한다.

교회에서의 축출은 실로 심각한 처벌이라고 할 수 있다. 바울도 그것을 자각한 것 같다. 교회가 구원공동체이기 때문에 교회에서 축출한

---

의 영이 우리 주 예수의 권능과 더불어 여러분과 함께 있으니, 여러분은 그러한 자를 당장 사탄에게 넘겨주어서, 그 육체는 망하게 하고 그의 영은 주님의 날에 구원을 얻게 해야 할 것입니다"(표준새번역 개정판본, 255).

다는 것은 사탄에게 내주는 것과 같은 표현이다. 바울은 그의 처방에 대해 교인 중의 누군가는 너무 과한 것이 아닌가 하는 반론이 제기될 것도 예상하고 있는 듯하다. 아무리 잘못한 일이라 하더라도 교회에서 내보내는 것은 그를 구원에서 배제하는 것은 너무 과한 처사가 아닐까 하는 의문을 가진 자에 대해 한 마디 더 한다. "그렇습니다. 그를 교회에서 축출하는 것은 구원공동체에서 배제하는 것입니다. 이런 처사가 그에게 가혹해보이지만 그렇게 할 때, 현재 그의 육체는 멸망하지만, 그가 진정으로 반성하게 되어 '주 예수의 날', 즉, 미래 구원의 완성의 날에 그의 영은 구원을 얻을 수 있습니다"(고전 5:5)라고 운을 뗌으로써 그 교인의 미래적 구원 가능성을 열어놓았다. 그리고 5장 13절에서 다시 한 번 사건의 장본인을 교회공동체로부터 제명할 것을 요청한다. "이 악한 사람은 너희 중에서 내쫓으라."

교인을 교회 밖으로 내쫓으라고 한 것은 교회 문제를 다루는 바울의 처방에서 가장 강경한 것이다. 바울 서신 전체를 두고 볼 때 그 어느 곳에도 이와 같은 지시를 내린 것은 없다. 왜 바울은 이토록 강경한 태도를 취하는가? 용서라든가 다시 한 번의 기회를 제공한다든가 하는 것이 더 기독교 정신에 어울리는 것은 아닌가?

아니다. 이 점에서는 용서고 뭐고 없다. 바울이 생각하는 것은 오로지 선교이다. 그리스도의 복음을 전하는 사람의 입장에서 교회가 교회의 정결을 지키지 못한다면, 선교 과정에서 어려움을 겪을 수밖에 없다. 계모와의 결혼이라는, 유대사회에서건 이방인의 사회에서건 용납되지 않는 일을 그리스도인들이 한다면, 교회 밖의 사람들이 교회에 대해 내릴 평가가 어떠할지 삼청동자라도 뻔히 알 만한 것이기 때문이다. 바울은 교회가 교회 밖 사람들이 볼 때 거룩하고 흠 없는, 가장 윤리적인 공동체이길 바랐다. 그리하여 대외적으로는 교회에 대한 평가를 생각하고, 교회 내적으로는 그리스도인의 자유를 오해하는 것이 얼마나 무서운 일인지 경각심을 주기 위해, 잘못 이해한 사람의 영향력이 파급되지 않도록, 교회의 순수함과 거룩함이 유지되도록 하기 위해 가장 강경한 태도를 취한 것으로 사료된다.

## III. 쿰란공동체의 축출 규정과 바울의 축출 명령 비교

교회공동체로부터 축출이나 제명이라는 결정은 쉽게 내리기 어려운 것이다. 바울에게도 그리 쉬운 결정은 아니었을 것이다. 수십 년간 선교 활동에서 한 명의 신도를 얻기란 얼마나 어려운 일인지 경험하였기에 말이다. 한 명의 교인이 떨어져 나갈까 봐 안타까워하며 노심초사하는 모습도 바울서신 중에 찾아볼 수 있다.[24] 그런데 아버지의 아내와 결혼을 한 일에 대해서는 이토록 강경하게 사건의 장본인을 교회로부터 축출할 것을 권고하는가?

공동체로부터 제명 혹은 추방 등, 이와 유사한 것을 쿰란공동체의 규율집(1QS)에서 찾아볼 수 있다. 이를 근거로 바울이 쿰란공동체와 연관성이 있는 게 아닌가 하는 의혹들이 제기되곤 하였다. 물론 곧바로 쿰란공동체와 초기 그리스도교 공동체가 긴밀한 관계가 있었던 것

---

24) 가령 고린도전서 11장 17-34절에서 공동식사와 관련된 문제에서 찾아볼 수 있다. 교인들 중에는 일과가 늦게 끝나 남보다 늦게 도착하여 다른 사람들은 이미 먹고 마셔서 즐거워하는 모습을 보면서, 배고픈 자기 자신을 위해서는 먹을 것이 없는 현실 앞에 가난한 사람들이 가질 수 있는 수치심을 이해하며, 그리스도께서는 그들을 위해 죽으셨다는 것을 상기시키는 것에서 엿볼 수 있다.

은 아니라는 올바른 지적들이 있었지만,[25] 어떤 의미에서 두 공동체가 달랐는지, 교회공동체로부터 추방이라는 규정을 중심으로 비교하면 더욱 분명해지리라 확신한다.

공동체로부터 추방이라는 처벌은 공동체 규정집 1QS V, 1-XI, 22에 언급된다.[26] 이 텍스트는 공동체 조직과 질서 유지를 위한 규정들의 모음집이라 할 수 있는데, 그중에서 VI, 24-VII, 27에는 규정을 어겼을 때의 처벌 사항이 기록되어 있다. 이 본문에 의하면 처벌로서 공동체로부터 추방되는 경우는 다음과 같다.

1) 율법 책을 읽거나 축복하는 자를 저주하는 경우(1QS VII, 1)
2) 돌아다니며 회중을 비방하는 자(1QS VII, 16)
3) 공동체의 설립 자체에 대하여 불평을 하는 자(1QS VII, 17)이다. 이 경우들은 공동체로부터 추방된 후에는 다시 공동체로 되돌아올 수 없다고까지 기록되어 있다.

그 외에는 징계기간을 정하는 것이 일반적이다. 가령 1년간 공동식사 금지령이 떨어지는 경우는 재산과 관련하여 고의로 거짓말을 한 경우(1QS VI, 25), 완악한 태도로 동료를 대하여 관계를 깨뜨릴 경우(VI,

---

25) C.K. 바레트/번역실 역, 앞의 책, 152-153.

26) 이 본문의 한국어 번역으로는 F. 마르티네즈, E. 티그셸라아르 영어 편역/ 강성열 옮김, 『사해문서 1』(파주: 나남, 2008), 134-137 참조. 히브리어 본문과 독일어 번역으로는 E. Lohse(ed.), *Die Texte aus Qumran: hebraeisch und deutsche* (Darmstadt: Wissenschaftsverlag, 1986), 24-29 참조. 독일어 번역으로는 J. Maier, *Die Qumran-Essene: die Texte vom Toten Meer. Teil 1* (Muenchen: Reinhardt, 1995), 183-186 참조. 히브리어 본문과 영어 번역으로는 F. Martinez and E. Tigchelaar, *The Dead Sea Scrolls. Study Edition Volume 1* (Leiden: Brill, 1997), 84-89 참조.

26), 책에 등록된 제사장에게 화를 내면서 말할 경우(VII, 2), 아무 이유 없이 동료를 모욕한 경우(VII, 4) 등이다. 그리고 6개월 징계에 해당하는 것은, 제사장에게 화를 내었을지라도 부지중에 한 경우(VII, 3), 속임수를 써서 동료에게 말하거나 고의로 그를 속이는 경우(VII, 5), 동료 앞에서 벗은 채로 걷는 자의 경우(VII, 12), 아무 이유 없이 동료에 대해 불평하는 경우(VII, 17-18) 등이다.

6개월 징계보다 약한 것은 3개월 징계와 30일 징계가 있는데, 3개월 징계에 해당하는 경우는 동료에게 태만한 모습을 보였거나(VII, 6), 자기 입으로 무익한 말을 한 경우(VII, 9)이고, 30일 징계에 해당하는 경우는 회중의 회의 도중에 누워 잠자는 자의 경우(VII, 10), 회의 도중에 침을 뱉는 경우(VII, 13), 헤진 옷으로 인해 벗은 몸을 드러내는 자의 경우(VII, 14), 킥킥 웃어댐으로써 자기 목소리가 들리게 하는 경우(VII, 14) 등이다. 마지막으로 가장 약한 수위의 징계는 10일이다. 동료의 발언 중에 끼어드는 경우(VII, 9), 회의 도중에 세 번에 걸쳐 잠에 빠져드는 경우(VII, 11), 왼손으로 몸짓을 하는 경우(VII, 15) 등이다.

이처럼 쿰란공동체의 규율은 매우 상세하게 기록되어 있는데, 이 모든 것은 여러 가지 일들을 겪은 뒤에 규율의 필요를 생각하여 공동체 회의를 통해 이루어졌다고 추론된다. 또한 그 내용은 공동체의 회의와 질서를 위한 것임을 알 수 있으며, 공동체의 존립 의미와 그들이 가장 소중히 여기는 성서의 가치를 훼손하는 일에 대해 최고의 징계인 공동체 추방을 규정하고 있다.

반면에 바울의 경우는 쿰란공동체처럼 치밀한 규정은 기록하지 않았다. 그러나 특별히 문제가 많았던 고린도교회에 편지하면서 문제 해결방안을 제시하는 과정에서 가장 강력한 처방이 고린도전서 5장에 언급된 것이다. 그것은 세상에서—그것이 유대사회건 혹은 헬라사회건 상관이 없이— 통용될 수 없는 일을 감행한 자를 교회로부터의 축출할 것을 사도 바울의 권위로 명령한 것이다. 쿰란공동체가 공동체 구성원들 간의 질서 유지를 가장 중요하게 보았다면, 바울은 공동체 구성원들 사이에 있었던 거룩함의 오해를 불식시키고, 교회 밖에 드러날 공동체의 정결 이미지를 중시하였다고 볼 수 있다.

## V. 나오는 말

이상의 논의 결과, 고린도전서 5장에서 "음행(포르네이아)"라는 용어로써 언급된 교회 문제는 교인 중에 어떤 사람이 계모와의 결혼을 알리고 교인들로부터 축하까지 받은 사건으로 요약된다. 이 사건은 단순한 육체적 성욕의 문제가 아니라 세례로써 "세상과 구별된, 거룩하여진 그리스도교인"이란 자기 정체성에 대한 오해로 빚어진 것이라고 할 수 있다. 만일 그리스도인들이 세상의 법으로는 허용되지 않지만, 세상과 구별되고, 하늘에 시민권을 둔 그리스도인들에겐 불가능이 없다고 여기고 세상 사람들의 평가를 무시하고 행한다면, 그것은 그리스도인의 자유를 오해하는 것이고, 결국 그리스도를 욕되게 하는 것이다.

바울은 이 문제에 직면해서 교인들을 가르치되, 사건의 장본인을 교회에서 축출할 것을 명한다. 사건의 장본인도 잘 모르고 했다는 것을 감안하여 용서의 기회를 줄 법한데, 바울은 그러지 않았다. 그것은 그러한 일이 교회에서 한 치라도 허용된다면 다른 사람들에게 파급될 영향을 감당하기 어려울 것으로 판단했기 때문으로 보인다. 고린도교회뿐만 아니라 그리스도를 믿고 고백하는 모든 교회에도 그와 유사한 문제들이 발생할 소지가 있다. 그리고 세상에서도 허용하지 않는 계모와의 결혼이 허용된다는 것이 교회 밖의 사람들에게 알려진다면, 그것은 선교 활동에 치명적인 결과를 초래할 것을 바울은 내다보고 있기 때문이다.

바울은 쿰란공동체처럼 공동체 유지를 위해 규정집을 만들 생각을 하지는 않았다. 그러나 자신에게 들려오는 문제되는 사건들에 대해 교인들이 대처할 수 있도록 즉각적으로 편지를 써 보냈다. 때로는 권면으로, 때로는 위로로, 때로는 가르침으로, 때로는 강력한 징계 내용을 담아서 말이다. 고린도전서 5장에서 제기한 "공동체로부터의 추방"은 그중에 가장 강력한 조치라고 할 수 있다.

고린도전서 5장에 언급된 교회 문제를 해결하기 위한 바울의 해법은 복음의 씨앗이 뿌려지던 1세기 지중해 지역의 교회를 위해서뿐만 아니라, 오늘날 여러 가지 불미스러운 일이 벌어지고 있는 한국교회의 문제를 분석하고 해결하는 데에 도움이 되기를 기대해본다.

# 제3장

## 바울은 이혼을 허락하였는가?

### — 고린도전서 7장 연구

## I. 들어가는 말: 문제제기와 방법론

이 연구는 성격적인 이유나 재정적인 이유, 혹은 외도 등 다양한 이유로 이혼율이 세계 상위권을 기록하고 있는 한국적 상황에서 촉발되었다. 그러나 이혼은 해서는 안 된다거나 혹은 해도 좋다는 그리스도교적 윤리 기준을 제시하려는 데에 목적이 있는 것이 아니다. 필자에게 이혼에 관한 성서적 이해 연구의 필요성이 절실하게 다가온 것은 이혼이 증가하고 있는 사회의 상황을 넘어, 어느 날 미국에서 신약학으로 학위를 하고 돌아온 모 박사의 지나가는 말을 듣고 놀라움을 금할 수 없었기 때문이다. 그는 당연하다는 듯이 이렇게 말했다: "예수님이 이혼금지를 선언했고, 바울이 그것을 알고 있음에도 불구하고 바울은 이혼을 가능한 것으로 교회에서 가르치지 않았습니까?" 그 박사는 예수의 말씀과 다른 것도 성서 안에 포함되어 있다는 것을 제시함으로써 새로운 사회에서는 새로운 윤리를 제공하려는 교회전통을 칭찬하려는 의도가 다분히 있었다.

그러나 이러한 말을 들은 필자에게는 과연 바울이 당시 교회 신도들에게 "이혼은 해도 좋다"고 했을까 하는 의문이 강력하게 밀려왔다. 이혼에 관한 신약성서의 언급으로는 막 10:1-9에 나타난 예수의 견해와 고전 7장의 바울의 견해가 대표적이다. 바울이 예수와는 달리 이혼의 가능성을 열어놓았다는 견해는 바로 고전 7:15에서 "믿지 않는 자가 갈리거든 갈리게 하라"는 구절에 대한 해석의 문제와 관련이 있다. 문제의식을 갖고 고린도전서 주석들을 살펴보니 놀랍게도 국내와 국외 모든 학자가[1] 예외 없이 이 구절을 "믿지 않는 파트너가 이혼을 원할 때에는 이혼해도 좋다"고 해석하고 있었다. 이러한 해석은 고전 7:15를 고전 7:12-13절과 연결시켜 그의 역으로 해석함으로써 나온 결과이다. 즉, 7:10-11은 그리스도신앙인들 사이의 이혼과 재혼에 관

---

1) 김광수,『고린도전서. 바울서신 다시 읽기』(서울: 은성 1999), 118; 김지철,『고린도전서』(대한기독교서회창립 100주년 성서주석 38)(서울: 대한기독교서회, 1999); 김희성,『그중에 제일은 사랑이라』(서울: 한국성서학연구소, 1999), 154;『박익수, 누가 참 그리스도인인가』(서울: 대한기독교서회, 2000), 218-219; 전경연,『고린도서신의 신학논제』(서울: 대한기독교출판사 1983), 144-145; 바레트/연구소 역,『고린도전서』(국제성서주석)(서울: 한국신학연구소, 1985), 187-203; 쉬슬러 피오렌자, "바울공동체의 남녀평등", 김재성(편),『바울 새로 읽기』(서울: 한국신학연구소, 2000), 235-290(261-271); H. Conzelmann, *Der erste Brief an die Korinther* (Göttingen: Vandenhoeck und Ruprecht, 1969), 150-157; F. Lang, *Die Briefe an die Korinther*, NTD 7 (Göttingen: Vandenhoeck und Ruprecht, 1986), 87-95; W.F. Orr/J. A. Walther, *1Corinthians*. Anchor Bible 32 (Garden City, NY: Doubleday, 1976), 210-214; W. Schrage, *Der erste Brief an die Brief an die Korinther, 1.Teilband 1 Kor 6,12-11, 16.*, EKK VII/2 (Neukirchen: Neukirchener Verlag, 1995), 88-128; J. Weiss, *Der Brief an die Korinther*, KEK V (Göttingen: Vandenhoeck und Ruprecht, 1910), 176-183; H.D.Wendland, *Der Brief an die Korinther*, NTD 7 (Göttingen: Vandenhoeck und Ruprecht, 1980), 58; A.C. Wire, *The Corinthian Women Prophets. A Reconstruction through Paul's Rhetoric* (Minneapolis: Augsburg Fortress, 1990), 82-86.

하여, 7:12-16은 부부 중 한 사람만이 신앙인일 경우에 관한 것이라고 보는 것이다. 남편과 아내가 둘 다 예수 믿는 신앙인의 경우는 주님의 말씀을 의지하여, 이혼해서는 안 되고, 둘 중 한 사람만 신앙인의 경우는 파트너의 의지에 따라 믿지 않는 파트너가 함께 살기를 원하거든 이혼해서는 안 되며, 반대로 믿지 않는 파트너가 이혼을 원할 때에는 다투지 말고 이혼을 해주라는 식이다. 즉 이혼이란 주제에 대해 바울의 가르침은 믿는 자들이 이혼을 주도해서는 안 되고, 믿지 않는 파트너의 의지를 따르라는 것으로 해석하고 있다.

신앙인은 이혼을 소송해서는 안 되지만, 파트너가 원하면, 이혼을 당해줄 수는 있다고 하는 것이 사도 바울의 가르침이라고 할 수 있을까? 과연 바울이 그런 의미에서 7장 15절을 표현했을까? 믿지 않는 파트너의 원함에 따라 이혼 여부가 결정되어야 한다고 바울이 가르치는 것이라면, 고린도교회에 생긴 문제를 해결하는 데 도움이 되는지 의심이 생겼다.

바울이 편지로써 자신의 견해를 피력하는 데에는 이유 없이 하는 것은 하나도 없다. 바울의 편지는 교회의 구체적인 문제 상황과 함께 사도 바울의 견해와 조언을 요구하는 현실적 요청에 따른 것이라고 보아 마땅할 것이다. 과연 바울이 고전 7장에서 혼인한 부부들에게 혼인생활에 대해, 이혼에 대해 조언을 하는 이유는 무엇일까? 바울이 복음을 전하고 떠난 뒤 고린도교회 안에 무슨 문제가 생긴 것일까? 교회의 문제를 명확히 알아야만 바울의 의도를 알 수 있다.

그러나 유감스럽게도 지금까지 고린도전서 7장에 관한 연구들은, 그 글이 쓰이게 된 배경을 묻기보다는, 무엇이라고 쓰여 있는지에 대한 내용적 질문에만 초점을 맞춰왔다. 아마 이것은 성서를 시대적 · 상황적 산물로 보기보다는 경전이라는 차원에서 그리스도인의 삶을 가르치는, 시대와 상황을 초월하여 영원히 타당한 하나님의 말씀으로 이해하고 접근했기 때문일 것이다. 그 결과 고린도전서 7장이 그리스도인들에게 미친 영향은 이러한 것이다. 바울은 금욕주의자이며, 금욕이 더 가치 있는 일이고, 혼인은 정욕이 불같이 이는 것을 방지하기 위한 필요악이다, 그러므로 독신생활이 하나님을 섬기는 데 더 유익하다는 것이다. 그래서 가톨릭교회에서 신부와 사제에게 독신을 제정할 때 고린도전서 7장이 성서적 근거로 제시되었다.

관련된 성서 구절들을 열거하면 다음과 같다. "남자가 여자를 가까이 아니함이 좋다(7:1)=독신생활이 좋다; 그러나 음행 때문에 혼인을 해야 한다(7:2); 모든 사람이 나와 같이 (독신생활하기를) 원하나(7:7-8), 성욕을 절제할 수 없는 사람은 혼인을 하도록 하라"(7:9); 장가가지 않은 자는 주의 일을 염려하여 어찌하여야 주를 기쁘시게 할꼬 하되"(7:32-34) 등이다.

바울은 고린도교인들에게 금욕주의적인 삶을 가르치기 위해 이 글을 쓴 것일까? 많은 주석가들이 해왔듯이 다양한 사람의 형태를 가진 사람들(미혼자, 과부, 기혼자)에게 독신생활과 혼인생활 중에 어떤 것이 더 고상한 삶이라고 가르치기 위한 것일까?[2] 아니면, 교인들의 부부생활은 어떤 것이어야 하는지 혼인생활의 원론적인 가르침을 위한 것일까? 고전 7장 15절의 "믿지 않는 자가 갈리거든 갈리게 하라"는 바울

2) 놀랍게도 국내외 많은 주석가들이 아무 생각 없이 고린도전서 7장의 내용을 미혼자에게 내리는 지침, 과부에게 내리는 지침, 기혼자에게 내리는 지침, 신앙인과 불신앙인의 결혼으로 내용을 분류하여 정리하곤 한다. 가령, 김지철, 앞의 책(1999), 281-291; 박익수, 앞의 책 (2002), 216-220; Conzelmann, 앞의 책(1969), 150-157; Lang, 앞의 책(1986), 91-95; Schrage, 앞의 책(1995), 88-128.

의 말이, 믿지 않는 파트너의 의지에 따라 이혼을 할 수도 있고, 안 할 수도 있다고 가르치는 것인가, 아니면 다른 뜻으로 해석할 수 있는 것인가, 이 모든 질문에 대해 정확히 답변을 하기 위해서는 교회 안에 생긴 문제가 무엇인지 분명히 알아야 한다.

## II. 본말

### 1. 고린도교회의 문제 상황

바울이 편지하는 데에는 분명 이유가 있다. 바울이 고린도를 떠나온 뒤에 그 공동체를 향해 편지를 보내는 데에는 분명 무슨 사연이 있는 것이다. 이유 없이 쓰는 글이란 없다. 바울이 말하고자 하는 바를 올바르게 파악하기 위해서는 교회에서 생긴 문제가 무엇인지 명확하게 알아야 한다. 7장 1절에 "너희가 쓴 문제에 대하여"라고 시작하는 것으로 보아 고린도교회에서 사도 바울에게 무슨 문의가 간 것이 분명하고, 이 문의에 대해 바울이 답변하는 것이 고린도전서 7장의 내용이라고 할 수 있다. 고린도교회에 무슨 문제가 있는 것인지, 구체적으로 적어 보낸 글의 내용이 무엇인지 쉽게 파악할 수는 없다. 더욱이 7장 1절 하반부에 나오는 표현으로는 더더욱 모호하기 짝이 없다: "남자가 여자를 가까이 하지 않는 것이 좋다." 이 글은 마치 남녀칠세부동석이란 유교의 가르침을 대변하는 것 같은 인상을 준다. 그리고 사실 기독교 역사에서도 바울이 금욕주의자라는 주장의 근거가 되기도 했다.

그런데, 최근 여러 학자가 1절 상반절과 하반절의 관계에 관해 다른 견해를 제시했다. 1절 하반절은 고린도교인들이 편지로써 제기한 질문에 대한 바울의 대답이 아니라, 고린도교인들이 편지에 적어온 내용이라는 것이다. 즉, "남자가 여자를 가까이 하지 않으면 좋겠다고 너희가 쓴 것에 관하여"라고 읽는 것이 옳다는 것이다.[3] 전적으로 동의할 만한 내용이다.

좀 더 구체적으로 고린도교회에서 생긴 문제의 진상을 알아내기 위해서는 편지의 흐름을 면밀히 검토해야 할 필요에 직면하였다.

### 1) 부부생활에 관한 원칙론적인 언급과 그 이유(7: 1-9)

2-4절에서 바울은 혼인한 부부간에 지켜야 할 원칙을 제시한다. 혼인을 한 이상 남편과 아내는 서로 상대에 대해 지켜야 할 의무가 있다. 일반적으로 사람들은 부부간의 의무라고 하면, 남편은 아내와 자녀들의 부양에 대한 의무, 아내는 남편을 보필하고 자녀들을 양육할 의무를 생각할 것이다. 그러나 이 문맥에서는 부양과 보필이라는 경제적인 살림의 의무보다는 성적 파트너로서의 성실한 의무를 말하고 있다. 이는 2절에서 혼인의 기본적인 이유가 성생활과 관련된다는 것을 밝힌 점, 4절에서 의무에 대한 부연 설명으로서 몸이란 단어를 사용하고 있다는 점, 그리고 자녀에 대한 언급은 전혀 없고 아내와 남편의 관계만을 언급한다는 점에서 분명해진다. 물론 현대 사회에서는 아무리 남편과 아내 사이라 하더라도 한 파트너가 의사가 없을 때 강제로 성행위를 하려고 해도 강간에 속한다고 하지만, 고대 사회에서는 파트너가

---

3) 가령 Schrage, 앞의 책(1995), 53-58; 메르클라인/윤선아 옮김, "남자는 여자와 관계를 맺지 않는 것이 좋다", 『원시그리스도교의 여성』(서울: 한국신학연구소, 1992), 285-322(특히 291-295) 참조.

원할 때 응해주는 것이 부부간의 도리로 이해되었을 것이다.

부부간의 의무에 대한 원론적인 발언만으로는 고린도교회 안에 생긴 구체적인 문제를 파악할 수는 없다. 다만 힌트를 주는 것은 5절에 "서로 상대방을 혼자 지내게 하는 일이 없도록 하시오"라는 권면이다. 즉 고린도교인들 중에 혼인한 사람들 중에 파트너를 혼자 있게 하는 사람이 있다. 다시 말하면, 파트너가 원하는데도 싫다고 주장하면서 동침을 거부하는 경우라는 것을 짐작할 수 있다. 도대체 고린도교인들 중에 누가, 어떠한 이유에서 그러는 것일까?

7장 7-9절은 7장 2절과 함께 이제까지 바울이 독신을 선호하고 혼인은 정욕이 불같이 타오르는 사람이나 하라는 식으로 해석되어온 구절이다. 그래서 독신은 고상한 삶이고 혼인은 열등한 삶으로 이해되기도 하였다. "내가 혼인하지 않은 자들과 및 과부들에게 이르노니, 나와 같이 그냥 지내는 것이 좋으니라. 만일 절제할 수 없거든 혼인하라. 정욕이 불같이 타는 것보다 결혼하는 것이 좋으니라"(8-9절). 그러나 이 구절은 바울이 미혼자들과 과부들을 향하여 하는 말이 아니다. 한국어 번역으로는 분명히 파악하기 어렵지만, 8절의 헬라어 원문의 의미를 살려서 정확히 번역하면 다음과 같다. "내가 혼인하지 않은 자들과 과부들에게 말하지만, 그들은 나처럼 그냥 지내는 것이 좋을 것입니다." 즉, 미혼자나 과부들에게, 너희는 나처럼 독신으로 지내라고 하는 말이 아니라, 고린도교회 안에서 이혼하고 싶다고 문제를 일으킨 기혼자들에게 하는 말이다.

2-9절에 나타난 바울의 의도를 정확히 전달한다면, 다음과 같은 의미로 쓴 것이라고 보아야 할 것이다. '그래요, 여러분이 쓴 것처럼 남자가 여자를 가까이 하지 않아 혼자 살면 좋겠지요. 지금 혼자 있는

미혼자나 과부들에겐 나처럼 혼자 있는 것이 좋다고 말하겠습니다. 그러나 혼인한 사람들은 혼인하지 않은 사람과 다르지 않습니까? 다른 인간관계와 달리 부부관계의 차별성은 성관계라고 할 수 있습니다. 그러니 혼인을 안 했으면 모르지만, 혼인한 이상은 파트너의 성적 욕구를 배려해야만 합니다.'

그렇다면 고린도교회의 문제는 기혼여성들이 남편의 성적 요구를 기피하며 남자가 여자를 가까이 하지 않으면 좋겠다고 언급한 문제로 볼 수 있을 것이다.

#### 2) 고린도교회의 문제를 파악하는 데 결정적인 힌트를 주는 구절(7:10)

앞서 부부간의 의무를 말할 때(3-4절)에는 남편-아내를 매우 대등하게 언급한 반면, 이혼을 금하는 내용에 있어서는 매우 급속하게 아내에 대한 권고 사항을 사정없이 강경하게 명하고 있다는 점이다: "여자는 남편에게서 갈리지 마시오." 바울은 고전 7장을 시작할 때 감정을 절제하고 남자와 여자를 공평하게, 쌍방을 향해 권면하려고 노력하고 있었지만, 이혼이 언급되는 결정적인 순간에는 가장 긴박한 권면을 발설했던 것이다.

필자는 고린도전서 7장 10절에서 1-16절(아니 더 나아가 24절까지)의 내용이 바로 교회 안에 기혼여성들 중에 이혼을 원하는 사람들이 많아져서 곤란함을 느끼는 고린도교회의 문의에 대한 바울의 답변이라는 사실에 대한 단서를 얻는다. 아내가 원할 때 싫다고 거부하는 남편은 거의 없을 것이다. 어떠한 이유에서건 혼인한 남자가 아내를 혼자 두는 일도 별로 없을 것으로 보인다. 실제로 고린도교회의 경우, 혼인한 여자들이 그러는 것이다. 1절에서 "남자가 여자를 가까이 하지 않으면 좋겠다"는 것은 이제 바울의 의견이 아니라 문제의 장본인들의 표현임 분명해졌다. 무슨 이유에서 교회 기혼여성들이 남편의 성적 접근을 거부하며 이혼을 원하는 것일까?

## 2. 문제의 원인

7장 1절이 바울의 표현이 아니라 고린도교회의 여성신도들의 표현이라는 것을 인정하는 학자들 중에 그 이유를 연구한 학자가 있다. 마거릿 맥매스터는 그 이유가 갈라디아서 3장 28절에 기록된바, "남자나 여자가 모두 예수 그리스도 안에서 하나"라는 사상에 고무되어 극단적인 금욕주의를 주창하게 되었다고 보았다.[4] 남성학자들이 건성으로 고린도전서 7장을 지나치는 반면 여성학자가 꼼꼼하게 문제제기를 하고 해답을 찾으려고 시도했다는 점에서 친밀감을 느끼지만, 필자는 동의하기 어렵다. 갈라디아서 3장이 세례와 관련된 구절이라는 점에서는 동의하지만, 그것으로 인해 금욕주의적 경향이 나타났다고 보기는 무리가 있다.[5] 그 구절은 남자와 여자가 세례를 받아 그리스도인이 되는 점에서 차별이 없다는 의미이지, 성적 구별이 없다는 의미로 해석되지는 않기 때문이다. 필자는 다음과 같은 두 가지 이유에서 교회 내 기혼여성들이 이혼을 진지하게 생각했다고 본다.

---

4) M.Y. MacMaster, "Women Holy in Body and Spirit: The Social Setting of 1 Corinthians 7", *NTS* 36(1990), 161-181 참조.

5) 갈라디아서 3장 27-28절에 관한 연구로는 김경희, "갈라디아 3장 27-28절을 통해 본 원시 기독교의 평등의 비전", 한국신약학회 편, 『신약성서의 교회론』(서울: 한들, 2000), 48-82.

### 1) 세례를 받음으로 새롭게 된 그리스도인의 자기 이해(6:11)

고린도전서 6:11에 의하면, 초기 그리스도인들은 세례와 함께 새로운 피조물됨을 경험하였다.[6)]

> "주 예수 그리스도의 이름과 우리 하나님의 성령 안에서
> 씻음과 거룩함과 의롭다 하심을 얻었느니라"(고전 6:11).

이 구절이 세례와 관련된 내용이라는 것은 "예수 그리스도의 이름으로"라는 부사구와 "씻음을 얻었다"는 동사가 말해준다. 이 구절은 과거와 달라진 그리스도인의 새로운 피조물됨을 "씻음을 얻었다, 거룩함을 얻었다, 의롭다 하심을 얻었다"는 세 가지 동사로 표현하고 있다. "씻음을 얻었다"고 번역된 그리스어 απολυεσται(아폴뤼에스타이)는 세례 전통에서 유래된 말로서, 그리스나 유대교의 정결 예식 전통에서 있는 말이다. 그리스나 유대교의 정결예식이 반복적인 데 반해, 신약성서는 세례 때에 일회적인 죄용서로 이해하고 있다는 점이 결정적으로 다르다고 할 수 있다. "씻음"은 새로움과 내용상 같은 말이다. "거룩함"은 구약성서에서 하나님의 온전함, 접근불가능성을 표현하던 말이다. 그리고 하나님께 속한 사람들에 대한 형용사로도 사용되었다.

---

6) 이 구절이 바울 이전 전승으로서 세례와 관련된 것이라는 점은 U. Schnelle, *Gerechtigkeit und Christusgegenwsrt* (Göttingen: Vandenhoeck und Ruprecht, 1986), 37-44 참조; P. Kim, *Heilsgegenwart bei Paulus. Eine religionsgeschichtlich-theologische Untersuchung zu Sündenvergebung und Geistgabe in den Qumrantexten sowie bei Johannes dem Täufer, Jesus und Paulus* (Diss. Göttingen, 1996), 68-76. 세례를 통해 그 이전과 이후가 완전 다른 자기 이해를 가지게 되었다는 사실은 고린도전서 6장 9-10절에 패덕 목록을 열거한 이후 6장 11절에서 "너희가 그와 같은 자들이었더니"로 시작하여 위에 인용된 문장이 이어진다는 점에서 분명하다.

그리고 유대문헌에서는 하나님에 의해 선택된 사람들, 공동체에 대한 형용어로 "거룩한 사람들"이란 표현이 사용되기도 하였다(단 7:21; 토빗 8:15; 마카베오상 1:46; 1QSb I,5; 1QM VI,6). 바울에게서 "거룩함"이란 표현은 세례와 관련되어 있다.

이 구절이 세례와 관련된 말이라는 것은 "씻음을 얻었다"는 표현 외에도, "예수 그리스도의 이름 안에서"라는 부사구로도 알 수 있다. 세례 요한의 세례나 쿰란-에세네공동체의 침수예식[7]에서 그 누구의 이름으로 세례를 베풀지는 않았던 반면, 초기 그리스도인들은 "예수 그리스도의 이름으로" 세례를 주면서 세례 받는 자와 예수 그리스도를 연결시킨 것 같다(고전 1: 13 참조).[8] 마태복음에 나오고 오늘날 교회에서 통용되고 있는 "아버지와 아들과 성령의 이름으로 세례를 주는" 일(마 28:19)은 "예수 그리스도의 이름으로"주는 세례보다 후기에 형성된 것으로 보인다.

"하나님의 성령 안에서"라는 표현이 세례와 관련된 구절에서 나온다는 것은 세례 때에 하나님의 영이 작용한다는 이해가 반영되고 있음을 알 수 있다. 예수 그리스도의 이름으로 세례를 받음으로써 세례자는 새로운 피조물이 되는데, 이때 작용하는 것이 하나님의 영이라고 할 수 있다. 유대교에서 구원받을 의인들이 받을 구원 은사 중에 "성령수여"가 있는데, 이 구절이 세례 받는 그리스도인들에게 성령이 수여

---

7) 쿰란공동체의 침수예식과 세례 요한의 세례의 공통점과 차이점에 대해서는 H. Stegemann, *Die Essener, Qumran, Johannes der Täufer und Jesus* (Freiburg: Herder, 1993), 306-307 참조.

8) W. Heitmüller, *Im Namen Jesu. Eine sprach- und religionsgeschichtliche Untersuchung zum Neuen Testament, speziell zur altchristlichen Taufe* (Göttingen: Vandenhoeck und Ruprecht, 1903).

되는 것으로 이해했다고 볼 수 있다.

이처럼 초기 그리스도인들은 세례를 통해 그들이 죄로부터 씻김을 받고, 거룩하여지고 의롭다함을 받은 존재들로 이해했다. 그런데 바로 여기서 문제가 발생한다. 가부장 사회에서 가정의 대표인 가장인 남자가 예수를 믿고 세례를 받을 경우 그에게 속한 아내와 자녀, 노예까지도 세례를 받게 했을 것이다. 왜냐하면, 가부장적 사회에서 아내와 자녀, 노예들은 가(부)장에게 속한 자들이기 때문이다. 이런 의미에서 사도행전에 나오는 "너와 네 집이 구원을 얻으리라"는 표현을 이해할 수 있다. 여기서 구원의 대상인 집이란 건물을 의미하는 것이 아니라 그 가장에게 속한 모든 집안 식구를 의미하는 것이다. 빌레몬서의 경우 빌레몬 가정의 경우를 보아도 알 수 있다. 그러므로 가장이 예수를 믿고 세례 받을 경우는 그 가정에 속한 모든 사람, 즉 아내와 자녀, 노예 모두 세례를 받고 교인이 되었다고 볼 수 있을 것이다. 이런 경우 가정 내에서 무슨 문제가 생길 가능성은 적은 것 같다. 그렇지 않은 경우가 문제이다. 즉 남편은 믿지 않는데, 아내가 우연히 그리스도교의 복음을 듣고 예수 믿기로 하고 세례를 받았을 경우이다. 이러한 세례신학에 의해 새로운 자기 이해를 가진 여자가 자기는 거룩하여진 몸, 성령을 받은 몸인데, 그렇지 못한 남편과 성생활을 함으로써 다시 더러워지는 것은 아닐까 하고 남편과의 동침을 거부할 뿐만 아니라 더 나아가 이혼을 원하는 방향으로 나가는 상황이라고 짐작해볼 수 있다.

이러한 점을 토대로 고린도교회의 문제 상황을 다음과 같이 요약해 볼 수 있다. 남편이 믿지 않고 아내 혼자 세례를 받아 그리스도인이 되었을 경우, 그 거룩함을 유지하기 위해 믿지 않는 남편과의 동침을 거부하는 상황에서 생긴 문제이다. 실제로 혼인한 여자가 남편의 성적 욕구를 거부하는 일이 쉽지 않았기 때문에, 게다가 예수 믿고 세례받기 전에 부부관계가 좋았던 부부일수록 남편의 성적 욕구를 거부하기는 더욱 어려웠을 것이므로, 여자들이 이혼할 의사를 밝히는 것이다. 당시 여자가 이혼을 소송한다거나 하는 일은 일반적인 일이 아니었다. 유대 여자라면 전혀 그럴 권한이 없다. 이혼권은 남자만이 가지고 있었다. 그러나 고린도교인들이 대개 유대인이 아니라 이방인들로 구성되어 있다는 사실(고전 5:2; 12:2 참조)을 고려할 때 여자들이 이혼을 제기하였다는 것은 역사적으로 무리가 없는 가설이다.[9]

오늘날은 여자가 이혼을 할 때 위자료나 자녀 양육비, 재산 분할 청구권 등을 제기할 수 있다. 당시에도 이런 권한이 있었는지는 자세히 알 수가 없지만 별로 그렇지 않았을 것으로 짐작된다. 과거에 여자들이 혼인 생활에 불만이 있어도 이혼하지 않았던 것은 사회적인 편견뿐만 아니라,[10] 가장 구체적인 이유는 재정적인 문제인 것이다. 아무리 남편이 포악하고 외도를 심하게 한다 해도 이혼을 원치 않는 일반적인 이유는 여자들이 경제적 활동을 할 수 있는 사회적 분위기가 아니었기 때문이다.

---

9) 로마사회에서는 이혼을 제시할 수 있는 권한이 남편과 아내 모두에게 있었다. 그렇다고 해서 이혼 사유가 남자와 여자에게 동일한 것은 아니었다. 가이거/윤선안 옮김, "신약성서 주변세계에서의 이혼 여성의 위치", 『원시그리스도교의 여성』(왜관: 분도출판사, 1992), 176.

10) 공화정 말기 이래로 이혼이 매우 흔해졌으며, 특히 상류층의 경우 정략결혼과 이혼이 횡행하였다. 그러나 사회 전반적으로는 이혼에 대해 반감을 가지고 있었다. 부부싸움 시에는 viriplaca(남편 정조의 여신) 신전에 가서 화해하곤 하였다. "자식 독살(약 사용에 의한 낙태), 열쇠 횡령(포도주 창고 출입 금지 위반), 간통의 경우 외에 다른 이유로 아내를 버리면, 재산의 1/2를 부인에게 주고, 나머지 1/2을 Demer 신에게 봉헌하여야 한다." 최병조, 『로마법 강의』(서울: 덕영사, 1999), 306-307.

### 2) 하나님 아버지를 모시는 성가족공동체(8:6)

그렇다면 고린도교회의 여자들은 무엇을 믿고 이혼을 하려고 하는 것일까? 오늘날처럼 당시 이혼을 청구하는 여자가 이혼 후 독립적으로 살 수 있는 재정적인 부담을 남편에게 요청할 수 있으리라고는 여겨지지 않는다.[11] 특별히 이 고린도교회의 경우는 남편이 외도를 하였다거나 혹은 가정에 대해 소홀히 했거나 하는 사유에 의해서 이혼을 하는 것이 아니라 세례를 받아 거룩하여졌다는 의식을 가진 여자들의 거룩함을 유지하기 위한 것이라고 할 때, 남편으로서의 허물을 찾을 수 있는 것은 전혀 아니기 때문이다. 그것은 세상의 법정에서는 이혼 사유에 해당할 수도 없는 이유일 것이다. 고린도교회의 여자들은 미래 자신의 생계 문제나 노후 대책과 같은 것은 전혀 고려하지 않고 있다. 그들이 고려하는 것은 다만 자신의 새로운 피조물됨, 세례로 인해 획득된 거룩성을 유지하려는 욕구뿐이다. 그들이 남편으로부터 놓인다 해도 살아갈 수 있다고 믿는 것은 오직 교회에서 베푸는 저녁 만찬 때문이다. 당시 고린도교인들은 매일 저녁 만찬을 나누었다. 교회에서 매일 하는 공동식사를 믿는 것이다. 적어도 하루에 한 번만 먹으면 목숨은 유지할 수 있다.

콜만은 당시 고린도교회에서 매일 저녁 하루 일과가 끝나면, 지역 공동체의 부유한 집에 모여 함께 공동식사를 했다고 본다.[12] 저녁일

---

11) 생각할 수 있는 것은 결혼지참금을 돌려받을 수 있는 것뿐이다. 가이거, 앞의 논문(1983), 175-176. 최병조에 의하면 이혼 후 재산 분할에 관한 것은 오직 상류층의 혼인관계에 관해서만 전승되었다고 한다. 아버지에게서 받은 혼인지참금은 남편에게 위탁되었다가 이혼시 조합의 지분처럼 반환된다. 단, 자녀의 복지를 위한 기초 재산으로서 자녀당 1/6을 공제하되 최고 1/2까지만 허용된다. 최병조, 앞의 책, 306.

12) B. Kollmann, *Ursprung und Gestalt der frühchristlichen Mahlfeier* (Göttingen: Vandenhoeck und Ruprecht, 1990).

과가 끝나는 시간이 개인마다 다르기 때문에 생기는 문제에 대해 바울은 고린도전서 11장 18절 이하에서 "기다리라"고 조언한다. 공동식사는 오늘날의 성만찬처럼 빵 조각 하나에 포도주 한 모금으로 상징하는 것이 아니라, 배가 부르도록 먹고 흡족하게 마시는 식사였다. 고린도 교회뿐만 아니라 그 외 다른 초기 공동체들도 이러한 생활을 했을 것으로 기대되지만, 고린도전서에 언급된 것으로 보아 고린도에 이러한 식사가 있었다는 것을 더욱 분명히 알 수 있다.

초기 교인들이 매일 공동식사를 실천할 수 있는 신학적 근거는 하나님 아버지라는 신앙 고백에 있다. 로마서 8장 14-15절에 의하면 성령이 아니고서는 하나님을 아버지라 부를 수 없다. "무릇 하나님의 영으로 인도함을 받는 사람은 곧 하나님의 아들이라. 너희는 다시 무서워하는 종의 영을 받지 아니하고 양자의 영을 받았으므로 우리가 아빠 아버지라고 부르짖느니라." 고린도전서 8장 6절에서도 그리스도인들이 하나님을 아버지로 고백한 것을 찾아볼 수 있다.

"그러나 우리에게는 한 하나님 아버지(가 계시니),
그로부터 만물과 우리가 (났고), 그에게로 (가며),
또한 한 주 예수 그리스도(가 계시니),
그를 통해 만물과 우리가 (구원받았고), 그를 통해 (구원의 완성을 보리라)."

이 구절은 하나님과 예수 그리스도, 그리고 그리스도인의 관계를 단적으로 표현한 문장이라고 할 수 있다. 하나님은 창조주이시며 동시에 역사의 종말시 심판주라는 신앙고백과 예수 그리스도는 하나님의 구원 도구라는 신앙고백이 기본 내용이다. 이 구절에 의하면 초기 그리스도교 공동체는 하나님을 아버지로 모시는 거룩한 성가족이다. 하나님을 아버지로 모시는 가족공동체의 멤버들은 서로를 형제와 자매로 부르며 공동식사를 통해 성가족공동체로서의 그들의 이념을 실천한다. 초기 그리스도교의 세례가 공동체 허입예식으로 시행되었다면,[13] 공동식사는 멤버들의 가족공동체의 실천이란 점에서 이루어졌다고 볼 수 있다.

고린도전서 7장이 쓰이게 된 동기에 대해 처음으로 관심을 보였던 고든(Gordon)은 필자와 마찬가지로 고린도전서 8장 6절을 근거로 하였지만, 그의 결론은 필자와 다르다. 그는 이전에 남편과 아내의 관계였던 사람들이 믿음의 공동체 안에서 형제와 자매의 관계로 변함으로써 오는 혼란으로 보고 있다.[14] 그러나 필자가 보기에는 고린도전서 7장이 쓰이게 된 교회의 문제 상황은 세례와 공동식사의 신학적 이해에 근거해서 새로워진 자기이해 - 죄로부터 씻음 받아 거룩하여졌다는 - 를 갖게 된 기혼여성들이, 기존 부부생활의 이념, 즉 부부는 일심동체라는 이념과 충돌하면서 생긴 문제로 보인다. 즉 남편이 아직 그리스도인이 되지 않고, 부인 혼자만 세례를 받아 그리스도인이 된 경우에 발생한 문제인 것이다. 고린도전서 7장 13-16절의 사례 언급이 교회 상황의 구체적인 상황을 말해준다.

"교회 안에 어떤 여자(=여신도)에게 믿지 아니 하는 남편이 있어서 아내와 함께 살기를 좋아 하거든 그 남편을 버리지 말라"(고전 7:13).

---

13) 불트만/허혁 역, 『신약성서신학』(서울: 성광문화사, 1976), 132-144.

14) J.D. Gordon, *Sister or Wife: 1Corinthian 7 and Cultural Anthropology* (Sheffield: Sheffield Academic Press, 1997).

## 3. 문제 해결을 위한 바울의 해법

### 1) 부부생활의 특징과 의무(7:1-9): 성생활에 성실하십시오

고린도교회 안에 생긴 문제가 초기 그리스도교 공동체가 가졌던 세례 이해에서 기인했다는 점을 감안할 때 고린도전서 7장에 나오는 바울의 표현의 상당 부분이 이해된다. 남편은 아직 안 믿는데 부인 혼자 예수 믿고 세례를 받은 기혼여성들의 생각이 잘못되었다고 강하게 나무라려는 의도가 바울에겐 없다. 바울은 다만 그들을 잘 회유하여 교회 내적으로나 외부적으로 큰 무리가 없기를 바라는 것이다.

그러므로 고린도전서 7장 1-9절의 표현은 다음과 같이 이해하는 것이 바울의 의도에 가깝다고 할 수 있을 것이다. 남자가 여자를 가까이 하지 않으면 좋겠다고 적어 보낸 것에 관하여 말씀드립니다. 여러분의 뜻대로 남자가 여자를 가까이 하지 않으면 좋겠지만, 어디 그러기가 쉽습니까?(1절) 모두들 성적 관심 때문에[15] 혼인을 하는 것이 아니겠습니까? 혼인을 했다는 것은, 다른 모든 인간관계와는 달리 성적인 관계인 것입니다(2절). 그러니 혼인한 사람들은 파트너의 성적 관

---

15) 이 본문은 헬라어로 "δια τας πορνειας"(디아 타스 포르네이아스)로 기록되었다. 전치사 디아가 대격 목적어를 가질 경우 "때문에"의 의미를 갖는다. 직역을 하면 "포르네이아(음행) 때문에"라고 번역하면 옳다. 그러나 많은 경우 '음행 때문에'라고 번역을 해야 마땅한 것인데, 더 쉽게 의미를 전달하기 위해, "포르네이아(음행)을 피하기 위해"라고 번역한 경우들이 많다. 가령 김지철, 앞의 책(1999), 273-277; Lang, 앞의 책(1986), 87; 박익수, 앞의 책(2002), 209-211. 박익수는 "음행 때문에"라고 올바르게 번역을 했음에도 불구하고 해석에 있어서는 아쉽게도 "음행을 피하기 위한 대안으로 결혼을 제시한 것"으로 해석한다. 필자가 포르네이아를 고전 5장의 의미와는 달리, 좀 더 객관적인 의미의 "성적 관심"으로 번역한 것은 그 다음에 이어지는 남편에 대한 아내의 의무, 아내에 대한 남편의 의무로서 제시되는 것이 부양이나 자녀 양육이 아니라 파트너의 성적 욕구에 충실할 것이 제시되기 때문이다.

심을 고려해야 합니다(3-6절), 여러분이 미혼자이거나 과부라면, 나처럼 그냥 지내는 것이 좋다고 말하겠습니다만, 여러분들은 혼인을 한 사람들이 아닙니까?(7-9절) 그렇다면 파트너에 대한 의무를 다하십시오. 불가피한 경우에는 파트너의 동의를 얻어 며칠 동안의 금욕기간은 가능합니다(4-5절).

2) 주의 말에 의지한 바울의 권면(7:10-16): 이혼하지 마십시오

바울은 이혼을 하려는 여신도들을 향해 이혼하지 말 것을 강력히 요청한다. 이 경우 자신의 말이 아니라 주님이 말임을 강조한다. 바울이 지상에서 활동하던 예수를 만났다거나, 그의 말씀을 들은 적이 있다거나 하는 직접적인 교제는 없었다는 것이 성서학자들과 역사가들의 견해이다. 실제로 공관복음서에 전하는 많은 예수의 말들을 바울서신에서는 찾아볼 수 없다. 바울은 지상의 예수를 몰랐고, 예수의 위대한 가르침에 감동받아 예수를 따른 것도 아니라, 예수 믿는 사람들을 박해하던 중 기적적인 일로 돌아선 사람이다.[16)]

바울이 지상의 예수와 그의 가르침을 직접 알지 못했다 하더라도 이혼 금지에 관한 예수의 입장은 당시 널리 유포되었던 것으로 짐작할 수 있다. 바울은 자신의 말로 직접 가르치는 것보다 주님의 명령을 제시하는 것이 이 문제를 해결하는 데 더 효과적일 것으로 기대했던 것으로 보인다.

16) 이에 관해서는 김판임, "제10장 바울의 삶과 활동", 김창락 외 13인, 『신약성서개론』(서울: 대한기독교서회, 2002), 281-300, 특히 286-288 참조; 디츠펠빙거/조경철 역, 『사도 바울의 회심사건』(서울: 감신대출판부, 1996).

### 3) 그리스도인의 삶의 기본원칙 제시(7:17-24): 그대로 지내십시오.

이혼과 관련해서 바울이 7:16절로 권면을 일단 마무리한 다음 17-24절에서 "각 사람이 부르심을 받은 그 부르심 그대로 지내라"고 권면한다(7:20). 이제 이혼이란 주제의 주인공인 남자와 여자라는 카테고리를 넘어, 할례자와 무할례자, 종과 자유인의 카테고리로 범위를 넓히고 있으나, 바울의 주장은 동일한 원칙을 적용시킨다. 즉, "각각 부르심을 받은 그대로 하나님과 함께 거하라"(고전 7:24)는 것이다. 여기 언급되고 있는 세 카테고리는 갈라디아서 3장 28절을 연상시킨다. "그리스도 예수 안에는 할례자나 무할례자, 종이나 자유인, 남자나 여자 없이 하나니라." 고전 7:17-24의 권면은 문맥을 고려할 때, 할례자나 무할례자, 종이나 자유인에 관한 것이라기보다는, 예수 믿고 세례 받을 때 기혼인 사람은 기혼 상태 그대로 머물러 있으라고 말하기 위한 것이다.[17)]

그리고 7장 25절 이하의 권면이 많은 주석서와 연구서에는 미혼자와 과부에게 주는 것으로 소개되고 있지만, 고전 7장에서 바울이 염두에 두고 있는 대상은 결코 미혼자나 과부가 아니다. 고전 7:25-40을 통해 바울이 말하고 싶은 요점은 "그대로 지내라"는 것이다. "때가 얼마 남지 않았으니", '혼인이고 이혼이고 그런 일이 중요한 것이 아니지만(7:27-28, 36-38), 혼인을 한 이상은 남편을 위해 신경을 좀 쓰는 것이 마땅하다는 것(32-34)'이다.

---

17) 쉬슬러 피오렌자도 고전 7:17-24에서 바울이 갈 3:26-28의 세례공식문을 의식하고 있음을 파악했다. 그럼에도 불구하고 바울의 의도가 할례자나 무할례자, 혹은 노예나 자유인이 아니라 이혼을 원하는 기혼여성 그리스도인들임을 파악하지 못하고 있다. 그래서 이 구절이 문맥에 어울리지 않는다고 지적할 뿐이다. 피오렌자, 앞의 글, 261-263.

7장을 마감하는 39-40절에 "아내가 그 남편이 살 동안에 매여 있다가 남편이 죽으면 자유하며, … 그냥 지내는 것이 더욱 복이 있으리로다"는 표현에 의거해볼 때도 파트너가 원한다면 이혼할 수 있다는 생각을 바울이 가졌다고 볼 수는 없다.

바이스(J. Weiss)가 그러했던 것처럼, 많은 주석가들이 고전 7장을 "독신, 결혼, 이혼에 관하여"라고 제목을 붙였지만, 고전 7장은 독신, 혼인, 이혼 등 다양한 삶의 자세에 관한 바울의 가르침이 아니다. 믿는 여자와 믿지 않는 남자가 결혼한 경우의 일도 아니다. 이것은 결혼할 때에는 둘 다 비신도였는데, 혼자만 예수를 믿고, 세례 받은 기혼녀들이 믿지 않는 남편과 이혼을 해야겠다고 호소하는 사건에 대한 바울의 입장 표명이라고 할 수 있다. 바울은 그들의 입장을 용납할 수 없었다.

## 4. 바울이 이혼을 금하는 이유

바울이 그리스도인의 이혼을 어떠한 경우라도 허락하지 않았을 것을 확신할 만한 이유로는 두 가지 점을 고려해볼 수 있다.

### 1) 교회 외부인들의 교회에 대한 부정적인 평가 고려

예수 믿는 사람들을 박해하다가 복음을 전하는 사람으로 혼신을 다하는 바울에게, 복음을 받아들여 하나님을 아버지로 모시고 예수 그리스도를 주님으로 모시며 형제애를 나누며 사는 그리스도인 공동체(고전 8:6)가 대견스러웠을 것이다. 그리고 이들은 세상에 있으나 하나님의 영을 받은 자들로서 하나님께 속한 거룩한 자들이다. 바울은 당시에 유포된 세례에 대한 이해를 받아들이고 가르쳤다.

고린도교인들 중에 기혼여성들이 세례 신학에 근거해서 믿지 않는 남편과 부부생활을 더 이상 할 수 없다고 이혼을 하려는 문제 앞에서 바울은 용납해줄 수는 없었다. 그 이유는 무엇보다도, 이 거룩한 공동체가 믿지 않는 사람들로부터 부정적인 평가를 받지 않기를 바랐던 것 같다. 자신이 세례로 인해 거룩하여졌으므로, 아직 거룩하지 못한 남편과 동침할 수 없다는 이유로 이혼을 한다는 것은 일반인의 상식으로는 이해해줄 수 없는 문제이다. 더욱이 예전부터 부부 사이가 나빴다면, 문제가 적을지 모른다. 그러나 부부 사이가 좋았던 사람이 어느 날 갑자기 예수 믿고 세례 받은 이후로 남편을 거부한다면, 그 남편부터 예수 믿는 이 집단이 어떤 종교집단이기에 남편을 거부하게 만드는가 하고 참으로 이상한 집단으로 여길 것이다. 그리고 소문이 나기 시작하면, 예수 믿으면 부인이 남편을 거부하고 결국 가정 파탄난다는 선입견을 가지게 될 것이고, 아내가 그 종교 집단과 접촉할 기회를 막으려고 하는 일들이 일어날 것이며, 결국 복음전하는 데 막대한 지장이 있을 뿐만 아니라 인류 역사에서 오래 지탱하기 어려운 종교로 전락할 것이기 때문이다.

### 2) 교회 내부의 질서 와해와 재정적인 부담 고려

기혼녀가 세례신학에 근거하여 이혼을 했을 경우, 성생활에 전혀 관심이 없으면 몰라도, 대부분은 세례 받은 남자교인들, 즉 형제들 안에서 관심을 갖게 될 가능성이 매우 높다. 당시 문화로 볼 때 기혼남성이 예수를 믿고 세례를 받는다면, 그에게 속한 아내와 자녀, 노예들에 이르기까지 모두 세례를 주었을 것이다. 그러므로 교회 안에 거룩한 남성들은 대개 기혼자거나, 여성보다 수가 매우 적었다고 볼 수 있다.

믿지 않는 남편을 둔 아내가 이혼을 하여 혼자가 된다면 교회 안에서 불미스런 일들이 일어날 확률이 높아질 것을 바울은 염려하고 있다.

초기 그리스도교 공동체에서 이루어졌던 공동식사는 하나님 아버지를 중심으로 모인 성가족의 실천이었다. 부유한 사람들은 자신의 가족 수보다 더 많은 사람들이 먹을 수 있도록 음식을 장만하고, 어려운 사람은 각자 준비할 수 있는 분량을, 아주 어려운 사람은 거저 와서 먹을 수 있는 식사였다. 만일 여성들이 이혼을 할 경우, 당시 문화로는 여성이 홀로 경제생활을 수행하는 것은 거의 가능성이 없었다고 볼 수 있다. 그러므로 이혼 여성이 늘면, 교회에서 부담할 재정적인 부담이 더욱더 커질 것이 분명하다. 실제로 고린도서신보다 30여 년 후에 기록된 목회서신을 보면 이러한 문제가 교회 안에 생긴 문제 중 큰 문제가 되고 있음을 알 수 있다.[18]

## 5. 고전 7:15의 해석 가능성에 관하여

### 1) 문맥상

고린도교회에서 생긴 문제와 이에 대해 바울이 염려하는 내용을 고려해볼 때 바울이 이혼을 그 어떤 이유로도 이혼을 허락했으리라고 여겨지지 않는다. 그런데 바울이 이혼을 허락했다고 주장하는 모든 주석들과 해석들은 고전 7:15을 그 단서로 잡는다. 놀랍게도 기존의 모든 주석서들과 바울 해석서 그 어떤 것도 바울이 이 편지를 쓰게 된 동기에 대해 깊은 관심을 보이고 있지 않다는 점이다. 그리고 고전 7:10-

18) 딤전 5:9-16 참조.

16절에 대해 다음과 같은 제목을 붙인다: "상이한 그룹들(미혼자들과 과부들, 혼인한 사람들, 불신자와 혼인한 사람들)에게 주는 바울의 권면"19). 이러한 해석의 오류를 다음과 같이 지적할 수 있겠다.

(1) 이 구절은 서로 상이한 세 그룹에게 주는 권면이 아니다. 7장 8절은 미혼자와 과부에게 말한다고 시작하지만, 그 권면은 미혼자와 과부에게 주는 권면이 아니라 이혼을 하겠다고 주장하는 부인들에게 주는 권면이다. 왜냐하면, "당신들은 나처럼 그냥 지내시오"라고 표현하지 않고, "그들이 나처럼 그냥 지내는 것이 그들에게 좋습니다"라고 표현하고 있기 때문이다.

(2) 혼인한 사람들에게 주는 주님의 명령은 10-11절에만 해당하는 것이 아니라 10-16절까지 모두 해당한다고 볼 수 있다. 혼인한 사람들이란 표현이 둘 다 그리스도인인 부부를 의미한다고 볼 수 있는 근거는 아무 데서도 찾을 수 없다. 12절 이하에서 바울이 주님이 아니라 자기가 말한다고 표현한 것을 근거로 하여, 10-11절은 주님의 명령, 12절 이하는 바울의 권고, 10-11절은 그리스도인 부부에게 주는 말, 12절 이하는 한쪽만 믿은 부부에게 주는 말로 보는 것은 선입견을 가지고 보는 해석에 불과하다.

10절의 내용은 다음과 같이 이해할 수 있다. '혼인한 사람들에게 내가 권고합니다, 아니 내가 아니라 주님께서. 아내는 남편에게서 갈려서는 안 됩니다.' 11절은 부가어처럼 표현된다. '그러나 만일 갈렸다면, 혼인하지 말고 그대로 있든가, 아니면 남편과 화해하시오.' 바울에게

---

19) 전경연, 앞의 책, 143-145; Conzelmann, 앞의 책, 145-157; Lang, 앞의 책, 91-95; Orr/Walther, 앞의 책; Schrage, 앞의 책; J. Weiss, 앞의 책; Wendland, 앞의 책.

주님의 말씀은 이혼 금지뿐만 아니라, 이미 이혼한 사람의 재혼 금지까지도 포함한다.

(3) 그러므로 12절에 "그 나머지 사람들(τοις λοιποις)"이란 번역이 문제가 된다. 바레트는 이 어휘의 해석을 문제로 삼았지만, 더 이상 논구하지 않고 다른 모든 주석자와 같이 이해한다.[20] 대부분의 학자들이 "남은 사람들"이란 표현을 그 다음에 이어지는바, 부부 중 한쪽만 신앙인의 경우라고 보고 있지만, 이 또한 작위적인 해석이다. 10절의 이혼 금지 규정에 관한 예수의 발언은 모든 그리스도인들에게 유효하다. 쌍방이 믿는 경우만, 주님의 명령이 유효하고, 한쪽만 믿을 경우는 주님의 말씀이 아니라 바울이 권고한다는 것은 납득되지 않는 논리이다. 남은 자들이란 "혼인한 사람들에게(10절)"에 대립되는 말이 아니라 "만일 갈라섰으면(11절)"의 대립어로 이해해야 한다. 즉, 남은 사람들이란 아직 갈라서지 않은 사람들, 이혼하지 않은 사람들을 의미한다고 보아야 할 것이다. 이미 이혼한 사람은 주님의 명령대로 재혼하지 말고 혼자 있거나 아니면 남편과 화해해야 하고, (아직 이혼하지 않은) 남은 사람들에겐, 내가—주님처럼 강경하지 않게—다음과 같이 말씀드려보겠습니다.

12절과 13절의 표현도 의미 있게 살펴보아야 한다. "만일 어떤 형제(=남자신앙인)에게 믿지 않는 아내가 있는데, 그녀가 그와 함께 살기를 원한다면, 그를 버리면 안 됩니다. 또 어떤 여자에게 믿지 않는 남편이 있는데, 이 사람이 그녀와 함께 살기를 좋아한다면, 그 남편을 버려서는 안 됩니다." 이 두 구절은 형제와 자매가 대칭이 되었다면, 믿지

20) 바레트/연구소 역, 앞의 책, 198-199.

않는 아내를 가진 남자교인과 믿지 않는 남편을 가진 여자교인을 향해 기록한 것으로 보인다. 그리고 이 구절이 조건절로 되어 있기 때문에 믿지 않는 파트너의 의사가 이혼을 하느냐 혼인생활을 계속하느냐의 관건이 될 수 있는 것으로 해석할 수 있는 여지를 남겨준다.

그러나 이 구절에서 믿는 남자에게 믿지 않는 아내의 경우는 현실적으로 없다고 보아야 한다.[21] 왜냐하면, 가부장이 믿고 세례를 받을 경우, 아내를 비롯한 모든 가족 구성원이 세례를 받았을 것이기 때문이다. 12절은 문제의 장본인들을 부끄럽게 하지 않으려는 바울의 배려 차원에서 양성평등적으로 쌍을 이루기 위해 기록한 것이다. 실제 고린도교회의 문제 상황을 표현한 것은 13절이다. 믿는 여자 성도에게 믿지 않는 남편이 있을 경우인 것이다. 이 부부가 예전부터 부부 사이가 나쁘다면, 세례 받은 후 거룩함을 유지하기 위해 부부관계를 거부한다 해도 큰 문제나 갈등의 요소는 되지 않을 것이다. 문제는 예전에 매우 부부애가 좋았던 부부가 아내 혼자 예수 믿고 난 후의 갈등인 것이다. 그러니 남편이 부부애를 나누며 함께 살기를 원하기 때문에 더욱 고민하는 것이다. 조건절로 되어 있는 이 구절은 이혼 사유의 근거가 믿지 않는 남편의 의지에 달린 것으로 해석할 가능성을 제공해주지만, 엄밀한 의미에서 13절은 바울이 고린도전서 7장을 쓰게 된 교회의 구체적인 문제 상황이라고 할 수 있다.

**바울은 절대적으로 이혼하지 말 것을 권면한다. 사실상 주님의 명령과 같은 것을 제시한다.** 그 이유는 믿지 않는 남편도 이미 거룩하여졌기 때

21) 이러한 가능성에 대해 앤와이어가 관찰했다. 앤와이어/조태연 역, 『원시그리스도교의 잊혀진 여성들』(서울: 대한기독교서회, 2001), 58. 그러나 유감스럽게도 문제의 핵심을 이해하는 데에까지 이르지는 못했다.

문이라는 것이다(14절). 그리고 아직 믿음과 세례에 응하지는 않았지만, 그도 거룩하여졌다고 말할 수 있는 이유는 그녀의 자녀가 거룩하기 때문이라는 것이다. 이로써 우리는 여자가 남편과 함께 세례 받지 않고 혼자 자의에 의해 세례를 받았을 경우, 자녀도 함께 세례 받게 했다는 것을 확인할 수 있다. 자녀는 부모가 합하여 이루어지는 것인데, 자녀가 거룩하다는 것은 어머니뿐만 아니라 아버지도 거룩하여졌다는 것을 의미한다고 해석하는 것이다.

그리고 16절도 역시 이혼하지 말 것을 권하는 설의법적 질문이다. "아내 된 자여, 당신이 당신의 남편을 구원할지 어떻게 알겠습니까?" 라는 질문은 이혼하지 말고 그가 구원받을 때까지 참고 인내하라는 권면이다. 그러므로 15절은 믿지 않는 사람이 함께 살 의지가 없으면 이혼해도 좋다는 식의 해석은 문맥상 불가능하다. 그렇다면 어떻게 이해하는 것이 바울의 의도에 합당한 것일까?

### 2) 문법상

문맥상의 이유뿐만 아니라 문법적인 이유에서도 고린도전서 7장 15절은 이혼의 가능성이 제시되고 있지 않는 것이 명백하다.

7장 15절에 대해 개역한글판과 표준새번역은 다음과 같이 상이한 번역을 제공하고 있다.

> "믿지 않는 사람 쪽에서 헤어지려고 하면, 헤어지게 하십시오"(표준새번역).
>
> "믿지 아니하는 자가 갈리거든 갈리게 하라"(개역한글판; 개역개정판).

개역한글판과 개역개정판 번역이 이해하기가 다소 난해한 감이 있다. 반면 표준새번역은 15절을 12-13절과 대비되는 것으로 해석하고 번역한 것이다. 필자는 난해하게 번역된 개역이 보다 객관적으로 헬라어 본문을 잘 살렸다고 평가한다. 개역에는 해석이 가미되어 있지 않고, 헬라어를 직역한 경우라고 할 수 있다. 14절과 16절을 고려해볼 때, 15절이 없어도 바울이 말하고 싶은 모든 것은 충분히 거론한 셈이다. 그리고 모든 주석에서 제시하고 있는바, 믿지 않는 파트너의 의지에 따라 이혼을 할 수도 있다는 해석은 15절이 없더라고 12-13절을 반대로 유추해서도 가능한 해석일 수도 있다. 왜냐하면, 그 두 구절에 조건적인 뉘앙스가 없잖아 있기 때문이다. 그러므로 믿지 않는 파트너가 이혼을 원한다면 이혼해도 좋다는 것을 말하기 위해 15절을 쓸 필요는 없고, 그렇게 해석할 경우 14절과 16절의 이유가 무색해지기 때문이다.

15절은 바울이 예수와 마찬가지로 이혼 금지에 관한 권면을 하고 나서, 혹시 이들이 이혼을 금하는 주님의 가르침과 바울 자신의 가르침을 교인들이 확대해석해서 믿지 않는 사람들에게까지 적용하려고 할 것을 대비한 것이다. 즉, 믿지 않는 사람들의 이혼 문제에까지 관여하지 말라는 의미로 보아야 할 것이다.

그 근거로 첫째, 이 문장에서 주어는 믿지 않는 자(ο απιστος 호 아피스토스)이다. 아피스토스(απιστος)는 "믿지 않는"이란 의미의 형용사로서 연결된 명사 없이 절대적 용법으로 언급되고 있다. 그리하여 남성 단수 관사인 호(ο)와 함께 "믿지 않는 사람"이라고 번역된다.[22)]

---

22) 이 경우 남성 단수 관사형으로 일반적으로 남성 단수 의미로 "믿지 않는 사람", 다시 말하자면 비그리스도인을 대표적으로 나타내는 용법이라고 하겠다.

둘째, 동사 χωριζεται(코리제타이, 나누이다, 갈리다)는 동사 χωριζω(나누다)의 수동태형으로 이혼을 나타내는 말이다.[23] 그러므로 이를 번역하면, "믿지 않는 자(비그리스도인)가 갈라지려 한다면, 즉 이혼을 하려 한다면"으로 번역하는 것이 옳다.

셋째, "이러한 일들에"라는 표현은 그 앞의 문장을 모두 받아, "믿지 않는 자의 이혼 문제들"로 보아야 한다. 넷째, 하나님이 너희를 평화 안에서 불렀다는 표현은 "믿지 않는 남편이 이혼하자고 할 때, 싸우지 말고 평화롭게 이혼해주시오"라고 해석해왔지만, 이 구절은 그런 의미가 아니라, 믿지 않는 사람들의 이혼 문제에까지 관여하여, 이혼해서는 안 된다고 말리며 분쟁을 일으키지 말고 내버려두라는 뜻으로 이해해야 한다. 바울이 교회 안의 문제를 해결하기 위해 발언하다가 교회 외부의 사람들을 의식하며 교인들에게 표현하는 경우가 종종 있다(음행하는 자를 사귀지 말라는 뜻은 교회 안에 음행하는 자를 두지 말라는 뜻이지, 교회 밖의 음행하는 자들과 교제를 일체 끊으라는 말이 아니다: 고전 5:9-10 참조).

## III. 나오는 말

고린도전서 7장은 결혼과 독신을 두고 무엇이 더 훌륭한 삶인지를

---

23) 신약성서에는 이혼을 나타내는 말로 세 어휘가 사용되고 있다: 고린도전서에는 코리조(χωριζω - 나누다, 가르다의 의미가 강함)(고전 7:10, 11, 15; 마 19:6; 막 10:9)와 아피에미(αφιημι - 용서하다, 혼자 남기다, 떠나다)(고전 7:11, 12, 13), 그 외에 복음서 전승에서는 아폴뤼오(απολυω - 풀다, 해체하다)(마 5:31, 32; 19;3, 7, 8, 9; 막 10:2, 4, 11, 12)도 사용되고 있다.

논하는 기독교 윤리책이 아니다. 미혼자, 과부, 기혼자 들에게 각각 어떻게 사는 것이 좋은지 개별적인 삶의 자세를 가르치는 것도 아니다. 다른 부분과 마찬가지로 이 장도 고린도교회의 구체적인 문제를 해결하기 위해 기록되었다.

그 문제는 다름 아니라 남편은 관심이 없지만, 여자가 먼저 복음을 받아들여 세례를 받고 가지게 된 거룩한 새로운 자기 정체성으로 인해 부부생활에 어려움을 겪었던 기혼여성들이 이혼을 하겠다는 내적 동요에 관한 사도 바울의 가르침이다.

세례와 공동식사는 초기 그리스도교 공동체의 사상적, 실천적 기초를 이루며 시행되었다. 세례는 그리스도교 공동체의 멤버십을 주는 예식으로 이루어졌고, 예수 그리스도의 이름으로 세례를 줌으로써 세례 받는 자와 그리스도의 관계를 맺어주고, 예전의 삶과 달라졌다는 것을 선언해준다. 세례 받은 사람은 "주 예수"를 외침으로써 새로운 주인인 예수를 부르게 된다. 과거의 주인이 남편이고 상전이었다면, 세례를 받아 그리스도 안에 들어온 모든 그리스도인의 주인은 예수이고, 주 예수를 부른 모든 그리스도인은 서로 형제요 자매의 관계이다.

고린도교회 안에서 이혼이 거론된 이유는 바로 초기 그리스도교 공동체가 가졌던 (세례를 통해 거룩하여졌다는) 세례이해와 기존의 부부이념(부부는 일심동체)이 충돌하면서 생긴 문제이다. 예수 믿고 세례 받은 부인이 아직 그리스도인이 되지 못한 남편과의 부부생활을 계속할 수 없다는 주장 앞에서 바울은 이혼을 허락할 수는 없었다.

그리스도교 신앙이 이혼의 사유가 된다면, 교회 외부인들로부터 받을 평가는 말할 것도 없고, 교회 내부에서도 감당할 수 없을 문제들이 생길 것이 분명하기 때문이다. 믿는 사람이 믿지 않는 파트너와 부부생활을 할 때, 믿지 않는 파트너가 살기를 원하거든 이혼하지 말고, 믿지 않는 파트너가 이혼을 원하거든 이혼해 주어라는 해석은 바울과 고린도교회 상황을 전혀 고려하지 낳은 작위적인 해석이다.

그리스도인은 이혼을 제기해서는 안 되지만, 상대방이 원할 때는 이혼을 할 수 있다는 가르침은 그리스도인들로 하여금, 자신의 인생을 타인의 결정에 따르는 무책임하고 피동적인 인간으로 가르치는 결과를 낳게 될 뿐만 아니라, 고린도교회와 바울의 염려를 고려한다면, 이러한 예외 규정은 안 믿는 남편을 가진 여성들로 하여금, 모두 이혼할 수 있는 구실을 주는 셈이 되기 때문이다. "믿지 않는 내 남편이 이혼을 원해요"라는 사유로 이혼이 가능하다면, 거룩함을 이유로 이혼을 하고자 하는 모든 여성에게 핑계의 기회를 제공할 뿐이기 때문이다.

고전 7장 15절은 문맥상 바울이 표현한 그대로 다음과 같이 이해하는 것이 옳다. 믿지 않는 사람이 갈리거든 갈리게 하시오. 이러한 일들에(즉, 믿지 않는 사람의 이혼 문제에) 믿는 사람(형제나 자매)이 구애받을 필요가 없습니다. 이혼하지 말라는 내 말은 믿는 사람들(형제나 자매)에게 드리는 말씀입니다. 믿지 않는 사람들이 이혼하는 문제까지 간섭하여, 옳으니 그르니 하며 논쟁하지 마십시오,

바울이 고린도전서 7장 전체를 통해 전하고자 하는 말씀은 다음과 같이 요약해볼 수 있을 것이다.

남편은 안 믿는데, 혼자 자녀들과 함께 세례 받은 여자성도들의 이혼문제에 관하여 믿는 (여자성도) 여러분들은 이혼하지 마시고, 그대로 사십시오. 여러분은 예수 믿고 거룩하여졌고, 안 믿는 남편은 거룩하지 않다고 생각하지만, 사실은 그도 거룩한 사람입니다. 왜냐하면, 당신의 자녀는 당신과 당신 남편의 합작품이고, 당신의 자녀도 세례

받아 거룩하지 않습니까? 자녀가 거룩하면, 부모도 거룩한 것입니다. 그러니 안 믿는 남편이 믿게 되는 것은 시간문제입니다. 언제 구원받을지 모르는 일이니, 이혼하지 마시고 남편을 기쁘게 해주십시오.

제4장

# 지식과 사랑 사이에서

## — 고린도전서 8장 연구

## I. 들어가는 말: 도대체 무엇이 문제인가?

요즘같이 컴퓨터가 보급되어 있는 세상에서 일없이 글을 쓰는 것은 어렵지 않을 것이다. 심심하기 때문에 누군가의 홈페이지를 방문하여 댓글을 달기도 하고, 때로는 사이버 채팅방을 헤매며 시간을 보낼 수도 있을 것이다.

그러나 2000년 전 바울이 살던 시대는 그렇지 않았다. 고린도전서는 바울이 고린도교인들에 보낸 편지이다. 바울이 편지를 쓸 때에는 분명히 이유가 있었을 것이다. 그가 글을 쓰는 것은 심심풀이가 아니다. 예수 그리스도의 복음을 전하는 일에 혼신을 다하고 있는 바울의 삶을 볼 때 결코 시간적으로 한가한 것이 아니었고, 재정적으로 쓸데없는 일에 낭비할 형편은 더더욱 아니었다.

고린도전서를 쓸 당시 바울은 에페소에 있었다(고전 16:8).[1] 그런

1) 고린도전서의 집필시기에 대해서는 53년 봄-56년까지 다양한 견해가 있지만, 집필 장소에 대해서는 거의 모든 학자들이 동의한다. 김지철, 『고린도전서』(서울: 대한기독교

데 들려오는 고린도교회의 소식은 한결같이 문제투성이였다. 고린도전서 8-10장은 하나의 문제를 언급하고 있다. 바울은 "우상의 제물에 대하여는"이라는 표현으로써 8장 1절을 시작한다. 일종의 주제 제시이다.[2)] 그리고 곧바로 "우리가 다 지식이 있는 줄 아나, 지식은 교만하게 하며, 사랑은 덕을 세우나니"라고 언급함으로써 지식은 몹쓸 것으로, 사랑은 훌륭한 것으로 강력하게 평가하는 말이 나온다.

솔직히 말해서 일반 독자들은 지식과 사랑에 관한 갑작스럽고 강경한 바울의 가치평가에 의아해 할 것이다. 특히 한국처럼 교육열이 많은 사회에 몸담고 있는 우리에게는 더욱 그렇게 다가온다. 도대체 무슨 일인가? 4절에서 바울은 "우상제물 먹는 일에 대하여는"이라고 주제를 조금 수정한다. 교회 안에서 문제된 것은 우상의 제물 자체가 아니라 우상제물을 먹는 일이었던 것이다. 쉽게 말하자면 고기 먹는 문제이다. 고대 사회에서 고기는 흔하지 않은 귀한 식품이다. 누구나 먹고 싶어 하지만 동물을 살육하는 일을 쉽게 하긴 어렵다. 지고한 신에게는 소를 드리고, 하급신에게는 돼지를 드렸다고 한다. 많은 학자들

---

서회, 1999), 32; 김창락(외 12인), 『신약성서개론』(서울 : 대한기독교서회, 2002), 345; 박익수, 『누가 과연 참 그리스도인인가?』(서울 : 대한기독교서회, 2003), 66; H. Conzelmann, *Der erste Brief an die Korinther*, KEK 5 (Göttingen: Vandenhoeck & Ruprecht, 1981), 18; F. Lang, *Die Briefe an die Korinther*, NTD 7 (Göttingen: Vandenhoeck & Ruprecht,, 1986), 18: W. Schrage, *Der erste Brief an die Korinther. 1.Teilband 1 Kor 1,1-6,11*, EKK VII/1 (Neukirchener: Neukirchener Verlag, 1991), 36.

2) 고린도전서에서는 종종 전치사 페리(peri)가 속격 명사와 함께 주제를 제시하는 데 사용되고 있다. 가령, 고전 7:1(너희의 쓴 말에 대하여), 8:1(우상제물에 대하여), 8:4(우상제물 먹는 일에 대하여), 12:1(신령한 은사에 대하여), 16:1(성도를 위하는 연보에 관하여), 고후 9:1(성도를 섬기는 일에 관하여). 그 외 살전 4:13(잠자는 자들에 관하여), 살전 5:1(때와 시기에 관하여) 참조.

은 고린도전서 8장에서 문제가 된 것은 하급신에게 드렸던 제물, 즉 돼지고기 먹는 문제로 보았고, 따라서 강한 자와 약한 자의 갈등을 민족문화적인 것으로 파악하곤 했다.[3)]

그러나 이 문제를 해결하기 위해 바울이 "지식과 사랑"이라는 어휘를 사용하며 이 둘을 대립시키고 있는 점을 볼 때 민족적인 갈등의 문제가 아닌 듯하다. 우상제물 먹는 문제와 관련하여 발생한 사건은 무엇인가? 지식이 무엇이기에, 사랑이 뭐길래 지식으로는 해결이 안 되고 사랑으로만 해결할 수 있단 말인가?

## II. 본말

### 1. 지식(γνωσις 그노시스)이란 무엇인가

한국에서 중·고등학교 다닌 사람이라면 학창시절에 적어도 한 번쯤은 "아는 것이 힘이다"라는 영국의 철학자 베이컨의 명언을 듣고 실감한 일이 있었을 것이다. 정말 한국 사람들은 배워야 사람다운 삶을 살 수 있다고 여겼다. 많이 배울수록 남보다 더 나은 사람이 된다고 믿기도 했다. 한국의 교육열은 미국의 오바마 대통령도 부러워할 정도이

3) 여전히 민족적 갈등의 문제로 보는 주석가가 한국에도 있다. 가령, 김지철, 앞의 책(1999), 328. 김지철은 유대 그리스도인들 중에 이방 그리스도인들이 함부로 우상제물을 먹음으로써 그 양심이 약해지고 더러워진다고 비난하는 사람들이 있었다고 언급하지만, 그것은 입증되지 않은 가설일 뿐이다. 타이센은 고린도교회의 강한 자와 약한 자를 민족적 분류로 나눌 수는 없다고 보고, 사회경제적 요인에서 분석하고자 한다. 타이센/김명수 역, "고린도교회의 강한 자들과 약한 자들", 『초기 그리스도교에 대한 사회사적 연구』(서울: 대한기독교출판사, 1984), 347-364.

다. 한국의 교육현실은 알기 위해 공부하는 것이 아니고, 좋은 대학에 가서 남보다 좋은 특권을 누리기 위해서, 시험 성적을 높이기 위해 공부하는 현실이 되어버렸다.

원래 공부의 목적은 알기 위함이다. 무지하면 세상일이 두렵고, 자신감이 사라져 움츠러들기 마련이다. 알면 아무것도 아닌 일인데, 모르기 때문에 두려워하고, 무지하기 때문에 억울하게 당하기도 하는 것이다. 그러나 앎, 지식은 알 수 없는 어떠한 힘을 준다. 거짓과 싸울 용기를 주고, 불합리를 물리칠 수 있는 힘을 준다. 그래서 지식은 좋은 것이고, 인간의 삶을 견고하게 해준다.

특별히 종교와 관련해서도 지식은 순기능을 한다. 신에 대해 알지 못했던 고대인들은 집안 구석구석 신들이 자리 잡고 있다고 생각했다. 인생의 어려운 일을 만나면, 신이 노여워하여 생긴 일이라고 해석하기도 하고, 신을 달래기 위해 제사를 드리고 굿을 했다. 그러나 신을 알면, 신의 뜻을 알면, 삶의 양식은 분명해진다. 신이 원하시는 삶을 살려고 노력하는 것이다. 그래서 고대 이스라엘인들은 신을 알기 위해, 신의 뜻대로 살기 위해 성서를 읽고 해석하는 일에 전념하였다.

그런데 왜 바울은 여기서 지식을 저(低)평가하는가? 지식은 사람을 교만하게 하는 나쁜 것이라고 바울은 주장한다. 어떤 이유에서 이런 말을 한 것인가? 그리고 지식에 대조적인 개념으로 "사랑"을 내세운다. 일반적으로 지식의 반대어는 무지가 아닌가? 지식이 도대체 무엇이기에, 사랑과 대립적이며, 사랑보다 못한 것인가?

지식의 내용에 대해 바울은 곧바로 4-6절에서 제시한다. 그 내용을 살펴본다면, 1) 우상은 별것 아니다. 2) 세상에는 많은 하나님과 많은 주님이 있을지라도, 우리에게는 오직 한 분 하나님, 한 분 주님만 있을 뿐이다. 이와 같이 4-5절에서 이끌어낼 수 있는 지식의 내용이란 현대 학문의 용어를 빌리면 종교다원주의의 주장과도 유사한 느낌을 받을 수도 있다. 세상에 많은 신들이 있다는 것을 인정하는 듯하면서, 자신의 종교적 정체성을 확고히 하는 태도이다. 이러한 지식을 가진 사람은 지식인이라기보다는 흔들리지 않는 신앙을 가진 우수한 신앙인이라고 하는 편이 옳을 것이다.

6절은 서술어 없이 구성된 문장이라는 점에서 눈에 띈다. 이 문장은 많은 신약성서 학자들에 의해 바울 이전 신앙전승문으로 인정되고 있다.[4)] 서술어 없이 인상적인 어휘만으로 4행으로 구성되었고, 내용적으로는 하나님과 예수님, 세상 만물과 그리스도인들과의 관계를 한 문장으로 나타낸다는 점에서 주목을 받고 있다.

〈그리스어〉

αλλ εις θεος ο πατηρ

εξ ου τα παντα και ημεις εις αυτον

και εις κυριος Ιησους Χριστος

δι ου τα παντα και ημεις δι αυτου

〈한국어 번역〉[5)]

---

4) K. Wengst, *Christologische Formeln und Lieder im Urchristentum* (Gütersloh: Gütersloher Verlag, 1972), 136-143. 벵스트는 이 구절이 헬레니즘적 이방 기독교에서 형성되었으며, 삶의 자리는 예배로 보고 있다. Ph. Vielhauer, *Geschichte der urchristlichen Literatur* (Berlin: Walter de Gruyter, 1975), 32-33; H. Conzelmann, 앞의 책, 178; W. Schrage, 앞의 책(1995), 221 참조.

5) 아래 제시된 번역은 필자의 개인 번역임을 밝혀둔다. 무엇보다도 2행과 4행의 번역에 있어서 개역한글판, 개역개정판, 표준새번역뿐만 아니라 개별 주석서에 제시된 번역들

그러나 우리에게는 한 하나님 아버지(가 계시니),
그에게서 만물과 우리가 (나와) 그에게로 (가며),
또한 한 주, 예수 그리스도(가 계시니),
그를 통해 만물과 우리가 (구원 받았고) 그를 통해 (구원의 완성을 보리라).

4행으로 이루어진 이 문장은 1행과 3행에서 한 하나님과 한 주님을 강조하고, 2행은 만물과 우리가 하나님과 어떤 관계에 있는지, 4행에서는 만물과 우리가 주님과 어떤 관계를 맺고 있는지 설명해주는 내용을 담고 있다. 글 형태로는 서술어도 생략되어 있고, 하나님, 주님, 아버지, 예수 그리스도, 만물, 우리, 전치사 에크와 에이스, 디아 등 매우 간단한 어휘들이 사용되며 매우 간결하고도 대칭적인 구조를 이루고 있다.

내용적으로는 한 분 하나님과 한 분 주님이 대칭을 이루는 구조로 되어 있는 것으로 보아 이 문장은 유대 출신이 아니라 이방인 출신의

---

에 동의하기 어려웠기 때문이다. 대부분의 역자들은 접속어 카이(και "그리고, 혹은 ~과")를 기점으로 그 앞에 있는 타 판타(τα παντα "만물")은 전치사와 관계대명사에 연결시키고, 헤메이스(ημεις "우리")는 뒤에 나오는 전치사와 대명사로 이루어진 부사구에 연결시켜 번역하였다. 가령, "만물이 그에게서 났고, 우리도 그를 위하여 있고(2행) … 만물이 그로 말미암고 우리도 그로 말미암아 있느니라(4행)"(개역개정판). "Wir haben doch nur einen Gott, den Vater, aus dem alles ist und wir zu ihm, und einen Herrn, Jesus Christus, durch den alles ist und wir durch ihn." Lang, 앞의 책, 108. 이렇게 번역할 경우, 창조주 되신 하나님은 우리와는 관계없고, 세계 만물만 관계가 있는 것으로 오해되고, 만물과 구별된 "우리"는 문맥으로 볼 때 예수 그리스도의 복음을 받아들인 그리스도인들도 보이는데, 우리만 하나님을 향하는 것으로 오해된다. 마지막 날에 심판받는 것은 그리스도인들만이 아니라 세계에 존재하는 모든 만물이다. 그리하여 필자는 2행과 4행에 나오는 "타 판타와 헤메이스(만물과 우리가)"가 관계대명사절의 공동 주어이며, 뒤에 이어지는 전치사구도 두 주어에 연결되는 것으로 보고 분리하지 않고 번역하는 것으로 결정하였다.

그리스도인들에 의해 형성된 것으로 보인다. 왜냐하면 유대교에서는 하나님을 주님으로 부르는데, 이 문장에서 하나님은 아버지로, 주님은 예수 그리스도라고 명백히 하나님과 주님 사이의 선을 긋고 있기 때문이다. 유일하신 하나님과 유일하신 주님을 서로 구별하며, 대칭구조를 이루는 완벽한 문장을 구사하고 있다.

지식의 내용으로 제시된, 바울 이전 전승으로서 바울이 인용한 이 구절에 담긴 하나님 이해와 주님 이해를 살펴봄으로써 지식의 근본 내용을 파악해보도록 하겠다.

#### 1) 하나님 이해

1-2행에서는 하나님에 대한 기본적인 이해와 하나님에 대한 세계 만물과 믿는 자들의 관계를 표현하고 있다.

##### (1) 하나님은 한 분이다(εις θεος 헤이스 테오스)

유일신 사상은 기독교의 독창적인 사상이 아니다. 그것은 이미 유대교에서 형성된 것이다. 이는 유대교가 이방종교와 부딪히면서 자신들의 종교를 고수하며 지키는 과정에서 이루어 놓은 것이다.[6] 그리스도교는 유대교인인 예수와 그의 제자들이 믿었던 하나님, 유대교인인 바울이 전하는 하나님을 받아들임으로써 자연스럽게 유대교의 유일신 사상도 도입하였다고 볼 수 있다.

##### (2) 하나님은 아버지이다(θεος ο πατηρ 테오스 호 파테르)

---

6) 구약성서의 유일신 사상의 형성에 관해 이경숙(외 5인), 『구약성서개론』(서울: 대한기독교서회, 2005), 18-20 참조.

하나님을 아버지로 부를 수 있는 사람은 누구인가?[7] 헹엘은 시편 2편 7절에 "하나님이 이스라엘을 불러 너희는 내 아들이라 부르겠다"는 표현을 근거로 하여 유대인들에게 가능한 생각이라고 본다.[8] 그러나 이 문제는 그리 간단한 것이 아니다. 구약성서에 그러한 표현이 있을지라도, 하나님을 감히 아버지라고 부르는 일이 흔한 것은 아니었기 때문이다. 예수께서 하나님을 아버지로 불렀다는 것을 역사적 사실로 인정하는 예레미아스는 하나님에 대한 아버지 호칭이 유대인들에게 대단히 낯선 것이며, 그렇기 때문에 예수에게서 나타나는 특이한 현상이라고 보고 있다[9]

이스라엘인들에게 적용되는 보편적인 개념은 하나님의 아들이라기보다는 하나님의 백성이다. 그리고 그것은 계약개념과 연관성이 있다. 하나님이 아들을 낳는다는 것은 유대교의 하나님 표상에 썩 어울리는 것은 아니다. 반면, 그리스 전통에서는 많은 신들에 대한 이야기들이 있고, 신들이 자녀를 낳는 것에 대해서도 많은 이야기들이 있다.[10] 또한 인간 중에는 하나님과 인간의 결합으로 탄생한 존재가 있다는 이해는 상당히 보편적이었다. 그리고 로마시대에는 양자를 삼는 일도 흔했다.[11] 이러한 그리스-로마의 종교 사회문화가 하나님을 아

---

7) 김판임, "아주 특별한 용기: 하나님 아버지를 부름에 대한 초기 그리스도교의 이해와 21세기 여성주의 시대의 이해 비교", 『한국여성신학』 61호(2005 여름호), 62-68 참조.

8) 가령 마틴 헹엘/김명수 역, 『하나님의 아들』(현대신서 116)(서울: 대한기독교서회, 1981), 48-147.

9) J. Jeremias, *Abba. Studien zur neutestamentlichen Theologie und Zeitgeschichte* (Göttingen: Vanhoeck & Ruprecht, 1966); J. Jeremias, *Theologie des Neuen Testament, Teil 1, Die Verkündigung Jesu* (Gütersloh : Gütersloher Verlag, 1971), 45, 67-73. 예레미아스/김경희 역, 『예수의 선포』(왜관: 분도출판사, 1996), 62, 97-105.

10) 장영란, 『그리스신화』 (파주: 살림, 2005), 41-91 참조.

버지라고 부를 수 있는 근거를 제공해주었다고 볼 수 있을 것이다.

바울도 하나님을 아버지라고 부르는 일은 쉬운 일이 아님을 알고 있었다. 그것은 성령의 힘으로만 가능하다고 하였다: "무릇 하나님의 영으로 인도함을 받는 사람은 곧 하나님의 아들이라 너희는 다시 무서워하는 종의 영을 받지 아니하고 양자의 영을 받았으니 우리가 아빠 아버지라고 부르짖느니라 성령이 친히 우리의 영과 더불어 우리가 하나님의 자녀인 것을 증언하시나니"(롬 8:14-16). 예수 그리스도를 믿는 사람들은 하나님을 아버지로 부르는 자녀들이다. "너희가 다 믿음으로 말미암아 그리스도 예수 안에서 하나님의 아들이 되었으니"(갈 3:26). 초기 그리스도인들은 하나님을 아버지로 불렀다. 그렇게 함으로써 서로를 형제자매로 부르며, 하나님 아버지를 모시는 거룩한 성가족 공동체로서의 면모를 다져갔다.

(3) 하나님은 창조자이며 동시에 심판자이다

거의 모든 번역자들이 2격 지배 전치사 에크(εξ "~으로부터")와 관계대명사로 연결된 문장의 주어를 "만물(τα παντα 타 판타)"로만 보고, 그 다음에 이어지는 "우리(ημεις)"는 그 뒤에 이어지는 부사구 에이스 아우톤(εις αυτον "그를 향하여")의 주어 역할을 하는 것으로 번역했다.[12] 그러나 "만물과 우리"를 분리한 이러한 번역은 의미상의 어려움

11) 로마에서 양자와 아버지의 관계로 가장 잘 알려진 예로는 시저와 옥타비아누스(나중에 아우구스투스 황제가 됨)이다.

12) 가령 "만물이 그분으로부터 생겨났고, 우리도 그를 위해 존재하고…." 박익수, 앞의 책(2002), 249; "Von ihm stammt alles, und wir leben auf ihn hin", H.J. Klauck, *1. Korintherbief*, Die Neue Echter Bibel (Wüurzburg: Echter Verlag, 1984), 61; "Aus dem alles ist und wir auf ihn", Schrage, 앞의 책(1995), 216.

을 낳는다. 전치사 엑크와 관계대명사가 연결되어 모든 만물이 하나님에게서 유래되었다는 것을 나타내므로 창조주 하나님 사상을 드러낸다. 그런데 만물과 우리를 분리시켜, 우리를 제외한 만물만 창조되었다고는 볼 수 없기 때문이다. 마찬가지로 εις(에이스)라는 전치사는 "위하여" 혹은 "향하여"라는 의미를 가진 전치사이다. 이 문장에서는 분리를 나타내는 2격 지배 전치사인 엑크가 모든 존재의 출발 내지 근원을 의미하고, 4격 지배 전치사인 에이스는 목적 내지 종착점을 의미하는 말이다. 그러므로 제2열에서 에크와 에이스는 대구를 이루며, 에크는 창조사상을, 에이스는 역사의 종말에 하나님에게로 나아가 심판을 받을 것에 대한 미래적 표상을 나타내고 있다고 보는 것이 옳을 것이다. 이 두 전치사로써 하나님은 창조주이고 심판자이며, 우리, 그리스도인들을 포함한 모든 존재자는 창조와 심판 사이에 존재한다는 것을 표현하고 있다.

그러므로 2행의 관계대명사절은 "만물과 우리"가 주어이고, 또 목적과 방향을 나타내는 전치사구를 첨가함으로써 모든 존재의 출발과 종결, 즉 창조와 종말심판의 차원, 과거와 미래를 모두 망라하는 것이라고 볼 수 있다. 하나님은 모든 존재의 창조주이고, 동시에 마지막 때에 심판을 주도하실 심판주시다. 하나님의 창조와 심판 행위 앞에 예외는 없다. 믿는 우리나 믿지 않는 모든 만물 모두 마찬가지이다

고린도전서 8장 6절에 인용된 문장의 1행과 2행의 내용으로 파악된 것은 신과 만물, 그리고 "우리"로 표현된 그리스도인의 관계이다. 유일신은 창조자이고 심판자이고 모든 믿는 자들이 아버지이다. 믿지 않는 기타 만물들에게도 신이 창조자이며 심판자라는 점은 마찬가지로 적용된다. 유일신, 창조자, 심판자라는 세 가지 신이해가 유대교에

서 그대로 유입되었다면, "하나님 아버지"라는 고백은 기독교의 새로운 산물이라고 하겠다.

2) 주님(κυριος 퀴리오스) 이해

6절의 3-4행은 하나님과 구별되는 존재로서 주님에 대한 이해가 담겨있다.13)

(1) 주님은 한분이시다(εις κυριος 헤이스 퀴리오스)

"한 주님(헤이스 퀴리오스)"은 분명 "한 하나님(헤이스 테오스)"과 대구를 이룬다. 이 점에서 이 문장은 이방인 그리스도인들에 의해 작성되었을 개연성이 매우 높다.14) 왜냐하면 유대인들에게 주님(히브리어로는 아도나이, 그리스어로 퀴리오스)은 하나님인데,15) 이 문장에서 주님은 하나님이 아니라 예수 그리스도로 표현되었기 때문이다. 하나님을 지상에 존재하지 않는 천상적 존재로 이해했다면, 주님은 하나님이 아닌 지상적 존재로 이해되었던 것으로 보인다. 이런 점에서 "주 예수(κυριος Ιησους 퀴리오스 예수스)"라는 표현이 이집트신들을 부르는 밀의 종교의 표현이라는 부세의 이론은 더 이상 지지될 수 없다.16)

---

13) 바울에게서 하나님을 주님으로 표현한 곳은 거의 구약성서 인용문이다. 그 외에는 항상 주는 예수(그리스도), 하나님은 아버지로 표시된다(가령 바울서신 서두와 롬 10:9; 고전 6:11 참조).

14) K. Wengst, 앞의 책, 141 참조.

15) 하나님을 주님으로 표현하는 것은 하나님을 찬양하는 시편에서 두드러지게 나타난다.

16) W. Bousset, *Kyrios Christos. Geschichte des Christusglaubens von der Anfängen des Christentums bis Irenäus*, FRLANT 22 (Göttingen V&R, 1921), 94-97; 불트만/허혁 역, 『신약성서신학』(서울: 성광문화사, 1976), 120-132. 이에 대한 비판에 대해서는 헹엘을 참조하라. 헹엘/김명수 역, 앞의 책, 142-144. 헹엘은 부세 이후 불트만, 벵스트, 필하우어를 통해 대변되는바, 주 칭호가 헬라적 제의, 무엇보다도 신비주의에 매우

(2) 주님은 예수 그리스도이시다

초기 그리스도인들은 세례와 함께 형성된 새로운 신앙고백으로 "주 예수(κυριος Iησους)"를 소리쳐 불렀다.[17] 그러므로 "주 예수(κυριος Iησους)"가 6절 인용문에서 가장 중요하고도 기초적인 요소였을 가능성이 높다. 즉, "예수 그리스도의 이름으로" 세례 받은 그리스도인들이 "주 예수"를 외칠 때에 유대계 그리스도인들이 듣기에 좀 이상했을 것이다. 왜냐하면, 유대인들에겐 "주 하나님(야훼 아도나이)"이란 표현이 자연스럽기 때문이다.[18] 그래서 이의를 제기했을 개연성이 높다. '주님은 하나님밖에 그 누가 더 계시단 말인가?' 그래서 이것은 유대출신의 그리스도인들과의 많은 논의 끝에 '좋다, 그럼 하나님은 아버지이고, 주님은 예수라'고 하자는 약속과도 같은 뉘앙스를 주는 문장인 것이다. 다시 말하거니와, "주 예수(κυριος Iησους)"라는 말은 "주 하나님(κυριος Iησους)"이라는 유대적 표현에 대립적이다. 즉 이 문장은 "주 하나님"을 부르는 유대계 그리스도인들과 대결하는 차원에서 의도적으로 만들어진 것이라고 볼 수 있다.

---

드물게 사용되었다. 그것은 헤롯 가문의 왕들과 클라우디우스 황제 이후 많은 로마 황제들을 포함한 유명한 사람들에 대한 칭호였다.

17) 김판임, "쿰란공동체와 초기 그리스도교 공동체 비교: 입회과정과 자격조건을 중심으로", 『신약논단』 제11집 제4권(2004년 겨울호), 864-865 참조. Wengst, 앞의 책, 136.

18) 구약성서에서 하나님을 아도나이(주님)으로 부르는 경우 시 8:1-9; 9:1-4 등 다수. 바울서신에서 퀴리오스가 하나님을 가리키는 경우는 모두 구약성서 인용문이다. 가령, 고전 3:20; 14:21; 고후 6:17-18; 롬 4:8; 9:28-29; 10:16; 11:3, 34; 12:19; 14:11, 15:11 등.

(3) 주님은 구원을 위한 중개자이다

제4열에 나오는 전치사 디아(δια "통하여")는 속격 명사나 대명사를 취하여 수단이나 도구를 의미한다. 부세가 4행에서 "그(예수 그리스도)를 통하여 만물과 우리"라는 표현을 2행의 하나님의 창조와 연결시킨 이후, 부세와 함께 예수 그리스도를 "창조적 매개자"로 이해하는 학자들이 매우 많다.[19] 심지어 부세는 이 문장에서 예수 그리스도를 창조 때 하나님과 함께 있어서 창조에 참여한 자로 이해한다. 그리하여 그리스도의 선재론을 이 문장에서 끌어내기도 하였다. 그러나 여기서 전치사 디아가 수단이나 도구를 의미하는 것이라 해도, 하나님의 창조 시 그리스도가 함께 있어서 중개를 했다는 것은 비약이다. 바울 이전 전승에서나, 바울에게서나 예수는 하나님의 구원사업을 위한 도구이다(롬 3:25, 5:1; 고후 5:18 참조). 그러므로 "그를 통하여 만물과 우리가 생겨났다"는 창조론적인 번역보다는, "그를 통하여 만물과 우리가 구원받았고, 구원을 받으리라"는 식의 구원론적인 번역이 좀 더 올바른 이해에 다가간 것이라고 할 수 있다.[20]

이와 같이 6절에 제시된 지식의 내용을 종합해보건대, 이 지식은 하나님과 예수에 대한 우리의 관계를 설정해주는 매우 중요한 신앙적 내용을 담고 있다. 이 지식이 훌륭하다는 것은 바울도 인정하는 것으

---

19) 가령, Wengst, 앞의 책, 140; Weiss, 앞의 책; Conzelmann, 앞의 책(1969), 180; 김지철, 앞의 책(1999), 334-335. 이미 벵스트도 이 문장에서 전치사 디아가 구원론적인 의미를 지니고 있음을 간파하였다. 그럼에도 불구하고 전통적인 선재설을 떨쳐내지 못하고 선재론적 이해와 구원론적 이해, 둘을 수용하는 방식을 선택하며 다음과 같이 표현하였다. "Jesus ist Schöpfungs- und Erlösungsmittler."

20) 고전 8:6의 4행의 전치사 디아와 관련하여 필자와 같이 구원론적인 해석을 시도한 학자들도 있다. 가령 Klauck, 앞의 책(1984), 61-62. 또한 Schrage, 앞의 책(1995), 244.

로 보인다. 이 지식은 신앙을 견고하게 해준다. 지식이 있는 자란 하나님을 유일신으로 믿는 자이다. 그리고 그 하나님은 만물과 우리를 있게 하시는 창조주 하나님이시고, 마지막 때에 만물과 우리를 심판하실 분임을 아는 자이다. 이렇게 하나님과의 관계를 분명하게 설정하고 있는 사람이다. 그 사람은 또한 주 예수를 부르며, 그분을 통해 구원을 받았다는 것을 알고, 또 마지막 심판의 날에도 그 분을 통해 구원의 완성을 보게 되리라는 것을 알고 살아가는 흔들림 없는 신앙인인 것이다.

## 2. 사랑(αγαπη 아가페)이란 무엇인가

고린도교회에 이러한 지식을 가진 사람이 있다면 칭찬을 받아야 마땅할 것이로되, 왜 바울은 이러한 지식을 가진 사람들을 나무라는가? 그들은 하나님과 예수 그리스도에 대해 확실한 지식이 있기 때문에 우상제물로 드렸던 고기 음식에 대해 아무런 거리낌 없이 먹을 수 있는 사람들이었다. 하나님은 오직 한 분뿐임을 알고 있기 때문에, 우상제물이든 무엇이든 고기는 음식일 뿐이라는 의식을 가질 수 있는 사람들이었다. 그러나 문제는 그러한 지식이 없음에도 불구하고, 남이 하니까 덩달아 먹다가 신앙적 양심 때문에 괴로워하는 사람들이 있다는 사실이다. 이에 대해 바울은 다음과 같이 말한다. "그러나 이 지식은 모든 사람에게 있는 것이 아니므로…"(고전 8:7).

이러한 지식을 모든 사람이 가졌다면 아무런 문제도 생기지 않았을 것이다. 6절에 제시된 지식을 가지지 못한 사람은 우상제물에 대해 자유롭지 못하다. 우상제물을 먹는다면, 그 우상과 연합된다는 의식—고대 사회에서 만연되어 있던 종교적 양심—을 갖고 있기 때문에, 신앙적 양심의 가책을 느끼고 교회를 떠나려고 하는 사태까지 일어난 것이라고 볼 수 있다. 이러한 사람들을 바울은 "약한 자들"이라고 부른다(고전 8:11).

타이센은 여기서 약한 자들을 지식이 없는 자, 가난한 자들로 규정하였다.[21] 가난한 자들은 평소에 고기를 먹을 형편이 되지 않으므로 기회가 있으면 평소에 잘 먹던 사람보다 유혹에 더 잘 빠질 수 있다고 본 것이다. 그러나 강한 자와 약한 자를 사회경제적 측면으로 규정하는 것은 위험하다. 똑같은 가정에서 자라난 형제들일지라도 누구는 이런 지식이 있어서 아무렇지도 않게 제사 음식을 먹을 수 있는 사람이 있는가 하면, 종교적 양심의 문제로 우상제물 먹는 것을 금기시하는 사람도 있기 때문이다.

교회 안에 생긴 이 문제를 해결하기 위해 바울은 8장에서 양심의 가책을 받은 사람들을 향해 조언하는 것이 아니라, 그들에게 양심을 거스르면서까지 따라하고 싶었던 욕구를 제공한 사람들, 즉 확실한 지식으로 인해 거리낌이 없는 사람들, 우상제물 먹는 일에 자유한 사람들을 향해 조언한다. "그런즉 너희에게 있는 이 자유가 믿음이 약한 사람들에게 걸려 넘어지게 하는 것이 되지 않도록 조심하라"(고전 8:9).

지식 자체는 훌륭한 것이고, 지식을 가진 사람은 아무런 거리낌 없이 행동할 수 있는 자유함이 있다. 그런데 바로 이 점에서 왜 바울이 지식이 사람을 교만하게 한다고 말했는지 이해할 수 있다. 즉, 확실한 지식으로 거리낌 없이 행동할 수 있는 자유는, 결국 다른 사람들을 배려하지 않는 태도로 나타나는 것이다. 내가 가진 지식이 확실하기 때

---

21) 타이센/김명수 역, 앞의 책(1984), 342-364 참조.

문에, 내가 가진 신앙이 확실하기 때문에, 그렇지 못한 자를 배려하는 것이 아니라, 오히려 자신들처럼 행동하는 것이 좋다고 가르치려고 하거나, 그렇지 못한 사람들을 우습게 보려는 경향도 배제할 수 없다.

그러므로 이 문맥에서 사랑이란 남을 배려하는 태도로 요약된다. 사랑이란, 약한 사람, 즉 지식이 없어서 우상제물을 앞에 두고 갈등하는 사람을 배려하여, 먹어도 되는 고기(우상제물)를 그들 앞에서 먹지 않는 태도를 가리킨다. 먹어도 상관이 없지만, 다른 사람을 위해 안 먹을 수 있다는 자기 통제력을 말한다. "그러므로 만일 음식이 내 형제를 실족케 한다면, 나는 영원히 고기를 먹지 아니하여 내 형제를 실족하지 않게 하리라"(고전 8:13). 이것이 약한 사람들을 배려해주는 사랑하는 태도이다. 사랑이 무엇인지는 이제 분명해졌다. 사랑은 로미오와 줄리엣과 같이 특정한 이성 간에 느끼는 애틋한 감정이 아니다. 사랑은 구체적인 행동방식이다. 즉, 타인이 괴롭게 되지 않도록 하는 배려이고, 이를 위한 자기 통제이다.

남을 배려할 수 있는 사랑의 근거는 바로 그리스도를 통한 하나님의 사랑에 있다: "그는 그리스도께서 위하여 죽으신 형제라"(고전 8:11). 지식이 없어서 흔들리는 약한 성도, 신앙이 약해서 흔들리는 성도를 배려하는 태도가 바로 사랑인 것이다. 그 약한 성도가 양심의 가책을 받아 교회에서 떨어져 나간다면, 그것은 결국 그리스도에게 죄를 짓는 것이라고까지 바울은 말한다.

## III. 나오는 말: 참 자유 - 지식의 힘과 사랑의 힘의 조화

고린도전서 8장에서 다루는 것은 교회 안에서 생긴 음식과 관련된 문제이다. 바울이 "우상제물에 관하여"라고 시작했다가 "우상제물 먹는 일에 관하여"라고 주제를 좀 더 실제 사건에 가깝게 수정하였다. 우상이나 우상제물이 문제가 아니라 우상제물이었던 고기 먹는 일과 관련되어 생긴 문제인 것이다. 고기는 예나 지금이나 귀한 식품이다. 가난한 일반 시민들은 황제가 자신의 생일을 기념하여 희사하거나 신에게 드려진 제물이 방출될 때 먹을 기회를 얻곤 한다. 고린도교회에서는 우상에게 제물로 드렸던 고기를 아무 문제없이 먹을 수 있는 사람들이 있었고, 반면 그런 일을 꺼림칙하게 여기는 사람들이 있었다.

교회에서 생긴 문제는 먹지 않는 사람이 먹는 사람을 두고 양심에 위배된다고 비난하는 문제가 아니다. 우상제물을 먹으면 그 우상을 섬기는 것이라고 여기는 사람이 이방 출신의 그리스도인들 중에 있다. 그렇게 생각되면 우상제물을 먹지 말아야 할 것인데, 아무 거리낌 없이 먹는 교인들을 보면서 '저 사람도 먹는데 뭐' 하면서 덩달아 먹은 뒤에야 비로소 종교적 양심의 가책을 받고 괴로워하며 결국 교회에서 떨어져나가는 성도가 생긴 것이다.

이와 유사한 현상이 한국교회의 초기 선교 과정에서도 나타났다. 기독교가 이 나라에 유입되기 전에 제사나 고사를 지내던 풍습이 있었고, 이웃에서 고사 드린 떡이나 고기를 이웃에게 돌리곤 하는데, 그리스도인 중에 두 가지 반응이 나타나곤 했다. 무슨 신에게 고사를 드렸든 고기는 단지 음식일 뿐이라고 거리낌 없이 먹을 수 있는 사람들이 있는가 하면, 어떤 사람들은 예수 믿기 전 알지 못할 신에게 드린 음식이니 부정하다고 생각하는 사람도 있었다.

이 문제를 해결하기 위해 바울은 지식과 사랑을 대립시킨다. 바울이 여기서 생각한 지식이란 하나님과 예수그리스도, 그리고 만물과 그리스도인의 관계에 대한 확신이다. 유일신이고, 창조자이며 심판자이신 하나님 아버지에 대한 확실한 신앙(=지식)이 있어서 거리낌 없이 행동하는 사람들이 있다. 결국 이들은 우상제물을 먹고도 흔들리지 않는 강한 신앙을 가진 강한 자들이고, 이 문제의 원인 제공자이다. 이들을 향해 바울은 약한 사람들, 즉 그들처럼 확실한 신앙이 정립되지 않은 사람들을 배려해줄 것을 제안하고 있다.

그 배려란 다름 아니라 역지사지, 즉 약한 사람들 편에 서서, 그들의 눈높이에 맞추어 행동해달라는 것이다. 바울은 그들의 지식을 소개하고, 그들이 가진 지식, 그로 인해 아무 거리낌 없이 행동할 수 있는 그리스도인의 자유를 높이 평가하지만, 그 지식을 모든 교회 구성원이 가진 것이 아니라는 사실을 인식시키고, 지식보다는 사랑을 우선에 두자고 권한다. 지식의 힘은 흔들림 없이 자유롭게 행동할 수 있게 하지만, 사랑의 힘은 그것이 남에게 피해가 된다면 자제해줄 수 있는 자유로 나타난다. 지식과 사랑의 힘이 조화롭게 겸비되면, 그리스도인들은 사랑의 행동 양식, 즉 자기 통제의 힘으로 타인을 배려하고, 교회는 사랑의 공동체로서 바로 서게 된다.

제5장

# 바울은 왜 스스로 벌어가며 선교하였는가?

— 고전 9장 1-27절 연구

## I. 들어가는 말

인생 전환 이후 세상 끝까지 하나님의 복음을 전하는 것을 자신의 삶의 모든 것으로 여겼던 바울은 자신의 선교 활동에 드는 비용을 스스로 감당하는 것을 원칙으로 했다. 바울이 영국의 작가 밀튼이나 독일의 철학자 쇼펜하우어처럼 스스로 벌지 않아도 살 수 있을 만큼 충분한 유산을 받았다거나 마호메트처럼 부유한 과부와 결혼을 하여 그로부터 경제적 지원을 얻었기 때문에 그런 것은 아니다.[1)]

---

1) 박수암, 『옥중서신』(서울: 대한기독교서회, 1997), 216. 박수암 교수는 빌립보교회로부터 바울이 어느 정도 경제적 도움을 받았다는 사실을 빌립보교회의 설립에 관한 사도행전 16장의 기사에 의거하여 자주 장사를 하는 이방 여자 루디아가 바울의 복음을 받아들여 그의 집을 선교기지로 삼고 전도하였다는 것과 그 외 빌립보교회는 특별히 여성들의 활동이 많았던 교회라는 점을 연결시키려고 한다. 그러나 이러한 사실에서 바울이 과부의 도움으로 선교자금을 얻어 선교했다고 주장할 수는 없다. 빌립보교회가 남달리 바울의 쓸 것을 제공했다고 빌립보서와 고린도서에 언급되고 있지만, 그들의 도움은 한두 번이었지, 그것으로 바울이 생계를 이어갔다고 볼 수는 없기 때문이다. R.F. 호크/전경연 역, 『바울 선교의 사회적 상황』(서울: 대한기독교출판사, 1984), 53 참조. 호크는 바울이 외부에서 받은 보조를 비밀스럽게 두었다가 사용했다는 던간의 견해에 대해

그는 선교과정에서 여러 가지 고생을 한다. 즉, 주리고 목마름(고전 4:11-13; 고후 6:5; 11:25), 헐벗음(고전 4:11; 고후 11:27), 추위(고후 11:27), 그리고 극심한 피로(고후 6:5; 11:27) 등이 그러하다. 바울이 겪은 이러한 고생들은 근본적으로 부유하지 못하기 때문에 생긴 것들이 많다.[2] 그에게 선교자금이 넉넉했더라면, 배고프거나 목마를 때에 어렵지 않게 사먹을 수 있었을 것이고, 헐벗지 않고 의복을 갖춰 입을 수 있었을 것이고, 추위에 떨지 않고 따뜻한 여관에 투숙할 수도 있었을지 모른다.

고린도전서 9장 1-14절에 의하면 바울 자신도, 사도라면 스스로 벌이를 하지 않고 교회에서 제공해주는 것으로 살아갈 권리가 있다고 하는 그 당시 통용되던 견해를 알고 있다. 그럼에도 바울은 그 권리를 사용하지 않는다. 데살로니가전서 2장 9절에 의하면 바울은 어느 누구에게도 누를 끼치지 않으려고 밤과 낮을 일하면서 하나님의 복음을 전파하였노라고 역설한다(그 외 고후 11:7 이하; 행 18:3; 20:33-34 참조). 바울 자신은 어느 누구에게도 신세를 지지 않고 스스로 벌어서 생계를 꾸려가며 선교하는 것에 긍지를 가지고 있지만, 자비량 선교하는 그의 태도는 그 당시 사도로서의 모범적 태도로 평가된 것이 아니라 오히려 그의 사도직을 의심하는 역효과를 낳았다. 바울은 왜 이러한 오해를 받아 가면서까지 스스로 벌어가며 선교한 것일까? 이 논문은 바울이

---

반대하면서 바울이 천막 짓는 일을 생업으로 하고 있었다고 주장한다.

2) 호크는 여기 열거된 고난들이 천막지기로서 바울의 일상생활에서 온 것이라고 본다(앞의 책, pp.26-39와 p.118 참조). 그러나 바울이 자신의 일상생활의 어려움을 고린도 교인들에게 호소해서 사도로서의 수고를 드러내려고 했다고 보기 어렵다. 그보다는 바이스가 말하는 대로 이러한 어려움은 선교 여행에서 흔히 있을 수 있는 것으로 보는 것이 타당하다. J. Weiss, *Der erste Korintherbrief* (Göttingen: Vandenhoeck und Ruprecht, 1910), 111.

자신의 생계문제를 자력으로 해결해야만 했던 이유를 고린도전서 9장을 중심으로 살펴보고자 하는 데 목적이 있다.

## II. 본말

### 1. 고린도전서 9장 1-27절의 문맥 연구

고린도전서 9장과 관련된 문맥상의 문제는 우상제물을 먹는 문제에 관해 언급하고 있는 고린도전서 8장과 10장 사이에 왜 바울이 느닷없이 자신의 자비량 선교에 관해 언급하고 있느냐 하는 것이다.

고린도서는 초기 이방인 교회의 삶이 어떠했는지 알 수 있는 많은 정보를 제공해준다. 사도 바울은 그리스도의 복음을 전한 다음 어느 정도 믿는 사람들이 생긴 것을 보고 다른 지역의 선교를 위해 떠나갔다. 그 이후 들리는 고린도교회의 소식은 사도 바울로 하여금 교회 설립자로서 책임감을 느끼게 했는데, 이것이 고린도서의 집필 동기라고 할 수 있다.

신기한 것은 고린도전서 7장부터 큰 주제를 시작할 때 바울이 전치사 '페리'로써 주제를 제시한다는 사실이다(7:1; 8:1; 12:1; 16:1; 16:12). 그에 비해 1-6장에는 페리라는 전치사 없이 교회의 문제들 관해 언급하며 사도 바울이 조언한다. 1-4장은 교인들 간의 분쟁에 관해, 5-6장은 근친상간, 음행, 교인들 상호간의 문제를 법정에 고소하는 일 등 교인들의 불미스러운 행동에 관해. 7장 1절은 "너희의 쓴 말에 관하여는"이라고 시작하는데, 이는 고린도교회가 바울에게 문의 편지를 하였고, 이 편지에 대해 바울이 답장을 하는 것 같은 인상을 준다. 그리고 크게 세 가지 주제를 언급한다. 7장은 교인들의 성생활에 관해, 8-11장은 고기 먹는 일, 즉 식생활에 관해, 그리고 12-14장은 성령의 은사, 다시 말해서 교인들의 영적인 생활에 관한 언급이라고 볼 수 있다.

많은 학자이 페리라는 전치사 없이 전개하고 있는 1-6장은 글로에의 집 편에 "구두로" 들은 교회의 문제들(고전 1:11)에 관한 것이고, 그리고 7장 이후는 교회에서 "문서로" 보내온 교회의 문제들에 관하여 쓴 것이라고 1-6장과 7-16장을 크게 나누기도 한다. 그러나 내용적으로 보면 1-4장 교회 파당문제, 5-7장 교회 교인들의 성생활과 관련된 문제, 8-11장은 식생활과 관련된 문제, 12-16장은 영적인 생활과 관련된 문제로 나누어볼 수 있다.

바울이 자신의 자비량 선교에 관해 고린도전서 9장에서 언급하고 있는 것이 문맥에 어울리지 않는 것처럼 보이는 이유는 다음과 같다. 첫째, 고린도전서와 후서를 비교할 때, 고린도전서는 주로 교회에서 생기는 문제들에 관해 언급하는 반면, 고린도후서는 사도 바울 자신의 사적인 경험들과 사도로서 겪는 고통들을 언급하고 있다는 사실이다. 이렇게 본다면 고린도전서 9장의 내용은 사도 개인의 문제를 다루는 고린도후서에 편입하는 것이 더 적절해 보인다는 것이다. 둘째, 고린도전서 9장에서 우상제물을 먹는 일에 관하여 언급하고 10장에서 여전히 같은 주제를 다루고 있는 것을 볼 때, 9장은 마치 8-10장에 이어지는 문맥을 깨는 역할을 하고 있는 것처럼 보인다는 것이다.

그런데 고린도전서 8-11장을 면밀히 읽어보면 전체 문맥에 흐르고 있는 맥을 파악할 수 있다.[3] 어째서 바울의 사도권에 관한 논쟁(고전 9장)이 우상제물에 관한 내용을 담고 있는 8장과 10장 사이에 나오고 있는지를 이해할 수 있게 하는 관건은 9장 4절에서 발견된다. "나를 비판하는 자들에게 변명할 것이 이것이니, 우리가 먹고 마실 권리가 없겠느냐?" 즉 8-11장에 이르는 전체 주제는 "먹는 일"에 관한 것이다. 8장에서 다루어지고 있는 내용은 우상제물 곧 고기 먹는 일에 관한 것이다. 바울은 확실한 지식이 있어서 우상제물이 아무런 걸림돌이 되지 않는 사람들이라면 아무 문제가 없으니 먹어도 좋지만, 그들이 먹는 것을 보고 확실한 지식이 없어서 신앙의 양심에 가책을 받으면서도 고기를 먹는 형제를 보살필 것을 당부한다(8:9-13).

마지막 절에서 "만일 음식이 내 형제를 실족하게 한다면 나는 영원히 고기를 먹지 아니하여 내 형제를 실족하지 않게 하리라"고 바울을 기록한다. 이렇게 먹는 일에 관해 언급하다보니 바울은 자기 자신의 생계 문제에 생각이 미치기 시작했는데, 이는 오래전부터 고린도교인들에게 들어오던 말이었을 것이고 이것은 바울을 괴롭히는 말이었을 것이다: "바울이 스스로 벌어가며 사는 걸 보니 사도가 아니다." 이와 같이 그의 사도직에 대한 의심이 일고 있음을 바울이 알면서 해명을 하지 못하고 있던 차에 이제 교인들의 먹는 일에 관해 언급하다보니

---

3) 고린도전서 9장이 8-10장의 흐름을 깨는 것이 아니라 나름 한 문맥 속에 있다고 보는 학자로는 P. Lang, *Die Briefe an die Korinther*, NTD7 (Göttingen: Vandenhoeck und Ruprecht, 1986), 113; W. Schrage, *Der erste Brief an die Korinther 1Kor 6,12-11,16*, EKK VII/2 (Neukirchen: Neukirchener Verlag, 1995), 279; 박익수, 『누가 과연 참 그리스도인인가』(서울: 대한기독교서회 2002), 258. 박익수에 의하면 바울은 여기서 자신의 사도권에 대해 논증하려는 것은 아니라고 보고, 단지 형제들을 위해 자신을 희생한 예로서 8장과 9장이 연장선 안에 있다고 본다. 랑은 8-10장에 흐르는 기본생각을 자유와 사랑의 관계로 보고, 9장에서 다루어지는 바울의 사도직 문제는 하나의 보설이긴 하지만, 자유와 사랑의 참된 관계를 바울 자신의 예에서 바라보고 있다는 점에서 문맥에서 벗어난 것은 아니라고 본다. 쉬라게와 박익수는 "권리 포기"라는 점에서 8장과 9장의 연속성을 본다.

자신의 먹는 일에 관한 생각이 들었고 그래서 9장을 할애하여 자신의 생계 방법에 관한 언급을 하게 되었다고 생각된다.

자기가 스스로 포기한 사도의 권리에 관해 말한 후에 바울은 우상 제물 먹는 일에 관해 자신의 입장을 충분히 밝히지 않아 오해될 가능성도 있는 것 같아 보이기 때문에 다시 10장에서 우상숭배에 관한 원칙론적 입장을 밝힌다.

> "내 사랑하는 자들아, 우상 숭배하는 일을 피하라"(10:14), "무릇 이방인이 제사하는 것은 귀신에게 하는 것이요 하나님께 제사하는 것이 아니니, 나는 너희가 귀신과 교제하는 자가 되기를 원하지 아니하노라. 너희가 주의 잔과 귀신의 잔을 겸하여 마시지 못하고, 주의 식탁과 귀신의 식탁을 겸하여 참여하지 못하리라"(10:20-21).

그러므로 고린도전서 9장의 바울 자신의 생계에 관한 언급은 주제 이탈로 보이기도 하지만, 문맥의 흐름으로 볼 때 자연스러운 흐름으로 볼 수 있는 일이라 여겨진다. 편지는 학술논문이 아니다. 논리만 아니라 연상 작용에 의해 이루어질 수도 있다.

## 2. 고린도전서 9장의 내용 연구

### 1) 문제제기(9:1)

9장 첫 절에 과격할 정도로 네 가지 질문이 쏟아져 나온다. "내가 자유인이 아니냐? 사도가 아니냐? 예수 우리 주를 보지 못했느냐? 주 안에서 행한 나의 일이 너희가 아니냐?" 이 네 가지 수사학적인 질문은 바로 바울의 사도직에 대한 도전의 말들이다. 이것들은 아마도 바울의 사도직에 대해 의심을 품고 도전하는 사람들이 나름대로 가지고 있었던 사도직 이해를 반영해주는 것 같다. 즉 그들의 사도직 이해에 의하면, 사도란 업적이 있어야 하며, 예수를 본 자여야 하고, 자유인이라야 한다는 것이다.

여기서 자유인이란, 문맥으로 미루어볼 때 생업에 매이지 않고 자유롭게 선교할 수 있는 사람, 즉 교회에서 주는 비용으로 살고 예수 그리스도의 복음을 전하는 사람으로 이해될 수 있을 것이다.[4] 이러한 기준으로 볼 때 자기 생계를 스스로 책임지고 살아가는 바울은 그가 사도로서의 자의식이 없기 때문이며, 생업에 종사하므로 부자유하고 따라서 사도라고 볼 수 없다는 주장이 있었을 것으로 짐작해볼 수 있다. 바울의 사도직에 대한 도전은 고린도교인들 자체에서 시작된 것은 아니고 아마도 외부에서 온 사람들의 이러한 사도에 대한 기준에 관해 들으면서 고린도인들 사이에 동요가 있었을 가능성이 많다. 이에 대해 바울은 일단 다음과 같은 말로써 자신의 사도직에 관해 단호한 태도를

---

4) 아마도 원사도들이 직업을 가지지 않고 교회로부터 생계비를 받아 살았던 것은 그 당시 잘 알려져 있던 일이었던 것 같다. 그리고 그 근거는 눅 10:7-8; 마10:10에 나오는 예수의 말에 근거했을 가능성이 크다. 그리고 이러한 전통은 바울 이후에도 계속되었던 것 같다. 바울 서신보다 반세기 후에 저술된 디다헤서를 보면 실제로 사도라 칭하는 많은 사람들이 교회에서 제공해주는 부양에 대한 매력으로 교회를 떠나지 않는 경우가 많았음을 짐작케 한다: "너희에게 온 사도는 하루만 머물러야 한다. 만일 필요하다면 이틀을 머물 수 있다. 그러나 그가 삼일을 머물고자 한다면 그는 거짓 예언자이다. 사도가 떠날 때에는 그날 저녁까지 필요한 빵 외에는 가져서는 안 된다. 만일 그가 돈을 취한다면 그는 거짓 예언자이다(디다헤 11:4-6). K. Wengst, *Diedache(Apostellehre), Barnabasbrief, Zweiter Klemensbrief, Schrift an Diognet* (Darmstadt: Wissenschaftliche Buchgesell-schaft, 1984), 82-85. 정양모 역주, 『열두 사도들의 가르침 - 디다케』(교부문헌총서 7)(왜관: 분도출판사, 1993), 80-81.

취한다. "내가 다른 사람들에게는 사도가 아닐지라도 너희에게는 사도이다"(9:2).

이 표현의 의미는 다른 사람들에게는 모르지만, 바울이 전하는 복음을 듣고 그리스도인이 된 사람들에게는 바울의 사도직이 의심될 수 없는 것이다. 바울은 그의 사도직에 대해 도전하는 사람들이 제시하는 기준이 잘못되었다고 항변하지 않는다. 오히려 그들의 주장에 대해 적극적으로 동의하는 입장에 선다.

그리고 그 입장에 따라 자신의 사도직의 업적을 내세우는 것이다. 즉 고린도의 그리스도인들 자신이 사도로서의 그의 일의 결과를 입증한다(2절).[5] 다른 사람들이 바울이 사도가 아니라고 말한다 해도 담대히 받아들일 수 있다. 그러나 자신이 복음을 전해서 믿게 된 고린도교인들이 바울의 사도직을 의심하는 것에 대해서는 분개하는 것이다.

### 2) 사도들에 대한 교회 부양의 정당성(9:2-14)

바울은 그의 사도직에 도전하는 사람들의 견해, 즉 사도들은 교회에서 먹고 마실 권리가 있다, 일하지 않을 권리가 있다는 것에 대해 바울은 네 가지 방식으로 동의한다.

(1) 바울은 다른 사도들, 주의 형제들과 베드로의 예를 들면서, 일하지 않고 교회에서 먹을 사도의 권리를 말한다(4-6절). 이 본문은 물론 베드로가 그의 아내와 함께 고린도에 있었다는 것을 전제하지는 않

5) 바울은 이 문맥에서는 예수를 본 것에 대해서 언급하지 않는다. 이에 대해서는 고전 15장에서 부활하신 그리스도가 게바를 비롯한 여러 사람들에게 나타난 것과 자기 자신에게도 나타났다고 주장한다(고전 15:8).

는다. 짐작컨대, 베드로는 예루살렘 원교회의 지도자로서 어느 곳에 가든지 그리스도인으로부터 대접을 받았을 것이고, 이는 이방인 그리스도인들에게도 알려져 있을 법한 일이었으리라. 반면에 바울과 바나바는 그들이 시리아와 소아시아에서 공동으로 일할 때 자신들의 손으로 일하며 살았던 것이 분명하다(6절).

(2) 바울은 병정, 포도원 농부, 양치기 등 일반적으로 알려진 분명한 예들을 사용하여 일꾼들은 그들이 삯을 받을 권리가 있다고 말한다(7절). 즉 복음을 전한 사도는 복음의 결과로 이루어진 교회로부터 경제적인 도움을 받을 권리가 있다는 것이다.

(3) 바울은 구약성서의 율법의 예를 들어 자비량하지 않는 것이 옳다고 역설한다. 즉 신명기 25:4에 나오는 계명 "곡식을 밟아 터는 소의 입에 망을 씌우지 말라"는 것은 구약성서 본문에서는 이삭을 터는 소도 먹여가며 일하도록 해야지 너무 가혹하게 다루지 말라는 뜻이지만, 바울은 이 본문을 알레고리적으로 해석하여 그와 그의 동역자들을 위한 하나님의 말씀이라고 해석한다(8-10절). 그와 그의 동역자는 영적인 씨를 뿌렸다. 만일 교회가 사도에게 생계비를 지상의 물건으로 보장해준다 해도, 그것은 그리 큰 것이 아니다. 유대계 그리스도교 이동 선교사들은 농사꾼이나 어부 등 그들의 생업으로 돌아가지 않았으므로 그들의 생계비를 교회에서 받았다.[6]

(4) 바울은 13-14절에서 복음을 전하는 사도직을 성전에서 일하는 제사장직과 유비시켜, 사도들이 일하지 않고 교회에서 부양해주는 것에 의지하여 살아가는 것이 정당함을 입증한다. 그리고 이것은 복음

---

6) 타이센/김명수 역, "사도적 정당성과 생계", 『원시그리스도교에 관한 사회학적 연구』(서울: 대한기독교출판사, 1986), 245-286 참조.

을 전하는 사람들의 생계를 위한 주님의 배려이다. 바울은 의도적으로 자기 자신과 다른 사람들을 바라보면서 그들이 교회에 대한 사도의 권리를 잘 사용하고 있고, 이러한 권한은 타당한 것이라고 전적으로 동의한다. 이와 같이 교회를 통한 재정지원을 받을 권리가 사도에게 있음을 여러 가지 측면에서 논증하면서도 바울 자신은 그에게 주어진 권한을 결코 사용하지 않았는데, 그 이유는 "복음 전하는 데 아무런 장애도 받지 않기 위해서"(12절)라고 말한다.

### 3) 사도 바울이 교회로부터 부양받을 권리를 포기한 이유(9:15-27)

사도 바울이 복음을 전하는 일에 있어서 걸림돌이 될 만한 일이란 무엇인가? 그리스도의 복음을 전하는 사도들은 생업에 종사하지 않고 교회에서 주는 것으로 생계를 꾸려나갈 권리가 있다는 그 당시 다른 사람들의 의견에 동의하면서도 바울이 그의 인생을 그렇게 교회에서 주는 것에 의존하지 않고 손수 일해 가며 선교한 이유는 무엇일까?

타이센(G. Teissen)에 의하면 원시 그리스도교의 방랑하는 설교자들에게는 두 유형이 있는데 고린도전서 9장에서 문제된 것은 바로 이 두 유형의 충돌이라고 본다.[7] 그 두 유형이란 팔레스틴 지방의 사회적 상황에서 발생한 카리스마를 지닌 방랑자 유형과 바울, 바나바로 대표되는 헬라 영역의 선교영역에서 발생한 공동체 조직가이다. 전자는 주로 팔레스틴의 시골환경을 전제로 하고 있으며, 카리스마를 지닌 지도자들을 하나님이 죽도록 내버려두지 않으시리라는 신뢰(마 6:25 이하)와 함께 그들이 어디를 가든지 자신들을 후원하는 사람들을 발견할 수

7) G. Theiβen, *Studien zur Soziologie des Urchristentums* (Tübingen: Mohr, 1989), 201-230.

있는 사회에 대한 확고한 신뢰(마 10:40-42)가 있었다. 예수가 그랬던 것처럼 이들 카리스마를 가진 방랑하는 지도자들도 사람들과 함께 먹고 마셨다.[8)]

반면에 바울과 바나바는 지중해 세계의 여러 도시들에서 계획적인 선교를 했는데 그 사회적 여건이 교회로부터 지원을 받기 난처한 상황임을 설명한다. 즉 1세기 팔레스타인이 경제적으로 매우 어려웠던 반면, 지중해 세계는 경제적인 호황을 맞고 있었고, 이러한 사회에서 구걸을 한다는 것은 카리스마를 지닌 지도자에게 어울리지 않는 일이라는 것이다. 게다가 이때 견유학파적 방랑 설교자들이 있었다. 바울과 바나바의 입장에서 볼 때 그들이 고린도인들에게 어떻게 비칠는지 고려해야 했다. 즉 당시 철학자들 사이에는 진지한 철학자만이 아니라 사기꾼들도 있었다. 그들을 구별하는 기준은 돈에 대한 그들의 자세였다는 것이다. 즉 소크라테스가 그 누구에게도 돈을 받지 않고 자유한 상태에서 자족하는 삶으로써 참된 철학자의 모습을 보인 것처럼 바울도 이러한 삶의 태도를 취하게 되었다는 것이다. 타이센에 의하면 바울과 바나바의 이러한 생활 태도는 사회 환경이 다른 데서 불가피하게 나타난 현상인데 고린도교회에서 문제가 되었다고 지적한다.[9)]

타이센이 바울 당시 선교 태도의 두 가지 양상을 팔레스틴계 방랑 선교사와 헬라 영역의 선교사들로 구분하고, 고린도교회에서 문제된 것을 이 두 그룹의 갈등으로 이해한 것은 괄목할 만하다. 그런데도 두 가지 점을 지적하지 않을 수 없다. 우선 바울과 바나바로 대표되는 이방 선교사들을 공동체 조직가로 볼 수는 없다. 그들의 관심은 공동체

---

8) G. Theißen, 앞의 책, 202-209.

9) 앞의 책.

조직에 있었던 것이 아니라, 예수 그리스도에 관한 복음 전파에 있었고, 예수 그리스도의 이름이 불리지 않는 곳에 복음을 들고 가겠다는 마음이 강했기 때문에 한 곳에 오래 머물지 않았다는 점에서 그들도 방랑 선교사와 같은 유형에 속한다고 볼 수 있다. 두 번째로 지적하고 싶은 것은, 바울이 당시 부정적인 평가를 받던 구걸하는 견유학파들처럼 고린도교인들에게 비칠까 봐 두려워서 돈을 벌어가며 살았다는 것은 그럴 가능성을 없는 것은 아니지만, 그리스도의 복음을 전하는 바울이 철학자들과 유사한 자의식을 가졌는지는 별로 개연성이 없어 보인다. 그리고 남의 이목을 의식해서 그들과 다른 생활 태도를 취하기 위해 생업에 종사했다는 이해는 바울에게 어울리지 않는다. 바울은 그리스도의 복음을 전하는 것 외에는 다른 큰 관심이 없었던 것 같다. 그러므로 그가 교회로부터 부양 받을 권리를 포기한 이유는 사도로서의 그의 활동 내부에서 찾아보는 것이 옳을 것 같다.

바울이 스스로 벌어가며 선교한 이유를 타이센이 헬라적 문화경제적 배경에서 설명했다면, 호크는 유대적 배경에서 설명한다. 우선 그는 바울이 생계를 위해 손수 일할 수 있었던 이유로 유대인으로서의 장인(匠人) 의식을 들고 바울을 장인 선교사라고 명명한다.[10)]

호크보다 먼저 바울의 직업을 랍비적 이상에 맞추어 해석한 윌리엄 바클레이는 바울이 현대 교육제도처럼 7세 때 초등학교로 시작해서 20-21세가 될 때까지 철저히 연구하여 랍비가 되었다고 말한다.[11)] 그리고 랍비는 학생들에게 수업료를 받지 않았고, 방앗간 주인, 제화

10) R.F. 호크/전경연 역, 앞의 책, 27.

11) 바클레이(1973)/이희숙 옮김, 『바울의 생애와 선교』(서울: 종로서적, 1989), 12-13.

공, 양복장이, 대장장이, 목수 등 직업인이었다는 사실을 바울의 삶에 적용시킨다. 바클레이에 의하면, 바울이 학교 교육을 마친 뒤에 천막 제조업자가 되기 위해 기술을 배웠으며, 염소털을 재료로 하여 천막과 커튼을 제조하였다고 한다.

호크는 다음과 같이 바클레이의 견해를 수정한다. (1) 바울의 직업인 천막지기는 섬유로 만드는 일이 아니라 가죽으로 천막을 만드는 일이다.[12] (2) 바울의 장인 선교사로서의 역할이 단순히 토라 연구와 생업을 결합시킨 랍비적 이상을 반영하는 것으로 볼 수 있다. 왜냐하면 그러한 랍비적 이상은 바울 시대에는 존재하지 않았고, 바울 후기에야 발생하였기 때문이다. 바울은 이 직업을 유대 관습상 아버지에게서 물려받았고, 넉넉하지는 않았으나 선교 여행과 생계에 필요한 경비를 조달하였으며, 이런 의미에서 공공건물에 거하며 구걸함으로써 생계를 이어가는 유랑 견유학자들과 바울은 구별된다.[13] (3) 바울은 그의 생업을 위해 그의 모든 시간을 바쳤다. 그는 생활의 대부분을 작업장에서 보냈는데 그곳은 가죽, 칼, 송곳 등이 있는 곳이고, 피곤을 자아내는 수고가 있는 곳이며, 노예와 함께 그리고 노예처럼 허리를 굽히는 일을 하는 곳이어서, 바울은 이것으로써 자기 자신과 타인에게서 노예같이 비천한 인물로 인식되어 장인으로서 멸시와 천대를 받았을 것이다(고전 4:8-13 참조).[14] 그러나 동시에 이 비천한 작업장은 바울의 선교를 위해 큰 역할을 했다. 즉 바울은 작업장에서 그의 시간의 대부분을 보냈는데, 이곳에서 그는 아굴라나 바나바와 같은 기술공 친구

12) 호크/전경연 역, 앞의 책, 19-25.

13) 호크/전경연 역, 앞의 책, 26-32, 39-63. 여기서 호크는 타이센의 견해를 전적으로 받아들인다.

14) 호크/전경연 역, 앞의 책, 72-81.

들과 함께 있었고, 작업장의 동료 노동자들, 고객들 또는 일부러 방문한 사람들과 대화함으로써 비공식적 전도의 기회로 쉽게 전환되었을 것이라고 호크는 추측한다.15)

호크가 바울의 직업을 유대적 배경에서 이해하려는 시도는 그 출발점에서 올바르고, 특별히 랍비적 이상과 분리한 점은 높이 평가할 만하다. 그리고 그가 서문에서 지적한 바와 같이 그동안의 바울 연구가 신학적인 문제에만 관심을 가졌지 바울의 구체적인 삶의 모습에 관해서 무관심해온 사실을 지적하고 그의 연구에서 바울의 보다 구체적인 역사에 접근하려는 시도는 참신했고 또 연구 결과도 독자들로 하여금 바울의 삶을 구체적으로 그려볼 수 있는 계기를 마련해주었다는 점에서 훌륭한 연구라 하겠다. 그에 의하면 바울은 하루 종일 작업장에 앉아서 생업에 충실한 노동자로 보인다. 그리고 일하는 중에 작업장의 노동자들과 고객 혹은 방문객들을 대상으로 선교를 한 것으로 보인다.

그런데 이것은 예수 그리스도를 아는 지식의 기쁨이 넘쳐 그리스도를 아는 지식 외에 더 큰 기쁨이 없는 바울의 삶을 생각할 때 무언가 석연치 않은 감이 있고, 그가 예수 이름이 불리지 않은 곳이라면 어디든지 복음을 들고 나아가려는 바울의 선교 의지를 생각할 때 약간 걸맞지 않는 인상을 준다. 더욱이 우리의 주제, 바울이 왜 사도는 교회에서 주는 것으로 밥을 먹을 권리가 있는 것을 알면서도 그의 생업을 포기하지 않고 유지했느냐는 문제에 대해 전혀 해답을 주지 않는다.

사도가 교회로부터 부양받을 권리가 있음을 알면서 생업에 종사함으로써 바울은 그의 사도직조차 의심받는 처지에 빠졌다. 그가 왜 그

15) 호크/전경연 역, 앞의 책, 82-92.

래야만 했는지를 이해할 수 있는 단서가 되는 구절은 고린도전서 9장 15절이다. 이 구절에 의하면 바울은 사도가 교회로부터 부양받음의 정당성을 여러 가지 이유로써 입증한 후에, "그러니 너희들이 나의 생계를 책임지라고(=이렇게 하여 달라고) 하는 말이 아니라 내가 차라리 죽을지언정…"이라고 말을 끝맺지 못하고 있다. 아마도 여기 말없음표 안에 생략된 바울의 마음은 다음과 같을 것이다: '너희들의 신세는 지지 않겠다.' 바울은 그가 남에게 신세를 지지 않고 자립적으로 선교활동을 하는 것에 대해 긍지를 가지고 있다. 데살로니가전서 2장 9절은 바울의 자립적 경제생활에 대한 긍지를 잘 표현해주고 있는 구절이다.

> "형제들아, 우리의 수고와 애쓴 것을 너희가 기억하리니, 너희 아무에게도 누를 끼치지 아니하려고 밤과 낮으로 일하면서 너희에게 하나님의 복음을 전파하였노라."

이러한 자주 독립의 경제생활을 바울은 데살로니가교인들에게도 권면한다.

> "형제들아, 너희들이 더욱 발전하기를 권하노라. 내가 너희에게 명한 것같이 조용한 생활을 추구하고 자기 자신의 일을 돌보며 자기 손으로 일을 하라. 그리하여 너희들은 외인들에 대하여 단정히 살아가야 하고 또 아무에게도 의존하는 일이 없도록 하라."(살전 4:11-12)

이 구절은 흔히 바울이 노동을 중시 여기고 있다고 해석되어왔다. 그러나 문맥으로 미루어볼 때 바울의 주된 관심은 노동 그 자체라기보다는 남에게 경제적으로 신세를 지지 않도록 하는 일, 즉 자립의 경제생활인 것이다. 4:11-12에 의하면 비그리스도인들이 그리스도인들을 비난할 만한 일이 생기지 않기를 바랐다. 그들은 "흠이 없고 순전하여 어그러지고 거스르는 세대 가운데에서 하나님의 흠 없는 자녀로 세상에서 그들 가운데 빛으로 나타나야 한다."(빌 2:15)

그리스도인들의 자립적 경제생활은 하나님께 속한 거룩한 자의 기품을 유지하기 위한 기본이다. 내가 남에게 누를 끼치지 않고 살아갈 때, 세상으로부터 흠 없는 존재, 진정한 자유인으로 인정될 수 있다.

이런 바울에게도 물론 예외가 있다. 빌립보서에 보면 바울이 빌립보교인들에게서 경제적인 도움을 받은 것을 알 수 있다(빌 4:10-20. 고후 11:9 참조). 빌 4:10-20은 1-2장보다 먼저 기록된 것으로 인정되고 있는데,[16] 바울에게 경제적인 도움을 베푼 빌립보교인들에게 감사하는 내용이다. 바울이 고린도교인들로부터 전혀 경제적인 지원을 받지 않았던 것에 비해 빌립보교인들이 베푸는 도움은 기꺼이 받았는데, 4장 10-14절에 의하면 그가 궁핍하기 때문에 받은 것이 아니라고 설파하고 있다. 그것은 오직 하나님께서 받으시는 제물, 하나님을 기쁘게 하는 제물이기 때문임(4:18)을 밝히고 있다. 이는 "피차 사랑의 빚 외에는 아무에게도 아무 빚도 지지 말라"(롬 13:8)는 원칙과 연관이 있어 보인다. 빌립보 교인들이 진정 바울을 사랑하는 마음으로 그에게 쓸 것과 필요한 것을 제공해주었을 때, 바울은 그들의 재정지원이 대가성 없이 순수하고 진정한 마음으로 바울을 돕고자 하는 뜻을 알고, 그것이 하나님을 기쁘게 하는 일이라 여겨서 그들의 호의를 받아들이며 사

---

16) 그닐카/김경희 역, 『필립보서』(국제성서주석 39)(서울: 한국신학연구소, 1998), 41-50.

랑의 빚을 졌으리라고 생각된다.

그렇다면 바울은 이상할 정도로 고린도교인들에 대해, 특별히 경제와 관련해서 심히 자존심을 내세우고 있는 것 같다. 왜 그럴까? 마케도니아에 있던 빌립보교회나 데살로니가교회들과 비교해볼 때 고린도교회는 훨씬 부유했던 것 같다(고후 8:1-3 참조).[17] 경제적으로 어려운 빌립보교회는 바울이 마음을 쏟고 있는 예루살렘을 위한 모금운동에 기꺼운 마음으로 적극적으로 참여할 뿐만 아니라, 바울이 감옥에 감금되어 있는 답답한 상황을 헤아리고 자진해서 바울의 쓸 것을 제공해주는 반면(빌 4:14-18), 부유한 고린도교회는 헌금을 내는 일에 있어서 그리 순탄치 않았다. 고린도교회의 몇몇 사람은 바울이 헌금을 모금하는 일을 두고, "내(=바울)가 너희에게 짐을 지우지는 아니하였을지라도 교활한 자가 되어 너희를 속임수로 취하였다"(고후 12:16)고 말하거나, 혹은 "다른 사람들은 평안하게 하고 고린도교인들만 곤고하게 한다"(고후 8:13)고 헌금에 대해 시비를 걸어 바울의 마음을 괴롭혔던 것 같다. 오죽하면 바울이 "내가 구하는 것은 너희 재물이 아니요 너희 자신이니라"(고후 12:14)고 말해야만 했으랴. 놀랍게도 인류의 역사에 보면 가난한 사람들이 오히려 어려운 처지에 있는 사람들을 이해하고 기꺼이 돕는 반면, 부유한 사람일수록 어려운 처지에 있는 사람들에 대한 이해심이 없고 인색한 경우가 있다. 고린도교회와 빌립보

17) 주지된 바와 같이 고린도시는 주전 146년 로마에 의해 멸망하였는데 주전 44년 시이저가 속량 받은 노예들을 이주 정착시킴으로써 로마의 식민도시로 재건하였다. 주전 27년 아우구스투스 황제 때에 아가야 지방의 수도로 승격되어 교통, 산업과 상업의 중심지일 뿐만 아니라 무역과 금융도 발달하였으며 정치와 행정의 중심지가 되었다. 컴멜/박익수 역, 『신약정경개론』(서울: 대한기독교서회, 1988), 275; 권오현, 『바울의 편지』(서울: 대한기독교서회, 1995), 294-5.

교회가 보여주는 상반된 모습은 이러한 사정을 잘 반영하는 것이라 하겠다. 바울은 돈과 관련된 일을 고린도교회를 향해 언급해야 할 때 대단히 자존심이 상했고, 급기야 그것은 "차라리 내가 죽을지언정"(고전 9:15) 너희가 주는 것으로 먹고 살지 않겠다는 각오어린 발언이 나오는 것을 앞부분만 하고 끊게 했다고 보인다. 이렇게 볼 때, 바울은 그의 마음에 큰 비중을 차지하고 있는 예루살렘교회를 위한 모금운동이 오해나 방해를 받지 않도록 주의하기 위해 교회로부터 부양받아가며 살 수 있는 사도권을 포기했다고 짐작할 수 있다.

바울이 교회로부터 부양받을 권리를 사용하지 않을 뿐만 아니라 부양을 받고자 하지도 않은 데에는(12b절, 15a절) 또 한 가지 중요한 이유가 있다. 그것은 다름 아니라 예수 그리스도의 종으로서의 사도 바울의 자의식과 연관이 있다. 바울은 오직 예수 그리스도에게만 매였고 모든 이에 대해서는 자유하다. 사도로서의 그는 자유인으로서 "값없이", 즉 경제적으로 구속받지 않고 자유한 자로서 복음을 전하려고 하는 것이다(고전 9:18). 바울은 사람이 누군가로부터 돈을 받으면, 종속된다는 경제상의 기본사실을 알고 있었다. 누군가가 기꺼운 마음으로 자진해서 주는 것 아니면, 받는 사람은 주는 사람에게 종속되기 마련이고 주는 자의 원대로 움직이게 마련이다. 바울은 고린도교인들에게 경제적으로 의존하기 때문에 복음을 전하는 것이 아니라, 진정 자유한 자로서 기꺼이 그들에게 복음을 전하고 싶었다. 바울의 표현은 다음과 같다.

> "내가 모든 사람에게서 자유로우나 스스로 모든 사람에게 종이 된 것은 더 많은 사람을 얻고자 함이라."(고전 9:19)

이로써 바울은 그의 사도직과 관련해서 바울을 공격하는 사람들이 가졌던 자유의 개념을 바꾸어 새로운 방식으로 사용한다. 즉 바울이 '교회로부터 생계비를 받지 않고 자비량 선교를 하기 위해 생업에 종사하므로 부자유하다'고 비난하는 사람들에 대해 오히려 바울은 그가 교회로부터 부양을 받지 않기 때문에 자유하다고 반박할 수 있었다. 사도 바울은 자유인으로서, 다시 말하자면 경제적으로 그들에게 의존하지 않는 자유인으로서 기꺼이 그들의 종이 되고자 한다. 바울이 사도로서의 활동에 대해 삯을 생각했다면, 그것은 교인들이 주는 생활비가 아니라 그들 자신, 즉 그들의 그리스도인됨이다. 사도 바울이 교회로부터 부양받을 권리를 포기하여 얻은 경제적 자유는 복음을 전하는 사도와 복음을 받는 자 사이에 철저히 자유하고 민주적인 관계를 형성해 준다고 하겠다. 민주적 관계 형성을 위한 자유의 대가는 궁핍과 곤란, 주리고 목마름, 그리고 헐벗음 등으로 나타났지만 바울은 기꺼이 이 자유를 택하였다.

## III. 나오는 말

교회에서 주는 것으로 살아갈 권리가 있음을 알고 있던 사도 바울이 그 권리를 포기하고 평생을 생업에 종사한 데에는 그 이유가 있었을 것이다. 본 소고는 고린도전서 9장을 중심으로 그 이유를 밝혀보려는 데 주력하였다. 바울 자신의 말에 의하면 복음을 전하는 데 거침돌이 되지 않도록 하기 위함이라고 한다. 복음을 전하는 데 거침돌이 될 만한 일은 무엇이란 말인가? 연구 결과로서 다음과 같이 요약해볼 수 있겠다.

첫째 이유는 바울의 마음에 큰 비중을 두었던 예루살렘교회를 위한 모금 운동이 오해받지 않도록 하기 위함이다. 즉 바울은 고린도교회를 향해 예루살렘교회를 위한 모금을 위해 누누이 피력하였다(고전 16:1-4; 고후 8장과 9장). 고린도교회 안에는 바울이 개인적으로 이 재물을 취하기 위함이라고 비난하는 사람들도 있었다. 이런 와중에 바울이 자신이 사도이므로 나를 부양하라고까지 할 수는 없었을 것이다.

둘째 이유는 바울의 사도직 이해와 관련되어 있다. '바울이 교회에서 주는 것으로 살아가지 않고 생업에 종사하는 것을 근거로 하여 그는 사도가 아니다, 자유자가 아니다'라고 그의 사도직을 의심하는 사람들을 향하여 바울은 그의 사도직을 확고히 한다. 즉 그들이 생각하는바, 사도가 교회에서 주는 것으로 먹고 살 권리가 있는 것은 의심할 여지가 없지만, 그가 그 권리를 사용하지 않는 것은 사도가 아니기 때문이 아니라 그의 사도직은 그리스도에게서 나온 것이고 그에게만 속한 것이기 때문이라는 것이다. 이로써 바울은 자유의 개념도 바꾼다. 당대의 사람들이 자유의 개념을 생업에 종사하지 않고도 살아갈 수 있는 것으로 이해하였다면, 바울은 자신이 생업에 종사함으로 다른 사람들의 신세를 지지 않을 수 있다는 점에서 그의 자유를 피력한다. 그는 진정 자유한 사도로서 사람들을 얻기 위해 스스로 그들의 종이 되었다. 그리스도의 복음을 전하는 진정한 자유인으로서 바울은 생활고로 인해 추위에 떨고 헐벗었고 목마름과 배고픔 등, 모진 고생을 하게 되지만 그는 복음을 전하는 일이 그의 업이라고 보았고, 그 삯은 복음을 전해 받은 사람들이 주는 물질이 아니라 그들 자신, 즉 그들의 그리스도인됨이라고 말한다.

1997년 12월부터 시작된 한국에 밀어닥친 IMF 시대를 맞이하여 그동안 세계 선교를 위해 외국에 나가 있는 많은 한국인 선교사들이 마찬가지 어려움을 겪고 있다. 선교자금이 줄어들거나 혹은 거의 끊기게 되어 선교사역을 청산하고 귀국하거나, 아니면 선교지에서 생계 대책을 세워 스스로 벌어가며 선교할 수밖에 없는 상황에 이르렀다.

2천 년 전 바울 당시의 시대 상황과 작금의 상황은 물론 다르지만, 사도 바울이 그의 현재에서 예수 그리스도의 복음을 전하는 데 아무런 장애를 받지 않기 위해서 생활의 곤란을 무릅쓰고 자비량 선교의 원칙을 고수한 사실이 오늘날 경제적 어려움을 겪고 있는 세계에 흩어진 한국인 선교사들에게 위로와 용기가 되기를 바란다.

제6장

# 왜 여자만 머리를 덮으라고 하는가?

— 고린도전서 11장 2-16절 연구

## I. 들어가는 말

고린도전서 11장 2-16절에는 성차별적이고 여성 비하적인 표현이 나오는데, 이로 인해 이 본문은 남녀의 성차별이 기독교정신인 것처럼 가치를 오도하는 데 사용되어왔다. 본고는 고린도전서 11장 2-16절이 어떠한 역사적 상황에서 집필된 것인지, 그리고 집필의 목적이 무엇인지 찾아보는 것을 목표로 한다. 방법론으로는 역사비평학적 방법과 사회문화사적 방법을 적용하고자 한다.

이 구절에 대한 기존의 해석들은 크게 세 종류로 분류해 볼 수 있다. 먼저 대부분의 남성학자들은 이 구절이 기록된 동기에는 관심이 없고, 다만 그 구절들로써 바울이 가르치고자 한 것이 무엇인지를 전달하고자 하였다. 가령 여성들이 일반적으로 머리를 가리는 것이 당시 예의 있는 여성들이 취하던 헤어스타일이었다고 설명하는 식으로.[1]

1) 가령 J. Weiss, *Der erste Korintherbrief* (Göttingen: Vandenhoeck & Ruprecht, 1910); H. Lietzmann, *An die Korinther I*, HNT (Tübingen: J.C.B Mohr, 1969 5);

20세기에 와서야 많은 여성신학자들은 이 본문에 나오는 성차별적 표현, 특히 3-9절에 분개하여 이 본문을 재해석하려는 시도들을 해왔다. 그러나 대부분의 연구 결과는 바울이 그럴 만한 이유가 있었다는 식으로 바울을 변호하는 결론에 도달한다. 즉 문제는 여성들의 태도였고, 문제 많은 여성들을 치리하여 교회의 질서를 유지하기 위한 어쩔 수 없는 바울의 선택이라는 것으로 결론을 내리고 만다.[2)]

최근 이 본문을 바울의 것이 아니라 바울 후기의 삽입으로 평가하려는 시도들도 있다.[3)] 이러한 시도는 남성과 여성의 동등성이 세계의 보편적 가치로 인정되는 가운데 성서 안에 심각한 성차별적 표현이 당

---

H. Conzelmann, *Der erste Brief an die Korinther* (Göttingen: Vandenhoeck & Ruprecht, 1969), 220-234; F. Lang, *Die Briefe an die Korinther*, NTD 7 (Göttingen: Vandenhoeck & Ruprecht, 1986), 136-144; W. Schrage, *Der erste Brief an die Korinther*, EKK VII/2 (Neukirchen: Neukirchener Verlag, 1995), 487-541. 쉬라게는 아예 이 본문에 대해 "예배 시 여성들의 헤어스타일에 관하여"라는 제목을 붙였다. 바울이 무슨 연유로 여성들의 헤어스타일에 관여하고 가르쳐야 했을까?

2) 이런 입장을 취하는 학자를 들자면 대표적으로 엘리자베스 쉬슬러 피오렌자를 들 수 있다. E. S. Fiorenza, *In Memory of Her. A Feminist Theological Reconstruction of Christian Origins* (New York: Crossroad, 1990), 226-241 참조. 최영실, "바울과 성차별", 『성서와 여성신학』(서울: 대한기독교서회, 1995), 226-228; 같은 논문, 『성서와 여성』(서울: 민들레책방, 2004), 120-133, 특히 121-124 참조.

3) B. Witherington III, *Women in the Earliest Churches* (Cambridge: Cambridge University Express, 1991), 78-79; R.F. Collins, *First Corinthians*, Sacra Pagina Series 7 (Collegeville: Liturgical Press, 1999), 393-394; L. Cope, "1Cor 11:2-16: One Step Further," *JBL* 97(1978), 435f.; J. Murphy-O'Connor, "Sex and Logic in 1 Corinthians 11:2-16," *CBQ* 42(1980), 482-500; J. Murphy-O'Connor, "1Corinthians 11:2-16 Once again," *CBQ* 50(1988), 265-274; G.W. Trompf, "One Attitudes Toward Women in Paul and Paulinist Literature: 1 Corinthians 11: 3-16 and its Context," *CBQ* 42(1980), 196-215; 박익수, 『누가 과연 참 그리스도인인가』(서울: 대한기독교서회, 2002), 308-310; 김호경, "여성, 교회 그리고 사회, 그 역학관계: 새창조의 전망에서 본 바울의 여자 이해", 「한국여성신학」 42(2000 여름), 17-18.

혹스러운 나머지 바울을 구원하려는 의도로 보일 뿐이고, 실제로 설득력도 없다.[4)]

고린도전서 11장 2-16절에 대한 기존의 연구에 만족하지 못하고 새로운 연구를 시도하려는 필자의 전제는 이것이다:

1) 바울은 심심해서 일없이 글을 쓰는 것이 아니다.
2) 바울은 그리스도인들을 향한 하나님 말씀인 성경을 쓰려고 집필한 것도 아니다.
3) 바울은 그를 통해 믿음을 가진 공동체에 문제가 생겼을 경우, 책임의식을 가지고 그 문제를 해결하기 위한 구체적인 행위로서 편지를 썼다.

고린도교회에 분명 무슨 문제가 생겼고, 교인 중의 누군가 사도 바울에게 이 문제를 제보하여 문제 해결을 위한 조언을 부탁했으며, 그 문제를 해결하기 위해 바울은 펜을 들고 편지를 쓴 것이다.

고전 11:2-16도 마찬가지 이유에서 기록된 것이다. 그러므로 이 본문을 올바로 이해하기 위해서는 그 문제가 무엇인지 파악을 하는 것이 급선무이다. 그 다음, 그것이 왜 문제였는지, 그 문제를 해결하기 위한 바울의 논증법과 해결방안은 무엇인지 알아내는 일이다. 필자는 바울을 변호하거나 폄하할 의도가 없다. 당시 교회 안에 무슨 일이 벌어졌는지, 그런 일이 왜 벌어졌는지, 그리고 그것이 왜 문제였는지, 그 문제를 해결하기 위해 바울이 어떤 방식으로 글을 쓰고 있는지, 그리

4) 이에 대한 비판으로는 김경희, "고린도전서 11장 2-16에 나타난 바울의 성차별주의와 초창기 기독교 여성들의 성평등 의식", 「한국여성신학」 45호(2001 봄), 7-8.

고 그가 남긴 글이 기독교 역사에서 어떤 영향력을 끼쳤는지 살펴보고자 함이다.

따라서 이 연구는 역사적인 관심에서 출발하고 위에 제기한 문제들에 대한 답을 얻고자 하는 것이다. 이 연구의 목적은 처음 예수를 믿고 공동체를 시작한 초기 교회의 살아 있는 모습을 모색하기 위한 작업이며, 성서의 올바른 이해를 추구함으로써 성서 오용을 피하고자 함이다.

## II. 본말

### 1. 고린도교회에 무슨 일이 생긴 것일까?

일반적으로 주석가들이 이 본문에 대해 그 역사적 상황을 고려하지 않고 바울이 기록한 내용을 해설하는 식으로 해석해온 반면, 이 구절이 나오게 될 만한 역사적 상황을 종교문화적으로 추론한 사람은 여성신학자 피오렌자이다.

그에 의하면, 고린도교회 여성들은 황홀경에 빠져, "예배를 드릴 때에 머리를 묶지 않고, 즉 머리를 보석, 리본, 베일로써 세심하게 장식한 당시의 머리치장보다는 머리를 되는 대로 흩어지게 했다는 것이다. 헝클어진 머리의 그러한 광경은 동방 신들의 황홀적인 예배에 있어서 아주 공통적일 것"으로 본다.[5] 머리를 묶지 않고 풀어 헤친 모습은 황홀적인 광란의 대표적인 모습으로서 영적으로 바람직하고 참된 예언의

5) E. S. Fiorenza, 앞의 책, 227; 한국어 번역으로는 피오렌자/김애영 역,『크리스찬 기원의 여성신학적 재건』(서울: 태초, 1993), 278-280 참조.

표상으로 동방제의에서 인정받았다며, 피오렌자는 이러한 헝클어진 모발 형태가 디오니소스 제의, 시빌레 제의, 델피아의 피티아 제의, 시빌 제의에서의 여사제들에게 전형적인 모습이었으며, 묶지 않은 모발은 한 여인이 효과적인 마술적 주문을 표출하는 데 필수적임을 지적한다.6)

피오렌자는 고린도교회 여성들의 머리를 풀어헤치는 행위를 특별히 이시스 제의와 연결시킨다. 이시스 제의의 주요 중심지가 고린도였다는 사실과, 이시스의 여성 헌신자들이 보통 이마에 띠를 두르고 어깨에 모발을 흩어지게 하는 긴 머리를 가졌다는 고고학적 증거를 기반으로 그의 가설을 제시한다. 피오렌자에 의하면 고린도교회의 여성들은 이시스 예배의 모습을 받아들였다. 그 이유는 두 가지인데, 첫째는 이시스 제의에서 여성과 남성을 평등하게 가르치기 때문이며, 둘째는 이시스 여사제처럼 느슨하게 묶지 않은 머리가 그들의 황홀적인 은사의 표징이며 참된 예언자적 행동의 표식으로 인식했기 때문이라는 것이다.7)

피오렌자에 의하면 고린도교회의 여성들이 머리를 단정히 묶지 않고 풀어헤치고 예배에 참석한 것이 바울이 편지를 쓰게 된 원인이다. 만일 그의 가설대로 고린도교회의 여성들이 머리를 단정히 묶지 않고 풀어헤친 모습으로 다니는 것이 문제였다면, 바울의 권고 내용은 "머리를 단정히 하시오" 혹은 "머리를 묶으시오, 머리를 풀어헤치며 다니

6) E. S. Fiorenza, 앞의 책, 227-228. 피오렌자/김애영 역, 앞의 책, 280.

7) 많은 학자들이 그의 가설을 따르고 있다. 가령 Murphy-O'Conner, "Sex and Logic in 1 Corinthian 11:2-16", *CBQ* 42 (1980), 489; W. Schrage, 앞의 책, 491-494, 507; R.B. Hay, *First Corinthians* (Louisville: John Knox Press, 1997), 185-186; 최영실, 앞의 글(2004), 122.

지 마시오"라고 권면했어야 한다. 그러나 본문 중 어느 곳에서도 머리를 풀어헤친 것을 문제 삼는 것이 없다. 문제는 머리를 덮지 않는다는 것, 즉 머리카락을 보이는 것이 문제이지 머리를 흩날리는 것이 문제는 아니었던 것이다. 피오렌자의 가설은 종교사적으로 매우 그럴 듯해 보이지만, 그의 가설은 성서를 철저히 읽지 않은 데서 오는 오류이다.

최근 김경희는 피오렌자의 가설의 문제점을 올바로 지적하였다.[8] 그는 무엇보다도 먼저 언어를 논거로 삼고 있다. 즉, 바울이 이 본문에서 문제 삼고 있는 것은 고린도교회의 여성들의 머리를 풀어헤침이 아니라, 머리를 덮지 않음이라는 것이다. 동시에 바울이 요구하는 것도 머리를 단정히 하라는 것이 아니라 머리를 덮으라, 머리를 가리라는 것이다. 이와 관련하여 사용되고 있는 헬라어 ακατακαλυπτος(덮지 않은), κατακαλυπτεσθαι(덮다)는 그 의미상 덮는 것과 관련될 뿐이지 결코 풀어헤쳤다는 의미를 가질 수 없다고 못 박는다. 쉬라게를 비롯한 몇몇 학자가 이 용어의 사전적 의미[9]를 거부하고, 깎다와 밀다의 대립어로 서 있는 만큼, 너울이나 머리 덮개를 의미하는 것이 아니라 단정한 머리차림을 하는 것이 쟁점일 때 의미가 더 잘 통한다"고 해석한 것[10]에 대해 김경희는 자신의 주장을 합리화하기 위해 언어의 원 의미를 왜곡하는 행위라고 엄격하게 지적한다. 그렇다. κατακαλυπτ-εσθαι, 이 낱말은 "덮어쓰다, 가리다"는 의미 외에 다른 것이 아니다.

더 나아가 김경희는, 만일 피오렌자의 가설대로 여성들이 예배 때에 머리를 풀어헤치며 예배를 드렸다면, 고린도교회 여성들이 예배에

8) 김경희, 앞의 글, 7-49.

9) W. Bauer, *Griechisch-deutsches Wörterbuch zum Neuen Testament und der übrigen urchristlichen Literatur* (Berlin/New York: Walter de Gruyter, 1971), 58과 813.

10) W. Schrage, 앞의 책, 492.

참여하기 위해 머리를 땋고 핀과 밴드로써 정교하게 다듬고 와서는 예배 전에 혹은 예배 중에 망가뜨렸다고 가정해야 할 것이고, 만일 그렇다면 예배 후에 다시 머리 만지는 일로 예배처는 미장원을 방불케 하지 않았겠는가라는 의문을 제기하면서 피오렌자의 설명을 불가능한 가설로 평가한다.

"고린도교회의 여성들은 풀어헤친 머리를 하지 않았다. … 그들은 광신자도 아니었고 더더구나 이방 종교의 영향하에 있는 것도 아니었다"[11]는 김경희의 주장은 명쾌하기조차 하다. 그렇다. 고린도교회의 여성들은 머리를 풀어헤치고 미친 듯이 황홀경에 빠진 것이 아니라, 다만 머리를 가리지 않은 것뿐이다.

### 2. 고린도교회 여성 신도들이 머리를 가리지 않은 이유 – 왜 그랬을까?

고린도교회에서 문제된 것은 여성들이 머리를 풀어헤치고 예배에 임한 것이 아니라, 머리를 덮지 않은 것, 즉 머리카락을 노출시킨 것이라고 올바로 파악한 김경희는 여성들의 그러한 태도를 취한 이유로 고린도교회 여성들이 페미니즘 의식을 제시하고 있다. 즉 고린도교회의 여성 신도들은 바울의 가르침을 받아 누구보다도 확실한 남녀평등적 의식을 가지고 행동했다는 것이다. 김경희는 고린도교회 여성들에게 강하게 작용한 남녀평등의식은 다름 아닌 바울이 가르쳐준 세례공식문에 있다고 본다.[12]

---

11) 김경희, 앞의 글, 25.

12) 김경희 이전에 이미 타이센이 고린도교회 여성들의 이러한 태도와 갈라디아서 3:27-28에 인용된 남녀평등에 관한 내용이 관련이 있음을 지적한 바 있다. G. Theissen,

"누구든지 그리스도와 합하기 위해 세례를 받은 자는 그리스도로 옷입었느니라. 너희는 유대인이나 헬라인이나, 종이나 자유인이나, 남자나 여자나다 그리스도 안에서 하나이니라."(갈 3:27-28)

김경희는 당시 그리스도인에게 이 공식문은 알려져 있는 것이었으므로 이를 통해 여성들은 평등의식을 얻게 되었다고 본다. 이 공식문에 의하면, 세례로써 그리스도인이 된 사람들은 민족, 사회신분, 성에 의한 차별이 철폐되었음을 선언 받고, 그리스도 안에서 평등함을 누리는 것이 마땅하다. 이러한 의식을 가진 고린도 여성들은 남녀의 우열을 상징하는 옷차림, 즉 머리 덮개를 의도적으로 벗어버리고 공적인 장소에 나타났다고 보는 것이다. 이들의 행동은 우연한 것이거나 일과성에 국한된 일이 아니라 세례 공식문에 나타난 평등사상에 근거하여 행동한, 고의적이고 집단적인 반항으로 추정한다.

고린도교회 여성들이 머리를 가리지 않는 일이 의도적인 집단적 반항이라는 그의 추론이 설득력을 얻으려면, 머리카락을 가리는 것이 바울 당시 여성들의 일반적인 헤어스타일이었음을 증명해야만 한다. 김경희도 이 점을 착안하고 바울 당시 여성들의 헤어스타일에 대해 검토한다. 당시 지중해 문화, 바울이 공유했던 두 문화, 즉 유대 문화와 그

---

*Psychologische Aspekte paulinischer Theologie* (Göttingen: Vandenhoeck & Ruprecht, 1983), 162-169 참조. 김경희만큼 치밀하게 연구하지는 않았지만, 와이어도 고린도교회 여성들이 남녀평등의식을 가졌고, 그 평등의식을 갈 3:28에 언급된 세례 공식문에서 얻었다는 것, 그리고 그들의 평등의식이 이 고린도교회 남성들과 바울에게 위협적으로 다가왔다는 의견을 제시하였다. A.C. Wire, *The Corinthian Women Prophets. A Reconstruction through Paul's Rhetoric* (Minneapolis: Augsburg Fortress, 1990), 116-134. 와이어/조태연 역, 『원시그리스도교의 잊혀진 여성들』(서울: 대한기독교서회, 2001), 70-76(특히 71-74).

리스-로마 문화 둘의 차이점을 제시한다.

이미 알려진 바와 같이 유대교에서는 여성들이 외출할 때에는 언제나 머리를 가리고 있어야 했다. 이를 어기고 여성이 머리를 가리지 않고 외출을 하는 경우 남편은 자기 아내를 내쫓을 수 있었다. 즉, 결혼계약서에 명시된 위자료를 주지 않고 이혼할 수 있었다.[13] 엄격한 가정에서는 집 밖에서뿐만 아니라 집 안에서도 머리를 드러내지 않았다. 큄히쓰라는 여인의 일곱 아들 모두가 대제사장직에 오르는 영예를 얻었는데, 이를 두고 그녀는 자신이 머리카락을 집안에서조차 잘 가린 관습을 지킨 것에 대한 하나님의 보상으로 여겼다.[14] 유대사회 여인들 특히 미혼여성들에게 가장 바람직한 일은 아예 밖에 나가지 않는 것이었다. 예수 시대 알렉산드리아의 필로의 말이다: "시장이나 심의회나 재판 집회나 축제 행렬, 대중 집회, 즉 간략하게 말해서 공개적으로 말하고 행동하며 전쟁을 수행하고 평화를 지키는 공적인 삶은 남자들만의 일이다. 집을 지키고 규방에 유폐되어 있는 것은 여자에게 적합한 일이다."[15]

유대교의 여성들이 베일—면사포, 머리 수건, 머리 덮개, 가리개, 뭐라고 표현해도 좋다—을 머리에 쓰는 것이 얼마나 엄격했느냐에 관해서는 기존 연구에 간간히 소개되었지만, 왜 그러한 문화가 형성되었는지 그 이유에 대해서는 별로 뚜렷한 연구 결과가 제시되지 않았다. 그 이유를 파악하는 것이 고린도교회의 문제를 이해하는 데 도움이 되

---

13) 예레미아스/번역실 역,『예수 시대의 예루살렘』(서울: 한국신학연구소, 1988), 450-451; 김판임, "유대교의 여성들의 지위와 역할 및 이에 대한 예수의 입장",「한국기독교신학논총」18(2000), 109-158.

14) 예레미아스/번역실 역, 앞의 책, 451; 김경희, 앞의 글(2001), 9.

15) 예레미아스/번역실 역, 앞의 책, 452.

리라 확신한다.

필로는 알렉산드리아의 여인들이 집안에 갇혀 살았고, 처녀들이 규방을 지키고 매우 가까운 친척이라 할지라도 남자들의 시선을 수줍어하며 피했다고 언급한다.16) 필로의 이 표현에서 여성들의 활동 범위를 집안에 한정하고, 외출 시 머리를 가리는 관습의 원인을 이해할 수 있는 힌트를 얻는다. 즉 머리 덮개는 외간 남자들의 시선과 여성의 머리의 직접적인 접촉을 막기 위함이다.

여성이 외출 시 머리를 가리거나 아예 집 밖 외출을 자제하는 것이 엄격한 귀족 가문의 관습이었던 반면, 예외적인 경우도 적잖다. 하스몬 왕가의 여왕으로서 9년 동안 뛰어난 통찰력과 정열을 가지고 통치한 알렉산드라(76-67BC)나, 헤로데 안티파스의 연회에서 손님들 앞에서 춤을 추었던 살로메를 그 예로 들 수 있을 것이다. 뿐만 아니라 아주 비천한 계층의 여성들도 예외였다. 그들은 남편이 하는 일을 도와 가정경제에 보탬이 되는 일을 해야 했기 때문이다. 유대교에서 여성들의 머리를 가리게 한다거나 아예 집 밖 외출 금지에 관한 관습이 종들에게 둘러싸인 귀족 집안의 여인들에게 해당하고, 아주 큰 권력을 가진 왕족이나 정반대로 집안이 어려운 빈곤층에서는 예외가 허용되었다고 경제적 측면에서 파악한 예레미아스의 관찰은 탁월하다고 하겠다.17) 이에 근거해서 필자는 유대교에서의 여성들의 머리쓰개 관습의 이유와 예외를 다음과 같이 규정하고자 한다.

여성들의 머리쓰개 관습은 남성들의 성적 충동의 위험을 방지하기 위한 것이다. 남자가 여자를 먹여 살리기에 충분한 경제력을 가질수록

---

16) In Flaccum 11 89. 예레미아스/번역실 역, 앞의 책, 452 각주 17에서 재인용.
17) 예레미아스/번역실 역, 앞의 책, 453-455.

여성들을 독점화할 수 있으므로 이러한 관습은 강화될 수 있었다. 딸을 혼인시킨 이후 순결하지 않음이 발각되면 동네에서 창피를 당하고 죽을 것(신 22:13-21 참조)을 각오해야만 하는 유대사회에서, 혼인하지 않은 딸의 머리카락이 남에게 노출된다면 아버지의 책임인 딸의 순결을 보장하기 어렵기 때문에 아예 집 밖 출입을 금하였을 것이다. 또한 기혼여성이 머리를 가리지 않고 외출을 한다는 것은 남편 외에 다른 사람에게 성적 매력을 보이는 경우에 해당하기 때문에 이는 간음하겠다는 의지로 간주될 수 있는 행위였던 것이다. 그래서 이런 경우 위자료 없이 이혼을 당하거나, 이혼을 원치 않는 남편의 경우, 아내의 머리를 완전히 밀어버림으로써 아내의 성적 매력이 외부에 노출되지 않도록 했던 것이다. 그리고 머리카락이 다시 자랄 때까지 아내는 머리 덮개를 써야만 하도록 만듦으로써 관습을 유지했다. 여성을 먹여 살릴 수 없는 가난한 남편만이 여성에게 이러한 것을 강제할 수 없었을 것이다. 그리고 알렉산드라와 같은 여왕이 예외였던 것은 그녀도 경제적으로 남편에게 구속당하지 않는 경우에 해당하기 때문이다. 즉 경제력이 오히려 남편을 넘어서고 있다거나, 혹은 남편이 사망한 과부의 경우 이러한 구속에서 자유로울 수 있었다. 이와 같이 매우 드물게 예외도 있겠지만, 일반적으로 유대 여성들이 머리에 덮개를 쓴 것이 당시의 관습이라는 점에는 이의가 없다.

이렇게 볼 때 여성들의 머리 덮개 관습은 여느 가부장 문화와 마찬가지로 성 문화와 관련이 있다. 즉, 여성들의 머리 덮개는 남편 외에 다른 남성의 성적 충동을 방지하기 위함이다. 따라서 혼전의 여성은 아버지 책임하에 순결을 지키는 차원에서 머리를 가리고, 결혼한 여성은 남편 외에는 아무에게도 머리카락을 보여서는 안 되기 때문에 가려야 하는 것이다. 그러므로 여자의 활동은 집안에 한정되고, 만일 불가피하게 외출을 해야 할 경우는 철저히 머리를 가려야 했던 것이다. 만일 여자가 머리를 노출한다는 것은 남편 외에 다른 남성을 유혹하는 행위이므로 남편은 다시는 아내가 머리를 노출하지 못하도록 머리를 삭발시키거나 이혼을 소송할 수도 있다. 그러므로 머리 덮개는 여자가 남자에게 소속되었음을 나타내는 표시라고도 할 수 있다.[18] 가난한 남편을 가진 아내의 경우 이러한 관습이 느슨해진다는 것은 머리 덮개가 여성의 남편에 대한 소속성을 나타낸다고도 할 수 있다.

즉, 만일 고린도교회 여성들 대다수가 유대 여성이라고 가정한다면, 그들이 이러한 관습에 항거하여 머리 덮개를 하지 않은 것이 고린도교회 여성들의 의도적 반항 행위라는 김경희의 의견에 동의할 수 있을 것이다. 과연 고린도교회 여성들은 대다수 유대 여성들인가?

고린도교회 구성 멤버들에 대해 연구할 필요가 있다. 고린도전서 12장 3절에서 바울은 고린도교인들을 향하여 다음과 같이 표현한다. "너희도 알거니와 너희가 이방인으로 있을 때에 말 못 하는 우상에게로 끄는 그대로 끌려갔느니라." 이 표현은 고린도교회 사람들의 믿음 이전 상태를 나타내는 말이다. 믿음 이후에 그들은 하나님의 자녀로 불린다. 예수를 믿기 전이라 하더라도 유대인들을 향해 "이방 사람"이라고 칭하지는 못했을 것이다. 그러므로 고린도교회 구성원들은 거의 이방인이었다고 인정할 수밖에 없다.[19]

---

18) 이런 점에서 당시의 머리 덮개는 오늘날 결혼반지 역할을 한다고 말할 수 있다. 즉, 결혼반지로써 '나는 성적 파트너가 정해진 사람입니다. 나를 유혹하지 마시오'라는 것을 암묵적으로 말하는 것과 같다.

19) 고린도에서 선교활동을 열심히 한 유대인 부부 브리스가와 아굴라도 있지만, 이들은 고린도교회 구성원이라기보다 바울과 같은 선교 동역자로 보아야 할 것이다. 고린도

그렇다면 유대인이 아닌 다른 이방 사람들, 즉 그리스-로마 문화에서 여성들의 헤어스타일은 어떠했을까? 다행하게도 이에 관한 연구들이 몇몇 학자에 의해 수행되어 필요한 정보를 얻을 수 있게 되었다.

김경희는 헬레니즘 세계의 여성들은 머리를 덮고 외출해야 하는 의무가 유대교만큼 강하지는 않았을 것으로 보고 있다.[20] 독일의 많은 주석가들이 이 구절을 해석할 때에 1세기 중반의 여성들의 헤어스타일에 대해 플루타르크의 말을 인용한다. "여자들은 머리를 가리고, 남자들은 머리를 가리지 않는 것이 보다 관습에 부합한다." 김경희는 플루타르크의 표현에서 '보다 부합한다'는 비교급에서 기존의 주석가들과 해석을 달리한다. 즉, '보다 관습에 부합한다'는 표현은 머리 위에 덮개를 쓰지 않는 것이 관습에 어긋나는 행위라고 볼 수는 없다는 것이다.[21] 그의 주장을 위해 김경희는 두 학자의 최근 연구를 소개한다.

타이센은 1983년 고고학적 자료를 근거로 헬레니즘 세계의 여성들의 머리 덮음의 실태를 연구하였다.[22] 그에 의하면 여성들이 머리

---

교회 교인 중에는 사도행전에서 회당장으로 소개된 그리스보(행 18:8; 고전 1:14), 그리고 바울이 세례를 주고 처음 그리스도인으로 만든 스데바나가 그 이름의 특징으로 인해 유대인일 가능성이 있다. 그 정도를 감안하더라도, 고린도교회 대부분은 이방인이고 유대인은 아주 소수라는 사실에는 문제가 없다. 이에 동의하는 주석서로는 F. Lang, 앞의 책(1986), 3; 박익수, 앞의 책(2002), 31. 고린도교회 교인들에 대한 최근 연구들은 민족적인 상황보다는 주로 사회계층에 관한 것이다. 가령, G. Theissen, "Soziale Schichtung in der korinthischen Gemeinde. Ein Beitrag zur Soziologie des hellenistischen Urchristentums," *Studien zur Soziologie des Urchristentums* (Tübingen: J.C.B. Mohr, 1989), 231-271; W. Meek, *The Urban Christian. The sozial World of the Apostle Paul* (New Haven: Yale University, 1983).

20) 이는 이미 많은 학자들이 공유하는 내용이다. 가령 W. Schrage, 앞의 책, 491-495 참조.

21) 김경희, 앞의 글(2001), 11.

22) G. Theissen, 앞의 책(1983), 162-169.

를 가리는 관습은 동방과 서방이 뚜렷한 차이를 보이고 있다. 동방으로 갈수록 여성들이 머리에 쓰는 비율이 높고 서방으로 갈수록 낮다는 것이다. 그는 시리아, 소아시아, 마케도니아, 로마의 묘소 조각품의 여성상들을 검토하였다. 헬레니즘 로마시대 그리스 동쪽 묘소 부조에서는 1000명의 여성 중 단지 15명(0.15%)만이 머리에 아무것도 쓰지 않았다. 반면 마케도니아의 묘소 부조에서는 100명 중 38명만 머리에 썼고 62명은 쓰지 않고 있었으며, 로마의 묘소 부조에서는 96개의 초상 중 43명의 여성이 머리에 쓰고 있었고, 35명은 쓰지 않고 있었다(36%)는 것을 발표하였다.[23] 일반적으로 묘소 관습이 실생활보다 훨씬 보수적이었다는 것을 감안하여 타이센은 당시 실생활은 보다 자유로웠을 것으로 본다. 실제로 로마 황제 시대에 나왔을 것으로 유추되는 소아시아의 조각들에서 85명의 여성상 중 47명이 머리를 가리지 않고 있으며(55%), 22명은 머리쓰개를 머리 뒤쪽에 썼고(26%), 그 외에 이마 장식, 머리 밴드 등으로 치장했다.[24]

그뿐만 아니라 1988년 신디아 톰슨은 고린도 발굴 박물관 자료에서 주전 1세기부터 주후 2세기 중엽까지 사람들의 헤어스타일에 관한 논문을 발표했다.[25] 이 논문에서 소개된 16명의 여자 초상 가운데 머리를 가린 것은 오직 두 개에 불과하고 14개의 여성 초상들은 모두 머리에 아무것도 쓰지 않았다. 대개 머리를 자르지 않고 긴 머리를 겹겹이 땋거나 웨이브를 만들어 머리 뒤쪽이나 머리 위로 핀을 꽂아 쪽을 지는 방식이다.[26]

---

23) 앞의 책, 164-165.

24) 앞의 책, 165-166.

25) C.L. Thomson, "Hairstyles, Head-coverings and St. Paul. Portraits from Roman Corinth", *BA* 51(1988), 99-115.

타이센과 톰슨의 연구 결과는 고린도교회 여성들의 헤어스타일과 관련하여 확정지을 수 있는 자료들을 제공해준다. 즉, 고린도교회 여성들은 당시 머리 덮는 문제에 대해 자유로웠고, 머리를 가리지 않는 것이 그들의 일상성에 해당한다고 말할 수 있다. 필자는 이 연구 결과에 의거하여 고린도교회 여성들은 별 생각 없이 머리를 가리지 않고 교회공동체 모임에 참여했을 것으로 생각한다. 이 점은 김경희도 마찬가지 의견이다. 그렇다면 머리를 가리지 않는 것이 일반적인 헬레니즘 문화에서 살고 있는 고린도교회 여성들이 머리를 가리지 않은 것이 의도적인 반항의 행위라는 김경희의 주장은 모순적이지 않은가?

머리를 가리라는 바울의 요청은 그리스-로마 문화 관습과는 전혀 관계가 없다. 머리에 아무것도 쓰지 않고 자유롭게 외출을 할 수 있었던 그리스-로마 사회 여성들이 그저 그들의 관습대로 머리를 덮지 않고 교회공동체에서도 활동했을 뿐이다.

이상의 논의 결과 필자는 다음과 같이 당시의 고린도교회의 상황을 정리해본다. 고린도교회 여성들은 때로는 머리를 수건으로 가리기도 하고 때로는 머리를 가리지 않고 교회 모임에 나갔다. 머리를 가리지 않는 것은 의도적인 반항이 아니라 그들의 일상성이다. 고린도교회의 여성들도, 바울 자신도 이러한 일상성이 교회 안에서 물의를 일으킬 줄은 꿈에도 몰랐다.

26) 로마시대 전형적인 머리모양에 관해서는 타임라이프 북스/윤영호 옮김, 『로마, 세계의 정복자』(서울: 가람기획, 2003), 26, 28-31, 42, 46-47, 53, 58, 72, 74, 87, 98, 102, 140, 150에 실린 사진들을 참조하시오.

### 3. 고린도교회 여성들이 머리를 가리지 않은 것이 문제가 된 이유

고린도교회 여성들은 대부분 이방인들로서 외출 시 머리를 노출시킬 수도 있고, 때로 머리를 가릴 수도 있다. 오늘날 한국 여성들이 머리를 깨끗하게 감아 윤기 흐르는 아름다운 머릿결을 자랑하고 싶으면 머리를 노출시키고, 며칠 머리를 감지 못해 더러워져도 머리를 감을 기회를 갖지 못하면 야구 모자를 눌러쓰거나 머릿수건으로 머리카락을 가리는 것처럼 고린도교회 여성들도 머리 덮개로 머리를 가렸을 것으로 짐작된다. 아무 생각 없이 평소 해오던 대로 머리를 노출시키고 교회 모임에 가는 것이 왜 교회 안에서 문제가 되었던 것일까?

이미 피오렌자를 비롯한 많은 학자들이 주장한 바대로 고린도 여성들이 열광적이어서, 이시스 종교에서 그렇듯이 머리를 풀어헤치고 예배에 임함으로써 이방 종교와 유사한 현상을 보인 것이 문제였다는 견해는 이제 더 이상 따를 수가 없다. 고린도교회 여성들은 열광주의자들도 아니고, 다른 종교인들과 유사하게 보이도록 머리를 풀어헤치지도 않았다. 뿐만 아니라 다른 종교와 구별되어야 한다는 바울의 가르침은 바울 서신 어느 곳에서도 찾아보기 어렵다.

피오렌자와 그의 추종자들의 문제점을 제시한 김경희는 고린도교회의 여성들이 머리 덮개가 남성의 지배와 여성의 열등성의 상징임을 의식하고 있었고, 바울이 전해준바 세례공식문(갈 3:27-28)을 통해 남녀평등의식을 가지고 있었으므로 남녀 불평등을 조장하고 유지시키는 머리 덮개를 의도적으로 거부함으로써 남녀평등사상을 구현하였다고 주장한다.27) 이 점은 타이센도 이미 지적한 바 있고, 와이어도 같은 의견이다.28)

타이센과 김경희, 그리고 와이어에 의하면 이 본문은 남녀평등사상을 머리모양으로 과시하는 여자들에게 남녀가 불평등하다는 것을 주장하기 위해 기록된 것이다. 그러나 바울이 그리스도를 받아들인 뒤에 그리스도의 복음을 전하고 교회의 성립과 유지에 혼신을 기울였다는 사실을 염두에 두고 본다면, 고린도교회 여성들이 남녀평등의식을 가지고 머리 덮개를 하지 않은 것이 어째서 그토록 큰 문제가 되었단 말인가? 남녀평등이 교회공동체를 위협할 만한 이유가 되는가?[29] 뿐만 아니라 10절에 느닷없이 나오는 천사들에 대한 언급은 남녀평등 주제와 관련하여 어떻게 설명될 수 있을까? 갑작스런 천사의 등장은 바울의 논리의 흐름을 깨는 듯한데, 이것이야말로 바울이 말하고자 하는 핵심적 내용이 숨어 있는 것은 아닐까?

천사에 대해서는 학계에 두 가지 의견이 있다. 즉. 파수꾼으로서의 천사와 호색꾼으로서의 천사이다. 창조질서의 파수꾼으로서의 천사로 이해하는 학자들은 바울이 여기서 의도한 것이 여성들은 창조질서가 제대로 지켜지고 있는지 살펴보고 있는 천사들을 의식하여 창조질

---

27) 김경희, 앞의 글(2001), 44-48. 고린도교회 여성들이 머리를 덮지 않고 교회 모임에 임한 태도가 다소 페미니즘적 태도라는 것은 김경희 이전에 여러 학자들에 의해 지적되어왔다. 가령, G. Theissen, 앞의 책(1983), 169-170; 에케하르트 슈테게만 · 볼프강 슈테게만 지음/손성현 · 김판임 옮김, 『초기그리스도교의 사회사』(서울: 동연, 2009), 626-627.

28) A.C. Wire, 앞의 책(1990), 116-118.

29) 와이어는 고린도교회 여성들의 기도와 예언이 교회 안에서 영향력이 매우 컸다는 것, 그리고 고린도교회 남성들이 이러한 여성들과 경쟁을 경험했다고 본다. 그리하여 고린도교회 여성들의 평등의식에 위협을 느낀 나머지 남녀 불평등을 주장하였다는 것이다. 갈라디아서 3장 28절에 나오고 있는 세례 공식문에 언급되고 있는바, 세례로써 평등하게 된 세 가지 카테고리, 유대인과 이방인, 종과 자유인, 남자와 여자 중에서 고린도교회에 보내는 편지에서는 의도적으로 남녀라는 성적 카테고리를 생략하였음(고전 12:13)을 지적하였다. A.C. Wire, 앞의 책(1990), 123-124.

서를 존중해야 한다고 해석한다. 창조질서의 파수꾼인 천사들의 비위를 맞추어야 한다는 것인데, 이는 바울에게 어울리지 않는 해석이다. 바울은 천사들에 대해 별로 호의적이지 않았기 때문이고, 이 문맥에도 별로 적절하지 않기 때문이다. 호색꾼으로서의 천사에 대한 이해는 구약성서 창세기 6장 1절 이하에 나오는 하나님의 아들들이 사람의 딸들과 결혼했다는 이야기와 그 외 여러 유대교 문헌에서도 찾아볼 수 있는데, 타이센은 그 증거 자료로서 12족장의 유언서를 인용한다:

> "내 자녀들아 간음을 피하라. 그리고 너희 아내와 딸들이 감각을 눈속임하려고 그 머리와 얼굴을 치장하지 않도록 하여라. 왜냐하면 이런 일에 교활하게 행동한 모든 여자는 영원한 형벌에서 피할 수 없기 때문이다. 즉, 그녀들은 이런 방법으로 대홍수 이전에 천사들을 사로잡았던 것이다. 천사들은 그들을 응시했고 그녀들에 대한 욕망에 빠져 마음 안에 행위를 수용했다. 그들은 사람으로 변하여 그녀들의 남편이 그녀들과 동침하는 동안에 그들도 그녀들에게 나타났다. 그리고 그녀들은 마음속으로 그들의 나타남을 갈망했고, 그리하여 거인들을 낳았다."(TesXII Ruben 5, 5-7)

여성들에게 머리를 덮을 것을 요구하는 문맥에서 천사를 언급한다는 것은 머리 덮음과 성적인 욕망이 밀접한 관계가 있음을 암시한다. 고전 6:3에서도 천사가 언급되는데, 이 또한 성적인 것과 관련된다. 뿐만 아니라 고전 7:5에 나오는 사탄에 대한 언급도 마찬가지이다. 고전 7장에서 사탄이 틈타서 아내가 아닌 사람과 성관계를 가질 위험을 경고하는 것과 마찬가지로, 고전 11:10에서 천사의 언급도 합법적인 부

부관계가 아닌 사람과의 성관계를 암시하고 있다고 볼 수 있다.[30)]

추측컨대 고린도교회 여성들이 머리를 가리지 않아 그들의 아름다움이 노출될 경우 이처럼 천사들의 희생물이 될 수 있으므로 이러한 위험을 피하기 위해 여성들은 머리에 덮개를 하라는 것이다. 그렇게 함으로써 여자가 남편의 권세하에 있다는 것, 즉 주인이 있다는 것을 알리라는 것이다. 천사에 대한 언급이 성적인 문제와 관련이 있을 것으로 바라본 타이센은 여기서 천사들의 위험이란 심리학적 투영을 해석한다. 즉, "성적인 충동들이 자기 자신에게 돌려지지 않고 악령의 세력들에게 투사된다. 호색적인 천사들은 통합되지 않은 성욕의 징후이다", "여자의 머리 덮개는 성적인 상상을 방지하는 데 기여한다."[31)]

물론 김경희도 타이센을 참조하였고, 유대교 문헌들도 섭렵하였다. 그리하여 여자의 머리 덮개와 남성들의 성적 충동과 관련이 있음을 짐작한다. 그러나 유감스럽게도 더 이상 발전시키지 못하고 말았다.

> "우리는 여기서 예배시 여자들의 머리 노출이 함께 참석하고 있는 남성 신자들에게 모종의 성적인 자극을 유발시켜 예배 행위에 집중하는 데 방해가 될까 하여 바울이 우려하고 있음을 읽을 수 있다. 실제로 이 점이

---

30) G. Theissen, 앞의 책(1983), 177 참조.

31) G. Theissen, 앞의 책(1983), 173-178. 고린도교회 여성들이 남녀평등적 의식을 가지고 있었고, 그리하여 그들이 남자처럼 머리를 가리지 않은 것이 바울이 편지하는 동기라고 본 타이센의 경우인데, 타이센은 남녀평등이 교회에서 문제가 될 것이 없음을 확인하고, 남녀평등이 문제가 아니라, 남녀의 차별 없는 용모가 문제였다고 파악한다. 그리하여 그는 남녀평등의식이나 성적 욕구가 아니라, 성역할의 구분 없음을 교회의 문제로 보았다. 여성들에게 머리 덮개를 강요하는 것은 결국 남자와 여자는 역할이 다르다는 것을 알리기 위함이다. 타이센에게 있어서 여자의 머리 덮개는 결국 서로 다른 남녀 성역할에 대한 상징이라는 것이다.

바울로 하여금 그토록 열렬하게 머리를 가리도록 한 것의 가장 깊은 동기 일지도 모른다."[32]

그렇다. 교회 안에 생긴 문제는 바로 이것이다. 머리를 가리지 않고 노출한 상태에서 활동하는 여성들이 그러한 행위로써 남녀평등을 주장하고, 이로 인해 남성들이 위협을 느낀 것이라기보다는, 여성들의 노출된 머리로 인해 남성들이 의도하지 않았던 성적인 관심을 유발시키고 때로는 성적 충동을 촉발시키기도 한다는 점이 문제였던 것이다. 왜냐하면 여자의 길고 윤택한 머릿결은 아름다움과 매력의 포인트이기 때문이다. 이는 일반적인 문학뿐만 아니라 성경에도 표현되어 있고,[33] 또 동서고금을 막론하고 미의 상징이기도 하기 때문이다. 예고 없이 다가오는 성적 충동이 교회공동체 유지를 위해 매우 위험하다는 것을 인지한 사람이 바울에게 제보한 것으로 보인다.

김경희가 여성의 머리 덮개와 남성들의 성적 충동이 관련 있다는 것을 제대로 짐작했음에도 불구하고 더 이상 발전시키지 못하고 만 이유는 무엇일까? 무엇보다도 먼저 머리 덮개를 성적인 것과 관련시켜 생각하지 않고 단지 남성에 대한 여성의 열등성을 상징하는 것에만 착안하였기 때문이고, 둘째, 여성들이 머리를 가리지 않는 것을 의도적인 행위로만 보았음을 지적할 수 있겠다. 그러나 이 문맥에서 머리 덮개는 엄밀히 말해서 남성에 대한 여성의 열등성을 상징하는 것보다는 남자에 대한 종속성을 표현한다는 점에 착안해야 한다. 즉, 머리 덮개는 누구에게 속하여 있다는 (즉 주인이 있다는) 표시로서, 그 여자의 주

32) 김경희, 앞의 글(2001), 38.

33) 아 1:10; 4:1; 5:11; 7:5 참조.

인(=남편)이 아닌 자는 성적으로 넘보지 못할 것을 표현하는 것이라 하겠다.[34)]

현대의 성경 독자들은 예배 시 남자가 여자의 머리를 보고 성적 충동을 얻게 된다는 것에 대해 의아한 생각이 들지도 모르겠다. 한국의 대형교회에서 누가 누군지도 모르고 그저 일주일에 한 번, 주일 예배에 참석하여 앞을 향한 일방적인 좌석 배치대로 앉아 인도자가 이끄는 대로, 주보에 쓰인 예배 순서를 따라 머리 숙여 예배를 드리고 집으로 돌아가는 신도가 여성 신도의 머리를 보고 성욕이 생긴다거나 또한 이것이 교회 안에서 문제가 된다는 것은 상상할 수도 없을 것이다.

그러나 바울이 활동하던 당시 초기 그리스도교의 예배란 지금과 좀 달랐다고 보아야 한다. 그 당시에는 오늘날과 같이 예배를 위한 예배실이 별도로 있거나, 모든 신도들이 한 방향으로 앉아 예배 순서에 따라 진행되는 것과는 달랐다. 그런 예배의 형태는 바울 이후에 조금씩 이루어져 갔을 것이고,[35)] 바울 당시에는 그리스도인들에게 예배보다 만남 자체가 중요하였다. 그리스도인들이 서로 모이는 것은 현대 한국교회의 예배와 같은 형태의 예배를 드리기 위함이 아니라, 아버지이신 하나님을 모시는 성가족공동체로 교회를 이해했기 때문이다.[36)] 성가족공동체 의식은 "하나님 아버지"를 고백하면서 생겼고, 이것은 "예수

34) 현대 서구사회에서 혼인한 사람들이 결혼반지로써 여자는 남편이 있는 자라는 것, 남자는 아내가 있는 기혼자라는 것을 표시하는 것과 같이 바울 당시에는 머리에 덮개를 함으로써 이를 표현한 것이라고 할 수 있다. 이는 이미 살펴본 바와 같이 유대 문화에서 두드러지게 나타난다.

35) 남호, 『초대기독교예배』(서울: 기독교대한감리회 홍보출판국, 2001), 41-60 참조.

36) 초기 그리스도교 공동체가 성가족공동체로서의 정체성을 가지고 있었다는 것은 이미 타이센이 그의 저서 『역사적 예수』에서 지적하였다. 타이센 · 메르츠/손성현 역, 『역사적 예수』(서울: 다산글방, 2002), 288-289, 322-324 참조.

그리스도"라는 고백과 쌍벽을 이루는(고전 8:6 참조)[37] 그리스도인들에게 중요한 것이었다. 하나님을 아버지로 모시는 가족공동체이기 때문에 적어도 하루에 한 번은 만나 가족으로서의 구현, 즉 저녁식사를 함께하는 일이 공동체 생활에 있어서 가장 중요한 일이었다.[38]

물론 고전 11장 5절에 "기도나 예언을 하는 자"라는 표현으로 인해 많은 학자들이 11장 2-16절이 예배에 관련된 것으로 분류하지만, 기도나 예언만을 위해 모이는 일은 없고 식사 전에 기도한다거나 식사 후에 예언을 한다거나 하는 식으로 중요한 것은 식사였다. 초기 교회에서 예배란 부수적인 일이었다. 모임의 주된 일은 식사라고 보아도 무방할 것이다. 당시 모든 교회 모임은 하나님의 거룩한 성가족공동체로서 식사를 하기 위해 모였던 것이고, 서로 인사를 나누고 함께 식사하는 공동체에서 여성들의 머리를 보는 남성 신도들이 성적 충동을 받았으리라는 것은 어렵지 않게 짐작할 수 있는 일이다.

잠정적으로나마 결론을 맺어보고자 한다.

초기 그리스도 교회는 예수를 주님으로, 하나님을 아버지로 고백하는 자들의 모임이다. 하나님을 아버지로 부르기 때문에 이 공동체

---

37) 고린도전서 8장 6절에 나타난 초기 그리스도교의 하나님 이해, 그리스도 이해, 세계와 그리스도인들의 구원 이해에 관해서는 김판임, "지식과 사랑의 이중주: 고전 8장 이해", 「말씀과 교회」 40(2006. 1), 64-76 참조.

38) 김판임, "쿰란공동체와 초기그리스도교 공동체 비교(2): 공동식사를 중심으로", 「신약논단」 12/1(2005 봄), 133-155, 그리고 『쿰란공동체와 초기그리스도교』(서울: 비블리카 아카데미아, 2008), 55-73, 특히 71-73 참조. 초기 그리스도교회의 성만찬에 관해 집중적인 연구를 수행하였던 콜만은 고린도교인들은 적어도 하루에 한 번은 모여서 함께 식사를 한 것으로 보고 있다. B. Kollmann, *Ursprung and Gestalten der fruehchristlichen Mahlfeier* (Göttingen: Vandenhoeck und Ruprecht, 1990) 참조.

멤버들은 서로 형제여 자매여 라고 부르며 매일 만나 공동식사를 했다. 함께 식사를 나누는 것이야말로 가족공동체의 실현이기 때문이다. 그리스도교 공동체가 이루어지기 전에 대부분의 가정은 여자가 집에서 살림을 하고 자녀와 남편이 먹을 수 있는 요리를 준비하곤 하였다. 집 밖의 남성들을 그리 자주 만날 일이 없었던 것이다. 그러나 그리스도교 공동체는 성가족공동체로서의 정체성을 가지고 있기 때문에 매일 저녁 모여 저녁을 먹었다.

고린도교회 여성들은 평소 하던 방식대로 머리를 노출시키기도 하였고, 머릿수건으로 머리를 가리고 다니기도 하였다. 아내 외에 다른 여성의 머리를 본 남성 신도들이 성적 충동을 받기도 하는데, 그럴 경우 성적 충동을 참아야 하는 것이 곤욕스러웠다. 성적 욕구는 언제나 그렇듯이 충동적이고 매우 강렬하게 오는 것이기 때문이다. 이에 문제의식을 느낀 남성 신도가 바울에게 이러한 문제를 제보한 것이다. 바울도 놀라고 당황스러웠을 것이다. 만일 성적 충동을 억제하지 못하여 교회 안에서 하나님 아버지 하며 모인 신도들 간에, 자매여 형제여 하며 모이는 신도들 간에 남의 아내와 성적인 관계를 맺게 되거나 하는 날이면, 교회 이미지는 공동체 내부의 구성원들 간에 성적 문란으로 인해 와해될 가능성이 클 뿐만 아니라, 교회 외부에도 알려지게 되면 선교에도 악영향이 클 것을 바울은 미래를 내다보았다. 그러나 성적인 것과 관련된 이야기를 공적으로 하기란 난처한 일이 아닌가? 그것도 남자인 사도 바울이 여성 신도들에게! 난처한 바울은 나름대로 고민을 하고 이렇게 저렇게 교회 여성들로 하여금 머리를 덮도록 권유하고 있는 것이다.

만일 바울이 직접적으로 표현하는 사람이라면 어쩌면 다음과 같이 편지를 썼을지도 모르겠다.

"여성 신도들이여. 여러분들이 모든 일에 나를 기억하고, 내가 여러분들에게 전하여준 대로 그 전통을 잘 지켜주고 있다니, 여러분이 자랑스럽습니다. 그런데 얼마 전 남성 신도로부터 다음과 같은 고민을 들었답니다. 여러분들의 머리카락을 보고 말할 수 없는 성욕을 느끼고 고민하는 남성 신도들이 있다는 거예요. 부부도 아닌데, 성적 충동을 받으니 곤란하지 않겠어요? 그러니 여성 신도 여러분, 교인들을 만날 때에, 공동식사를 비롯한 여타한 모임에서 머리를 노출시키지 않고 가리도록 신경 좀 써주세요. 부탁드립니다."

사실 교회에서 발생한 문제 사안을 생각하면 이 정도 글로도 충분할 것 같다. 그러나 만일 바울이 이렇게 편지를 했다면 편지를 읽은 여성 신도들은 어떻게 반응했을까? "어머머, 사도 바울이 웃기시네. 뭐 머리를 보고 성욕을 느껴? 말도 안 돼!" 이렇게 말하면서, 마음속으로는 그 다음부터 더욱 머리를 노출시키고 다니며, 자기에게 성적 관심을 보이는 남성 신도가 누군지 알아내고 싶은 마음이 생길 수도 있는 일이다. 그리하여 오히려 바울이 염려하는 문제가 더욱 노골화되고 더욱 극대화될 가능성이 없잖아 생길 수 있는 일이다. 바울은 이런 불상사까지도 예측하고 더욱 조심스럽게, 그리고 직접적이지 않고 간접적으로 문제에 접근해야 할 필요를 느꼈던 것 같다. 그럼 이제 여성 신도들로 하여금 머리를 덮으라는 권고를 하기 위해 고심한 바울의 흔적을 추적해보기로 하자.

## 4. 바울의 해법 제시

### 1) 남녀의 위계질서(고전 11:3-6)

맨 먼저 바울은 당시 가부장 사회에 통용되고 있는 남녀의 위계질서로 그의 권고를 시작한다. "각 남자의 머리는 그리스도요, 여자의 머리는 남자요, 그리스도의 머리는 하나님이시다"(3절)는 것이다. 이 표현에서 머리(케팔레)는 우두머리, 주인의 의미를 가지며, 이미 많은 학자들에 의해 지적된 바와 같이 위계질서를 나타낸다. 일반적으로 가부장적 사회에 알려진 위계질서는 "여자 위에 남자"로서 남녀의 위계질서에 한정되는 반면,[39] 바울은 여자 위에 남자, 남자 위에 그리스도, 그리스도 위에 하나님, 이런 식으로 위계질서를 네 존재로 배열하였다.

이러한 위계질서를 제시하고, 이러한 대명제 아래 지시하는 그 다음 내용은 납득이 잘 되지 않는다. 남자가 머리에 무언가 쓰고서 기도나 예언을 하면 그리스도를 욕되게 하는 것이고, 반면 여자는 머리를 덮지 않고 기도나 예언을 하면 그 머리 즉 남편을 욕되게 한다는 것이다. 전혀 논리적이지 않은 것으로 논증에 애쓰는 바울의 수고가 느껴지는 구절이다. 4-5절은 남자와 여자는 다르다는 전제를 깔고 논증에 임하는 것으로 보인다. 그러나 전혀 설득력이 없어 보인다. 왜 여자의 머리인 남자는 가려져야 하는가? 바울이 진정 성차별적 의도를 가지고 기록한 것이라면 여자의 머리인 남자는 가려져야 할 것이 아니라, 남자의 머리인 그리스도처럼 드러나야 되는 것이 아니겠는가? 바울이 남녀의 위계질서로써 말하고자 하는 의도는 남녀의 위계질서 강화가

39) 가부장 사회의 위계질서는 조선 사회에서도 "여자의 주인은 남자"라는 말로써 똑같이 적용된다.

아니라, 여자는 머리를 드러내지 말고 가리라는 것일 뿐이다.

5-6절은 독자들에겐 더욱더 당혹스러운 표현이다. 바울이 무슨 말을 하려고 하는지 당시 고린도교회 여성들이 과연 이해했을지 의심스럽다. 여자가 머리를 가리지 않은 것이 어찌하여 여자의 머리, 즉 남자를 욕되게 하는 것이라고 바울은 주장하는가? 게다가 머리에 쓰지 않는 것이 머리를 민 것과 같다고 말하는가? 바울은 이에 대한 아무런 설명도 없이 그냥 주장만 하고 있기 때문에 독자들은 도저히 이해할 수 없는 말이라고 난해해하거나 용감한 독자라면 이것이 무슨 정신병적인 발언인가 할 것이다.

물론 유대사회의 여성들의 머리 모양에 대한 이해를 가진 사람은 바울의 이 말이 모두 유대 관습과 관련이 있다는 것을 알고 있다. 여성들이 머리를 가리지 않는 것이 그의 남편에게 욕되게 하는 행위인 이유는, 남편 아닌 다른 남자가 여자의 머리카락을 보고 성욕을 품고 관계를 가지게 되는 불상사를 의미하는 것이다. 그럴 경우를 대비해서 아내가 머리를 가리지 않고 외출을 했을 경우 머리를 완전히 밀어버려 수치스럽게 만들어 결국 머리를 가리게 만들었던 것이다.

유대사회의 이러한 관습을 알지 못하는 고린도교인들에게 아무 설명 없이 말하는 것은 유대인 바울에겐 너무나 당연한 일이었기 때문일 것이다. 머리를 가리지 않고 노출시킨 상태에서 교회 모임에 왕래하는 여성 교인들 때문에 곤란하다는 고린도교회 남성의 제보를 받은 바울은 이런 문제가 생기리라고는 전혀 생각지 못했기 때문에 여유 있게 설득력 있는 설명을 하지 못하는 것 같다. 독자가 유대인이 아니라는 것조차 잊은 듯하다. 바울 자신도 남녀 위계질서에 그리스도와 하나님까지 추가시켜가며 논증을 하고 있지만, 결국 별로 설득력이 없다는 것을 인지한 것 같다. 이어서 다른 방식으로 설득해보려고 시도한다.

2) 하나님의 창조질서(고전 11:7-12)

두 번째로 바울은 성서에 나오는 창조질서에 근거하여 논증을 시도한다. 이 부분도 남녀 성차별적인 발언이 일색이다. "남자는 하나님의 형상과 영광"이라는 표현으로써 바울은 창세기 1장과 2장에 나오는 창조이야기를 성서적 배경으로 생각하는 듯하다. 왜 남자만 하나님의 형상과 영광이고 여자는 배제되었는가? 그 다음에 이어 나오는 남자가 여자에게서 난 것이 아니요 여자가 남자에게서 났다거나 남자가 여자를 위하여 지음을 받지 아니하고 여자가 남자를 위하여 지음을 받았다는 내용은 전적으로 가부장적 가치관을 제시하는 표현이며 창세기 2장의 문화적 배경이 되고 있다. 왜 바울이 이 맥락에서 창세기를 들먹이며 남자와 여자의 차별화를 강요하고 있는 것일까? 이것도 고린도 교회의 여성들에겐 생소한 내용이기 때문이다.

하나님의 형상이란 표현은 창세기 1장에만 나오고 2장에는 나오지 않는 개념이다. 창세기 1장 27절에 의하면 "하나님이 자기 형상 곧 하나님의 형상대로 사람을 창조하시되 남자와 여자를 창조하시고", 즉 성경대로 엄밀히 말하자면 하나님의 형상은 남자만이 아니라 남자와 여자 모두에게 해당한다. 이 둘은 누가 누구를 위해 지음 받지도 않았고, 누가 누구보다 먼저 지음 받지도 않았고, 단지 둘 다 하나님의 형상으로서 동시에 창조되었다고 이해할 수 있다.

물론 창세기 2장의 이야기는 좀 다르다. 바울이 진술하는 대로 남자가 먼저 지음 받고, 돕는 배필로서 여자가 지음 받는다는 내용이 서술되어 있다. 그렇다면 바울의 이해는 전적으로 창세기 2장에 근거하여 절대적으로 가부장적 가치관을 고수하고 있는 것이다. 그러나 하나님의 형상이란 말을 사용함으로써 그의 이해는 성서를 제대로 모르고 사용하는 성서 오용의 예를 범하고 만 것이다. 남자가 먼저 만들어지고 여자가 남자를 위해 만들어졌다는 가부장적 가치관으로 채색된 창세기 2장에는 "하나님의 형상"이란 표현이 한 번도 나오지 않는다는 점이다. 그렇다면 바울은 당시 유대사회에 보편화된 남녀 불평등적인 사고방식을 공유하고 있을 뿐이다.[40)]

김경희는 이 점에서 바울이 매우 역겨운 성차별주의자임을 지적한다. 그러나 유의해야 할 것은 성차별적인 발언이 의도하는 것이 무엇인가를 파악해야 한다는 점이다. 바울이 과연 성차별을 강화하기 위한 것이냐, 아니면 무슨 다른 목적을 위한 것이냐를 검토해보아야 바울의 의도를 알 수 있기 때문이다.

문맥상 바울이 여기서 남자가 여자보다 우월하다는 것을 가르치려는 것이 아니라는 점이 드러난다. 만일 바울이 여기서 남자 우월성을 강조하기 위한 것이라면 그 다음에 이어 나오는 "그러므로 여자는 천사들로 말미암아 권세 아래 있는 표를 그 머리 위에 둘 지니라"는 10절은 전혀 연결성이 없게 된다. 바울이 성차별적인 발언을 기록한 8-9절로써 말하고자 하는 것은 10절이다. 즉, 남자가 먼저 만들어지고, 여자는 남자를 위해 만들어졌다는 창세기 2장의 가부장적 가치관을 전하

---

40) 성경에 하나님의 형상대로 남자와 여자를 창조하셨다고 분명히 진술되어 있음에도 불구하고 가부장적 유대 남성들은 남성만이 하나님의 형상이라고 오인하고 그렇게 가르쳤다. 가령 "하와는 하나님의 형상을 따라 창조되지 않았고 아담에게서 나왔다"(TanB Tasria 10); 아담과 하와의 생애에서 아담이 하나님의 형상으로 여러 번 지칭되는데, 이 경우 하와는 완전히 배제된다(VitAd 12-17). W. Schrage, 앞의 책, 509, 각주 126 참조.

는 것은 여자는 남자에게 속한 존재이며, 따라서 외간 남자가 아니라 오로지 자기 남편을 위해 존재해야 한다는 것이다. 남편만을 위해 존재한다는 것은 다른 의미가 아니라 부부의 성적 관계를 의식하고 표현된 것이다.

이렇게 볼 때에야 비로소 9절과 10절을 연결하는 표시인 "그러므로(δια τουτο)"를 이해할 수 있다. 8-9절이 10절에 대한 이유가 되고, 10절은 8-9절의 결과가 된다. 즉, 여자가 남자에게서 나고, 남자를 위해 창조되었으므로 호색한 천사들이 탐내지 않도록 주인인 남편이 있다는 것, 즉 남편의 권세 아래 있는 존재임을 그 머리 위에 표현하라는 것이다. 여자의 머리 덮개가 교인들의 성적인 상상과 충동을 방지하기 위한 것이라는 타이센의 지적은 전적으로 옳다.[41)]

11-12절은 8-9절에 구조적으로 정확히 대응하고 있으며 내용적으로 반대된다. 성적인 욕구가 있는 사람들을 자극하지 않도록 머리를 가리라는 것을 간접적으로 말하기 위해 천사를 언급하고, 천사 앞에 나의 주인이 있음을 표시하기 위해 머리를 가리라고 말하고 싶어서 그 전에 남자와 여자의 창조적 질서를 언급한 바울은 스스로 생각해보아도 여자들에게 너무했다는 생각이 든 것 같다. 그리하여 남녀평등사상을 완전히 훼손한 8-9절에 대응하여 반대의 내용을 전함으로써 스스로 무마하고자 하는 것으로 보인다. 그리하여 "그러나 주 안에는 남자 없이 여자만 있지 아니하고, 여자 없이 남자만 있지 않다"고 말하고, "여자가 남자에게서 난 것같이 남자도 여자에게서 났고, 모든 것이 하나님에게서 났다"고 말함으로써 자신의 의견을 공정하게 말하고자 하

---

41) G. Theissen, 앞의 책(1983), 177.

였으나, 11-12절로써 8-9절에 언급된 남녀 불평등 내지 여자에 대한 남자의 주인됨 사상이 무효화된 것은 아니다.

### 3) 자연질서? — 유행하는 헤어스타일(고전 11:14-15)

바울은 자신의 논증이 고린도교회의 독자들, 즉 여성들을 설득할 수 없다는 것을 감지하는 것 같다. 답답한 심정을 누를 길 없는 바울은 "너희는 스스로 판단하라, 여자가 머리를 가리지 않고 하나님께 기도하는 것이 마땅하냐?"고 반문하지만, 그의 질문은 허공을 향한 소리로 들린다. 가부장 사회에서 통용되는 남녀 위계질서를 제시한다 해도(3-6절), 그리고 창조에 관한 성서적 증거를 제시한다 해도(7-12절), 여자에게 머리를 가리라는 것을 설득력 있게 제시하지 못하고 있는 바울은 이제 당시에 통용되는 일반적인 헤어스타일에 호소해본다: "만일 남자에게 긴 머리가 있으면 자기에게 부끄러움이 되는 것을 본성이 가르쳐 주지 아니하느냐?"(14절) 많은 연구가들은 바울이 세 번째 논거로서 본성, 즉 자연 질서를 제시한다고 지적해왔다. 그러나 정작 내용인즉, 자연 질서라는 것이 다름 아니라 당시 일반적인 헤어스타일을 제시하고 있다. 당시 로마인들은—유대인들도 마찬가지이다—남성들이 짧은 머리, 여성들은 긴 머리를 했다. 남아 있는 로마인 상이나 그림들을 보아도 틀림이 없다.

그러나 그 다음 구절에 나오는 여성들의 헤어스타일에 관한 말로써 여성들이 머리를 덮어야 한다는 결론을 이끌어내는 것에는 무리가 있는 것으로 보인다. "만일 여자가 긴 머리가 있으면 자기에게 영광이 되나니 긴 머리는 가리는 것을 대신하여 주셨기 때문이니라."(15절) 아마도 바울은 여자의 긴 머리는 머리를 덮을 의무를 이끌어내려고 언급한 것으로 보이는데, 전혀 논리에 맞지 않는 결과, 즉 자가당착에 빠진 셈이다. 긴 머리가 머리를 가리는 것을 대신하여 주신 것이라면 더 이상 머리를 가릴 필요가 없는 것이 아닌가? 바울은 스스로 말이 꼬이는 느낌을 받았을 것이다. 되지 않는 논리로 여성들을 설득하려고 애쓰는 가운데, 자신도 무슨 소리를 하고 있는 건지 말이 꼬이고 결국 자기 자신도, 여성들도 맹해지는 결과에 도달하고 말았다.

#### 4) 더 이상 잔소리하지 마라(고전 11:16)

자기 말이 꼬이고 있음을 스스로 감지한 바울은 자기 말에 대해, "그게 무슨 말이지요?", "그러니 머리를 덮을 이유가 뭐 있나요?"라고 물어올 고린도교회 여성들의 합리적인 물음들을 예상할 수 있었다. 그리고 그들이 분명한 논리로 머리를 덮어야 할 이유를 묻는다면 더더욱 말하기 곤란해질 것을 바울은 눈으로 보듯 뻔히 아는 듯하다. 세 번이나 이런저런 근거로 여성들에게 머리를 덮을 것을 지시하고자 했던 바울은 더 이상 논리적인 말로는 가능하지 않다는 것을 감지하였다.

더 이상 이성적인 대화를 이끌어갈 수 없을 때, 남자들이 합리적인 대화를 이끌어갈 수 없이 궁해졌을 때 여자들에게 하는 대표적인 말인 "그냥 하라면 하시오", 그리고 이 시대 광고의 유행어처럼 "더 이상 묻지도 말고 따지지도 말고"라는 자포자기하는 자세로 바울은 마지막 말을 토한다. "논쟁하려는 생각을 가진 자가 있을지라도 우리에게나 하나님의 모든 교회에는 이런 관례가 없느니라." 이 말은 더 이상 이 주제에 관해 논하고 싶지 않은 바울의 심정을 담고 있다. 논쟁하려는 생각을 가진 자란 김경희가 추측하는 대로, 남녀평등의식을 가지고 있어서, "남자에 대한 여자의 열등성을 나타내는 머리 덮개는 안 하렵니다.

왜 해야 되나요?"라고 따지고 논쟁하는 여성들을 의식한 것이 아니다. 오히려 아무 문제의식 없이 머리를 노출시키고 다니는 여성들을 향해 (외간 남성을 의식해서) 제발 머리를 덮어달라고 간곡히 부탁하려는 바울이 이 사안에 대해 직접적으로 말하지 못하고 간접적으로 말함으로써 전혀 논리성 없이 말하다가 결국 말이 꼬이고, 설득력이 없어진 바울을 향해 고린도교회 여성들이 다음과 같이 말하지 않겠는가?: "도대체 무슨 말씀을 하시는 거예요? 왜 머리를 덮어야 한다는 겁니까? 긴 머리가 머리를 덮을 것을 대신해서 주신 것이라면 더 이상 덮을 필요가 없는 거 아닐까요?"

바울이 생각한 논쟁의 내용은 이런 수준일 것으로 짐작되지만, 이러한 질문에 대해 바울이 남성들의 성적 관심 때문이라고 직접적으로 대답할 수없는 바울의 고심은 더 이상 말하지 말자고 함으로써 설득력 있는 대화에서 스스로 좌초한 결과를 낳은 듯하다.

## III. 나오는 말

이상의 논의 결과 고린도전서 11장 2-16절의 기록 동기는 다음과 같이 정리할 수 있겠다.

고린도교회 여성들은 당시 그리스-로마 사회에서 일반적으로 행해지듯이 교회 모임에 가기 위해 외출할 때에 머리를 가리기도 하고 노출시키기도 하였다. 교회 모임은 매일 있었다. 하나님을 아버지로 부르는 그리스도교 공동체는 성가족공동체로서의 구체적인 실현으로 매일 저녁식사를 함께했다.

예수를 믿기 전에는 집에서 자기 아내만 보던 남성들이 예수를 믿고 공동체 생활을 하게 됨으로써 자신의 아내 외에 남의 아내들도 믿음의 형제자매로서 매일 만나게 되었던 것이다. 그리하여 아내 외에 다른 여성들의 노출된 머리카락을 보고 성욕을 느끼면서 불편한 심정을 사도 바울에게 털어놓았던 것이다. 아마도 바울에게 전해진 제보 내용은 다음과 같았을 것이다. "교회 여성들이 머리를 노출시키고 다니니, 종종 그 아름다운 머릿결을 보면서 성욕을 자제하기가 몹시 어려운데 어떻게 해야 하나요?"

그러나 막상 고린도를 떠나 있는 사도 바울도 아무 생각 없이 다니는 여성 신도들을 향해 머리를 가려라, 그렇지 않으면 남성들이 너희들 때문에 성욕이 생기곤 한다고 직접적으로 말할 수도 없는 처지이므로 고심할 수밖에 없었고, 다음과 같이 논리를 전개해보았다.

1) 당시 사회 전반에 흐르는 가부장적 가치관, 즉 여자 위에 남자가 있다는 것을 지적해보았지만 설득력이 없었고,

2) 구약성서의 창조질서에 근거하여 남자를 위해 여자가 만들어졌다고 말해보았지만, 여자로 하여금 머리를 덮을 것에 대해 설득력을 얻지 못했으며,

3) 당시의 헤어스타일을 자연적인 본성에 해당하는 일이라고 지적하고 여성이 머리를 덮어야 한다는 당위성을 말하고자 하였으나 바울 자신도 자가당착에 빠지는 결과를 느끼고는, 그 어떠한 것으로도 설득력 있는 논증의 궁핍함을 느낀 나머지,

4) 더 이상 논쟁할 필요가 없다고 못 박음으로써 이야기를 마치고 말았다.

**"성경에 왜 이런 말이 쓰여 있을까?" 묻지도 않고 따지지도 않고**, 성경

을 사람들의 삶을 규정하는 하나님의 말씀으로 사람들에게 **적용만 하려고 했던 결과**, 남성 교인들의 성적 충동을 방지하기 위해 여성 교인들로 하여금 머리를 가리라는, 고린도전서 11장 2-16절의 말씀의 원래 의도는 망각되었다. 그 대신 머리를 가리라고 말하기 위해 되지 않는 논리적 근거로 사용해보려고 했으나 결국 실패로 돌아간 가부장적 가치가 기독교의 가치관인 것처럼 기독교 역사에서 강조되었다.

이제 예배 때에 여자에게 머리를 가리라는 규정은 어느 교회에도 없는 듯하다. 물론 가톨릭교회에서는 수녀뿐만 아니라 일반 신도의 경우도 예배 때 머리를 덮는 풍습을 계속하곤 있지만, 그것은 왜 그런 풍습을 계속하는지 그 이유도 모르는 채 풍습이라는 이유에서 하고 있을 뿐이다. 그러나 개신교에서는, 기독교 근본주의가 대세인 한국교회에서조차—성경에 그렇게 기록되어 있음에도 불구하고—아무도 머리를 덮으라고, 그것이 신의 명령이라고 하지도 않는다. 그러한 지시는 시대가 지남에 따라 아무 의미가 없는 것으로 판명되었기 때문이리라.

그런데 머리를 덮으라고 설득하기 위해 사용되었던 당시의 가부장적 문화, 즉 남자를 여자 위에 두려는 남성우월주의는 계속 고수하고 있고, 2000년 기독교 역사에서 견고하게 여성들을 억압하기 위한 구절로 사용되고 있다는 점은 매우 아이러니하게 보인다. 이 구절이야말로 기독교 역사에서 이루어진 성서 본문 오용의 단적인 사례라고 할 수 있다.

제7장

# 바람직한 공동식사를 위한 제언

## — 고전 11장 17-34절에 관한 연구

## I. 들어가는 말

바울은 성경을 쓰려고 펜을 든 게 아니다. 그는 예수의 복음에 사로잡혔고, 복음을 전하는 일을 하나님께로부터 받은 소명으로 알았다. 바울을 통해 복음을 받아들인 사람들은 공동체를 이루며 생활하였다. 다양한 사람들로 구성된 공동체 안에서 여러 가지 문제가 발생했다. 바울은 사도로서의 책임감을 가지고 교회 안에서 생긴 문제를 해결하기 위해 편지를 쓰는 것이다.

고린도전서 11장 17-34절에서 언급되는 내용도 고린도교회에서 생긴 문제 중의 하나이다. 본고에서는 고전 11:2-16을 중심으로 1) 고린도교회에 도대체 무슨 일이 벌어진 것인가 물음으로써 문제의 현장을 파악하고, 2) 그런 일은 무슨 연유로 인해 생기는 것인가, 그리고 그것이 왜 문제인가, 문제의 원인을 찾아내고, 3) 바울이 이 문제를 해결하기 위해 제시하는 해법은 무엇인지 살펴볼 것이다. 마지막으로 바울의 편지가 2000년 전 유산으로 머무는 것이 아니라 현재 한국의 그리스도인들에게 의미가 있다면 어떤 면에서 적용될 수 있을지 고찰하고자 한다.

## II. 본말

### 1. 고린도교회의 문제 상황

#### 1) 공동식사의 신학적 근거[1)]

고린도 교회뿐만 아니라 모든 초기 그리스도교 공동체는 회원들 간에 공동식사를 했다. 초기 그리스도교 공동체라는 종교적인 집단이 초기부터 공동식사를 시행해온 이유는 무엇일까? 몇몇 학자는 초기 그리스도교의 공동식사를 이해하기 위해 헬라 사회에서 친한 사람들 사이에서 이루어졌던 만찬인 에바노스(Evanos)와 유비시킨다. 헬라 관습에 따르면 누군가가 친한 사람들을 모아 만찬을 베풀거나 혹은 공동으로 마련하여 친교를 나누는데, 고린도교회도 성도들의 교제를 위해 애찬을 즐겼다는 것이다.[2)]

---

1) 고린도교회를 포함한 초기 그리스도교 공동체에서 시행한 공동식사의 신학적 배경에 관해서는 김판임, "쿰란공동체와 초기 그리스도교 공동체 비교(2): 공동식사를 중심으로", 「신약논단」 제12집 제1호(2005, 봄), 133-155 참조.

2) Jerome Murphy-O'Conner, *St. Paul's Corinth: Texts and Archaeology* (Wilmington, Glazier, 1983), 153-172; G. Theissen, "Soziale Integration und sakramentales Handeln", in: *Studien zur Soziologie des Urchristentums* (Tübingen: J.C.B. Mohr, 1989), 293-311. 타이센/김명수 역, "사회적 통합과 성례전 행위", 『원시 그리스도교에 대한 사회학적 연구』(서울: 대한기독교출판사, 1986), 365-394; 박익수, 『누가 과연 참그리스도인인가』 (서울: 대한기독교서회, 2002), 330.

물론 친한 사람들이 가끔씩 모여서 만찬을 나누는 일은 아름답고 좋은 일이다. 그러나 초기 그리스도인들의 공동식사는 친한 사람들이 가끔씩 교제를 하기 위해 만찬을 행한 것과 같은 이유에서 이루어진 것이 아니다. 그들의 공동식사는 하나님을 아버지로 모시는 가족공동체로서 자신들의 정체성을 구현하는 차원에서 이루어진 것이다. 다시 말하자면, 그리스도인들이 하나님을 아버지로 불렀기 때문이다(롬 8:14-16; 고전 8:6 참조).[3] 즉, 세례를 받은 후 하나님을 아버지로 부르는 그리스도교 공동체 구성원들은 서로를 형제자매로 이해했으며, 하나님을 아버지로 모시는 성가족공동체로서의 자의식을 가지고 있었던 것이다. 식사란 대개 가정에서 한다. 부모가 자녀들을 양육하는 일로서 가장 중요한 것이다. 초기 그리스도교의 공동식사는 친한 사람들끼리 즐기기 위해서 한 것이 아니라, 하나님을 아버지로 모시는 거룩한 성가족공동체라는 이념을 생활에서 구현하는 일환으로 행해진 것이다.

그러므로 초기 그리스도교 공동체가 시행해온 것은 빵 한 조각과 포도주 한 잔으로 예수 그리스도의 죽음을 상징하는 성만찬이 아니라, 한 아버지를 중심으로 모인 가족들 간의 배불리 먹는 식사였다. 보통 현대사회에서는 하루 세끼 식사를 보편적으로 인정하고 있지만, 초기 그리스도교 공동체에서는 하루에 한 번, 일과가 끝난 저녁 시간에 모여서 공동식사를 했던 것이다.[4]

---

3) 김판임, 앞의 글(2005) 참조. 그리고 김판임, "아주 특별한 용기: 하나님 아버지를 부름에 대한 초기 그리스도교의 이해와 21세기 여성주의 시대의 이해 비교", 「한국여성신학」 61집(2005 여름), 62-68 참조.

4) B. Kollmann, *Ursprung und Gestalten der frühchristlichen Mahlfeier* (Göttingen: Vandenhoeck & Ruprecht, 1990). 제임스 던/박문재 옮김, 『바울신학』(고양: 크리스찬다이제스트, 2003), 818. 던은 초기 그리스도교의 공동식사가 저녁식사였다는 것을 만찬으로 번역된 헬라어 데이프논(δειπνον)이 저녁 만찬을 의미하는 용어라는 점에 근

2) 공동식사의 방법

현재 한국교회는 교회에서 성도들이 모두 먹을 수 있을 만큼, 밥을 짓고 국을 끓인다. 당번을 정해서 준비하되, 나물 같은 반찬은 집에서 만들어 가져오기도 한다. 교회 규모에 따라 다르겠지만 교인들의 수가 많아질수록 공동식사를 준비하는 일은 만만치 않다. 바울이 선교 활동을 하던 당시 공동식사는 어떤 방식으로 이루어졌을까?

이에 관해서는 고전 11:21에 나오는 "자기 음식(το ιδιον δειπνον)" 이란 표현에 근거해서 짐작해볼 수 있다. 즉, 공동체 구성원 각자가 자기 먹을 것을 가져온 것으로 보인다. 성서 본문에서는 분명히 제시되고 있지 않지만, 모임의 장소는 부유한 교인의 집이었을 것이고, 그 집에서 가족구성원 이상의 여러 사람이 먹을 수 있는 음식을 준비했을 것이라는 점은 많은 학자들에 의해 의심 없이 받아들여지고 있다.[5] 스스로 먹을 것을 조달할 수 없는 매우 가난한 멤버들은 그냥 와서 함께 식사를 했다.[6] 여기서 좀 강조할 점이 있다. 공동식사의 장소를 제공하는 부유한 교인은 자기 개인이 먹을 음식을 달랑 가져오는 것은 아니라는 점이다. 그런 부유층은 아내와 아들 딸, 그리고 그 집에 속한 노예들까지 모두 합쳐 많은 식솔을 거느린다. 가장이 복음을 듣고 세례를

---

거를 둔다.

5) 가령, G. Theissen, 앞의 책. 타이센/김명수 역, 앞의 책(1986), 특히 384 참조. 그러나 이러한 모임 장소의 제공은 현대사회의 의미에서 "기부 문화"와는 다르게 보아야 한다. 부유하기 때문에 넓은 집을 소유하고 있고, 따라서 여러 사람들이 모일 수 있기 때문에 부유한 사람의 집이 공동체 모임의 장소로 사용된 것이지, 부유한 사람이 그의 집이나 땅을 공동체에 기부한 것은 아니다.

6) 랑에 의하면 자신의 식사를 가져오지 못한 가난한 사람들은, 노예 노동자들이다. F. Lang, *Die Briefe an die Korinther*, NTD 7 (Göttingen: Vandenhoeck & Reprecht, 1986), 149.

받고자 할 때, 개인의 결단으로 혼자만 아니라 그 자신과 노예를 포함한 모든 식솔이 세례를 받도록 했다고 본다. 왜냐하면 가부장적 문화권에서 주인이 결정하면, 그의 소유에 속하는 모든 존재가 거부할 수 없는 분위기이다. 또한 세례는 구원과 관련되어 있는 것이므로 주인이 혼자 받고 다른 사람들은 개개인의 신앙적 결단을 통해 세례를 받으라고 하지는 않았을 것으로 사료된다. 그렇다면 모임의 장소를 제공하는 집의 가족들과 노예들은 이미 그리스도인이 되기 전에도 한 집에서 식사를 했고, 당연히 식재료의 구입이나 요리, 그리고 식사 후 설거지와 잔반 처리 등의 일을 맡아서 했을 것이다.

그러므로 우리는 초기 교회의 공동식사 방법을 역사적 상상력을 동원해 다음과 같을 것으로 추론해본다. 장소를 제공한 부유한 집 주인과 가족들, 노예들은 자기 음식을 가져오지 않고 그 집에서 요리된 것을 먹는다. 요즘 사회의 중산층은 자기 먹을 것에 좀 여분 있게 가져온다. 서민층과 같은 사람은 자기 먹을 것을 가져온다. 그리고 주인은 교인이 아닌데 혼자 혹은 자기 가족들만 교인이 된 노예, 그리고 노예는 아니지만, 일일노동자와 같이 매우 영세한 사람들은 자기 먹을 것을 가져올 형편이 안 되는 사람도 있었다. 이들은 아무것도 가져오지 못한다. 부유한 사람이 요리한 것이나, 중산층의 여분의 음식 등을 함께 나누어 먹었을 것이다.

물론 초기 그리스도교의 공동식사가 실질적으로는 생활이 어려운 멤버들을 먹여 살리는 구제의 역할을 하는 것이지만, 적어도 그 신학적 의미로 볼 때는 부유한 사람들이 어려운 사람들을 먹여 살린다는 구제 차원이 아니라, 가난한 사람이나 부유한 사람이나 모두 하나님을 아버지로 부르는 형제자매로서, 가족공동체라는 이념을 구체적으로 실현한다는 차원에서 이루어졌던 것이다. 그래서 그리스도교의 모든 멤버들은 공동식사를 통해 "하나님의 자녀"라는 하나됨의 의식을 가질 수 있었다.[7] 함께 모여 식사를 한다 해도 하나된 의식을 가질 수 없다면 그것은 "주의 만찬"이 아니라 "개인 각자의 만찬"이라고 바울은 규정하고 있다.

### 3) 공동식사에서 생긴 문제

그런데 고린도교회에서 공동식사와 관련하여 생긴 문제가 무엇일까? 이 문제와 관련하여 흥미로운 연구를 타이센이 내놓았고, 많은 학자들이 그의 가설을 받아들이고 있다.[8] 타이센은 이에 관해 4가지 경우를 추론한다: (1) 주의 만찬에서의 상이한 당파들(부유한 사람들과 가난한 사람들), (2) 상이한 식사 시간, (3) 음식과 음료의 상이한 분량, (4) 음식의 상이한 질.

타이센은 고린도교회에서 생긴 분쟁은 가난한 신도와 부유한 신도 간의 대립으로 본다. 그에 의하면 그리스도인의 공동식사는 부유한 교인의 집에서 이루어졌는데, 부유한 집 주인이 그리스도인들만 초대한 것이 아니라 교회 밖 사회에서 이미 관계해오던 자신과 비슷한 사회적 지위를 가진 사람들도 초대하였다고 한다. 그리하여 당시 사회적 관습

---

7) 우리말에도 "한솥밥 먹는 식구들"이란 표현이 있지 않은가? 함께 같은 음식을 먹고 나눌 때에 진정한 가족공동체로서의 의식이 체험된다.

8) Wayne A. Meeks, *The first Urban Christians: The social World of the Apostel Paul* (New Heaven: Yale University Press, 1983), 150-163; Peter Lampe, "The Eucharist: Identifying with Christ on the Cross," Interpretation 48/1(1994), 36-49; John Dominic Crossan, *The Birth of Christianity : Discovering What happened in the Years Immediately after the Execution of Jesus* (San Francisco: Harper SanFransisco, 1998), 423-435. 박익수, 앞의 책(2002), 329-330.

에 따라 부자들은 부자들끼리만 가난한 사람들과는 별도의 식탁을 차려 더 나은 음식을 먹었다는 것이다. 타이센은 식사시간이 상이하기 때문에, 먼저 온 사람은 많이 먹고 나중에 온 사람은 적게 먹게 된 것, 더 나아가 음식의 상이한 질도 문제가 되었다고 추론한다. 부유한 교인들은 떡과 술 외에 고기 같은 것을 먹었고, 그와 같이 상이한 음식은 부유한 사람들의 지위와 부귀함을 드러내는 일이라는 것이다.[9)]

필자가 보기에 타이센의 추론 중에서 설득력 있는 것은 오직 두 번째 경우이다. 바울이 "그러므로 서로 기다리라"고 권면함으로써 이 문제를 마무리하는 것으로 보아, 기다리지 않고 누군가가 먼저 먹음으로써 생긴 문제라고 보는 것은 의심의 여지가 없다. 그러나 타이센은 늦게 온 사람들이 먼저 온 사람들에 비해서 적은 분량을 먹게 되어 문제가 생긴 것으로 추측하고 있다. 그러나 필자에게는 적은 분량이나마 먹을 수 있었더라도 이처럼 심각한 사태를 유발하지는 않았을 것으로 보인다. "부끄럽게" 느껴지기까지 했다는 것은 먹을 것이 부족한 정도가 아니라, 아예 먹을 것이 없는 상태라고 보아야 할 것이다.

타이센의 가설 중에서 가장 동의하기 어려운 점은 부유한 교인이 공동식사 때에 교인이 아닌 부유한 친구들을 초대했고, 그들과 가난한 교인들의 식탁을 분리시켜 대접했다는 점이다. 타이센은 식사에서 괄시를 받은 사람들의 상처 입은 자존심을 그린 플리니의 글을 인용하면서 이것과 고린도교회의 상황을 유사한 것으로 간주한다.[10)] 그리고 당시 문화에서 권세 있는 부유층의 손님에게는 고기와 같은 특별한 음식을 제공함으로써 가난한 교인들을 위축시켰다는 타이센의 의견은

---

9) G. Theissen(1989), 앞의 책; 타이센/김명수 역, 앞의 책(1986), 368-378.
10) 타이센/김명수 역, 앞의 책(1986), 380-382.

동의하기 매우 어렵다. 타이센의 이러한 가설은 그리스도인들이 무엇 때문에 함께 모여 식사를 했는지 그 이유를 전혀 모를 때에만 가능하다. 부유한 그리스도인들이 가난한 그리스도인들과 부유한 상류층 친구들을 동시에 초대하고 따로 상을 차렸던 일은 상상하기 어렵다. 어느 사회에서건 식사를 같이 한다는 것은 "우리 의식"을 준다. 부유층이 동질감을 나누는 식사라면 그리스도인을 함께 초대할 필요가 없으며, 그리스도인들의 식사는 교인들 모두가 하나님을 아버지라고 부르기 때문에 하는 식사이기 때문에 이 식사에 비그리스도인이 함께할 이유는 없는 것이다. 그러므로 타이센의 가설은 전혀 타당성이 없다고 단호하게 말할 수 있다.

공동체의 문제는 부유한 권세자들과 가난한 교인들이 분리된 식탁으로 인한 것도 아니고, 먹는 것이 상이해서 생긴 것이 아니다. 문제는 11장 21-22절에서 유추해볼 수 있는바, 공동체의 모든 멤버가 모이기 전에 먼저 식사를 시작해서, 누구는 배부르고 취하는 사람이 있는가 하면, 나중에 온 사람들은 먹을 것이 없어서 난처해하는 사태가 일어난 것이다.[11)] 모든 교인이 똑같이 부유하고 먹을 것이 넉넉했다면, 좀 배불리 먹는 사람이 있다거나 좀 적게 먹는 사람이 있다고 해서 교회에서 그리 심각한 문제라고 여기지 않을 수도 있을 것이다. 그러나 고린도교회의 경우는 매우 심각한 수준이었던 것 같다. 나중에 와서

11) 콘첼만이 προλαμβανω의 의미가 그저 (음식을) 먹다는 뜻으로 시간적 의미가 배제된 것이라고 주장한 이래로 이 어휘의 의미에 대해 많은 논의가 있었지만, 바울의 고린도교회에서 생긴 문제를 해결하기 위해 제시한 해법이 "그러므로 서로 기다리라"는 것으로 미루어볼 때, 음식을 '먼저 먹다'는 시간적 의미가 있음을 인정할 수밖에 없다. 이에 대해 이에 대해 H.-J. Klauck, Herrnmahl und hellenistischer Kult (Münster, 1987), 292; H. Balz, G. Schneider, "προλαμβανω", *EDNT* Vol.III (Grand Rapids: Eerdmans, 1993), 158; B. Kollmann, 앞의 책, 39 참조.

먹지 못한 사람이 부끄러움을 느꼈다는 것은 구체적으로 어떤 상황이 벌어진 것을 의미하는가?

바울 자신도 이 문제를 매우 심각하게 여겼다: "내가 명하는 이 일에 너희를 칭찬하지 아니 하나니 이는 저희의 모임이 유익이 되지 못하고 도리어 해로움이라"(고전 11:17). 그리고 이러한 현상에 대해 바울은 교회가 나뉘었다고 말한다: "너희가 교회에 모일 때에 너희 중에 분쟁(σχισματα)이 있다 함을 듣고…"(고전 11:18). 당파, 파당, 분쟁이라고 표현한 것은 식사 문제로 인해 파당이 나뉘었다기보다는 교회가 하나되지 못함을 지적한 것이라고 하겠다. 그리고 교회가 하나되지 못하면 공동식사를 하는 의미가 없는 것으로 평가하는 것이다. 바울에게 있어서 그리스도교 공동체의 공동식사는 공동체 구성원들을 주 안에서 하나로 묶는 "주의 만찬(κυριακον δειπνον)"이다(고전 11:20).

그렇다면, 과연 교회 구성원 가운데, 음식을 먼저 배불리 먹고 취하는 사람은 누구인가? 그리고 나중에 와서 제대로 챙겨 먹지 못해 시장한 사람들을 누구인가? 이들 간에 일어난 분쟁의 실상은 무엇인가?

타이센은 고전 11:17-34에서 다루어지는 문제가 "순전히 물질적인 것도 아니고 순전히 신학적인 것도 아니라, 무엇보다도 사회적인 것으로서 사회적 계층을 형성한 공동체의 문제들"이라고 파악한다.[12) ] 타이센은 부유한 교인들이 단순히 전체 교인들만을 초대하는 것이 아니라, 교인은 아니지만 사교적인 교제를 위해 부유한 고린도인들도 약간 명 초대하였고, 그래서 부유한 손님들에게만, 특별히 좋은 음식으로 대접함으로써 부유한 사람들만이 누리는 특권을 주고받음으로 인

12) 타이센/김명수 역, 앞의 책(1986), 384.

해 생긴 사회적인 계층 분화의 문제로 본다. 그러나 이것은 사회학적인 추측일 뿐이다. 고린도교회가 다른 그리스도교 공동체와 같이 하나님 아버지를 모시는 가족공동체로서의 이념을 구현하기 위한 실천으로서 공동식사를 시행해왔다면, 그리스도인이 아닌 사람을 사회적인 교제를 위해 공동체 식구들이 모이는 공동식사에 초대한다는 것은 어울리지 않는 일이다. 그러한 사회적 교제를 위해서라면, 분명히 별도로 했을 것이다. 타이센의 추측이 억측이라는 것은 이제 다음 단락에서 다룰 문제의 원인을 보면 더욱 분명해질 것이다.

## 2. 문제의 원인

### 1) 모임 시간의 애매성

현대 한국교회처럼 매주일 예배 후 공동식사를 한다면, 고린도교회에서 생긴 문제와 같은 것은 발생하지 않을 것이다. 몇 시 몇 분이라고 정하지 않아도, 예배에 일찍 온 사람이나, 늦게 온 사람일지라도 예배가 끝난 후의 식사에는 동시적으로 참여할 수 있기 때문이다. 아마도 고린도교회는 주일 예배 후나, 매일 저녁 몇 시 몇 분이 아니라, 일과 후, 혹은 해가 넘어갈 무렵이라고 모임의 시간을 정했을 것이다. 이럴 경우 사람마다 시간을 다르게 인식하게 된다. 어떤 사람의 경우는 해가 서산에 기울자마자 저녁때라고 공동식사를 위해 모임에 오는 사람도 있을 것이고, 어떤 사람은 해가 다 지고 어두워질 때까지 노동을 하느라 늦게 오기도 할 것이다.

요즈음 한국사회에는 실직하고 할 일 없이 거리를 방황하는 많은 노숙자들, 혹은 노동 연령을 벗어난 고령자들, 취업전선에 끼어들지 못한 젊은이들이 많이 있다. 그들 중에는 저녁마다 공동식사가 있다고 하면 누구보다도 먼저 와서 배불리 먹는 혜택을 입을 수도 있을 것이다. 오히려 대기업에 고용된 사람들이 밤늦도록 일을 하고 매우 늦은 시간에 귀가하는 일이 보통이다. 이천 년 전 고린도교회의 경우 대개는 가난한 일일노동자들이 밤늦도록 일을 하고, 주인이 보내주어야 귀가하게 된다. 반면, 일하지 않아도 먹을 것이 있는 사람, 일찌감치 일을 마감할 수 있는 자영업자들, 혹은 모임 장소를 제공하는 집의 주인이나 여주인, 혹은 여종과 같이 음식을 준비하는 사람들이 모임에 남보다 먼저 와 있다는 것을 생각해볼 수 있다.

### 2) 빈부의 차

이미 타이센이 지적한 바대로, 문제의 장본인들은 고린도교회의 부유한 사람들이다. 이러한 사실은 사회학적 방법론을 거론하지 않더라도 성서 본문에 나타난 바울의 표현만으로도 분명하게 나타난다. 11장 21절에서 문제의 진상을 제시한 후 22절에서 "너희가 먹고 마실 집이 없느냐? 너희가 하나님의 교회를 업신여기고 빈궁한 자들을 부끄럽게 하느냐?"고 힐문한다. 이 구절을 근거로 볼 때, 일찍 와서 배불리 먹고 취한 사람들은 부유한 사람들이다. 그리고 나중에 와서 먹을 것이 없어서 부끄러운 생각이 든 사람들은 빈곤한 사람들이다.

그런데 바울이 여기서 부유한 사람들의 태도를 "하나님의 교회를 업신여긴다"고 평한 것은 무슨 이유일까? "하나님의 교회"란 건물의 의미하는 것이 아니라, 공동체의 모든 구성원을 가리키는 말이다. 늦게 올 가난한 사람들을 고려하지 않고 자기 배만 채우는 부유한 사람들의 태도를 가리키는 표현이다.

"가난한 사람들을 부끄럽게 한다"는 표현은 어떻게 이해해야 할까? 가난한 사람들은 늦게까지 일을 해야 했으므로 일찍 올 수도 없었고, 따라서 몹시 시장했다. 그런데 늦은 시간이나마, 교회공동체에 "하나님 아버지를 모시는 성가족공동체"이기 때문에 가족애를 나누려고 온 것이다. 그런데 음식은 없고, 이미 와서 먹은 부유한 사람들은 배가 불러 즐거워하고 있는 광경을 보게 된 것이다. 이럴 때, 가난한 사람들은 '거룩한 가족공동체이기 때문에 온 것이 아니라, 배가 고파서 밥 얻어먹으러 내가 왔나' 하는 생각이 들면서 더욱 부끄럽고 비참한 생각까지 들게 된 것이다.

타이센은 고린도전서 11:17 이하에서 취급하는 문제의 제보가 부유한 사람들을 통해 입수된 것이 아니라 가난한 사람들을 통해 입수되었다고 올바르게 파악하였다.[13] 공동식사에서 먹을 것이 없기 때문에 부끄러운 생각이 들었다는 것은 가난한 사람만이 겪을 수 있는 것이기 때문이다. 그런데 타이센은 여기서 가난한 교인들이 부끄러운 생각이 드는 이유로 음식의 차이와 그로 인한 구별된 사회적 계층을 지적함으로써 해석의 큰 오류를 범하였다.[14] 바울이 여기서 지적하는 가난한 자들의 부끄러움이란 가난한 사람이 교회에 와서 부유한 사람들과 다

---

13) 앞의 책, 386-387 참조.

14) 앞의 책, 379-387 참조. 타이센은 이 본문에서 다루어지는 문제의 원인이 부유한 사람들의 음식과 가난한 사람들의 음식이 질적으로 다르다는 것에 두는데, 그 이유로서 부유한 사람들이 일반 교회공동체 사람들에게는 "떡과 술에만 국한되는 주의 만찬 전승문에 호소"하여 이들에게는 떡과 술을 주고, 부유한 계층의 특별 손님들에게는 그 외에 고기와 같은 음식을 제공하면서 아무런 죄의식을 갖지 않고 차별을 했다고 지적한다(384-385). 그러나 이러한 이해는 바울이 성만찬 제정의 말씀은 고린도교회의 부유한 사람들의 빈부의 차이를 정당화하기 위한 근거로 제시된 것이 아니라, 이 문제를 해결하기 위해 바울이 제시한다는 점에서 타이센의 견해는 정당성을 잃는다.

른 음식을 먹게 됨으로써 오는 부끄러움이 아니다. 음식이 다르기 때문에, 사회적 계층의 구별을 느끼고, 그래서 부끄러운 생각이 들었다면, 부유한 사람이나 가난한 사람이나 동시에 있었다고 보아야 한다. 그렇다면, 모든 성도가 모일 때까지 기다리라고 조언할 필요가 없다. 오히려, 같은 음식을 분배하라고 제안했을 것이다.

박익수는 가난한 자들이 느끼는 수치심이 각자가 먹을 것을 준비해 오는 것이 당연한 일인데도, 매번 전혀 준비 없이 오는 가난한 교인들의 태도를 못마땅하게 여긴 부자들의 태도에서 기인한 것으로 추측해 보고자 한다.[15] 그러나 이것은 배고픔에서 오는 고통을 육체적인 것으로 보고 수치심은 마음에서 느끼는 것이라고 이분법적 사고에서 기인한다. 부자들이 가난한 자들을 못마땅하게 여긴다는 것은 본문에 의거해서는 전혀 수긍할 수 없는 논리이다. 배고픔과 수치심은 별도의 것이 아니라 같은 것에서 유래한다.

가난한 공동체 멤버가 느끼는 부끄러움은 사회적인 계층 구별에서 오는 것이 아니라, 아주 구체적으로 말하면 배고프기 때문에 오는 것이다. 이들은 가난하기 때문에 늦게까지 일해야 했고, 늦게나마 성가족공동체의 한 식구라는 의식 때문에 왔지만, 막상 모임에 와보니 먹을 것이 없는 것을 보고 더욱 슬퍼졌던 것이다. 그러면서 슬프기 때문에 한 걸음 더 나아가, "내가 밥 먹으러 교회 왔나, 예수 믿기 때문에 교회 왔나?" 하는 부끄러운 생각마저 들기도 했던 것이다. 그리하여 결국엔 믿음의 공동체, 하나님 아버지를 모시는 성가족공동체의 일원임을 포기할 지경까지 이를 수 있는 심각한 문제였던 것이다.

---

15) 박익수, 앞의 책(2002), 329.

### 3) 방심/무배려

가정에서 가족 모두 함께 식사를 할 때에는 별 문제가 없다. 음식의 양이 적더라도 골고루 나누어 먹으면, 적은 양을 나누어 먹음으로써 서로에 대한 배려가 생기기 때문이다. 그리고 음식 맛이 적거나, 영양이 부족한 음식이라도 식사 때에 나온 음식이 그것이라면, 그것으로 만족할 수 있다. 그러나 문제는 함께 식사를 하지 못할 때, 음식이 모자라면, 먹고 있는 사람들만 생각해서 나중에 먹을 사람을 고려하지 않고 먹어버리는 경우가 많다. 그리고 음식이 여럿일 때, 맛있는 것은 다 먹어버리고 맛없는 것만 남는 경우, 모두 문제가 된다. 가정에서도, 누군가 불가피하게 늦게 들어와 함께 식사할 수 없는 경우, 늦게 오는 사람 몫을 따로 마련해놓고 난 후에 함께 모인 사람들이 나누어 먹는 것이 바람직하다.

고린도교회의 경우, 교회 구성원들 모두가 다 참석하지 않은 상태에서 저녁때라고 식사를 시작하는 사람들이 아직 도착하지 못한 멤버에 대한 배려가 없이 함께한 사람들만 음식을 즐겁게 먹어버려서 생긴 경우이다. 아직 오지 못한 사람들을 배려해서 음식을 따로 남겨놓았더라면 이와 같은 문제는 없었을 수도 있다.

### 4) 식사 전 예전문이나 기도 부재

고린도교인들이 공동식사 전에 **각자 기도**를 하고 공동식사에 임했는지, 아니면 쿰란공동체가 그렇게 했던 것처럼,[16] 누군가 대표기도

16) 쿰란공동체의 공동식사를 위해서는 10명의 남자 회원과 제사장 한 명이 있어야 가능하다. 제사장이 식전에 감사기도를 드리기 전에 음식을 시작해서는 안 되고 제사장이 마감기도를 하기 전에 식탁을 떠나서도 안 된다(1QS VI, 2-5; 1QSa II, 17-20참조).

를 하고 식사에 임했는지 알 수가 없다. 다만 이 본문에서 짐작해볼 수 있는 것은 저녁때가 되자 사람들이 각자 자기 음식을 가져다 먹는 것으로 보아 공동식사를 위한 예전적 절차가 없었을 것이라는 점이다.

바울이 고린도교회를 개척한 지 일 년 반 만에 고린도를 떠나 왔고, 이 편지를 쓰는 것도 떠난 지 얼마 되지 않은 시점이었다. 그 당시에 제사장과 유사한 종교적 리더 역할을 할 만한 사람이 누구였을지 상상하기 어렵다. 거의 초신자들의 모임이고, 교인들의 수준도 거의 비슷하지 않았을까 생각된다.

고린도교회에 생긴 문제를 해결하기 위해 바울이 쓴 고전 11:17-34절, 그중에서도 특히 예수의 마지막 만찬의 말(고전 11:23-26)이 그 이후에 공동식사의 시작을 알리는 말로 쓰였을 것으로 사료된다.

## 3. 바울의 해법 제시

### 1) 주님의 죽으심을 기억하라

공동식사 때에 함께 식사를 하지 않고 준비된 음식을 먼저 먹어치우는 바람에 누구는 거하게 먹고 술도 취하고 복에 겨워하고 있는 반면, 누구는 배가 고파 슬프고 부끄러운 마음조차 드는 고린도교회의 문제를 해결하기 위해 바울은 주님의 붙잡히시던 날의 만찬을 기억하게 한다. 고린도교회의 다른 문제를 해결하기 위해, 바울은 이미 주님의 죽으심을 상고시킨 적이 있다. 가령, 우상제물 먹는 문제와 관련해서, 고기를 먹지 못하는 약한 형제를 위해서도 그리스도께서 죽으셨다

이에 관해 김판임, 앞의 글(2005a), 135-137 참조.

(고전 8:11)는 것을 지적함으로써 약한 사람들을 배려하도록 하기 위함이었던 것이다.

그러나 이 본문에서 "**우리를 위하여 죽으신 그리스도**"를 제시하는 것은 가난한 사람을 배려하라는 훈계 차원이 아니라, 공동식사의 의미가 예수 그리스도의 죽음을 **기념**하는 일임을 가르치기 위함이다. 예수그리스도가 우리를 위하여 죽으셨기 때문에 믿음도 의미가 있는 것이고, 믿음이 있기 때문에 그의 이름으로 세례를 받아 공동체의 일원이 된 것이 아닌가? 공동체의 구성원은 가난한 사람이나 부자이거나, 유대인이거나 이방인이거나, 남자나 여자거나 모두 하나님의 자녀이고(갈 3:28), 그렇기 때문에 공동식사를 함으로써 하나님의 자녀된 자들의 단합을 꾀하는 것이다.

바울은 예수 그리스도의 말씀을 직접 인용하는 방식을 취함으로써 말할 수 없이 강한 말씀의 권위를 제공하고 있다. 성만찬 제정의 말씀으로 알려진 이 본문은 바울 이전 전승으로 알려지고 있다:[17]

> 주 예수께서 잡히시던 밤에, 떡을 가지사 축사하시고 떼어 가라사대, 이것은 **너희를 위하는** 나의 몸이니 이것을 행하여 **나를 기념하라**. 식후에 또한 이와 같이 잔을 가지시고 가라사대, 이것은 내 피로 세운 새 언약이니 이것을 행하여 마실 때마다 **나를 기념하라**(고전 11:23-26).[18]

17) 성만찬 제정의 말이 바울 이전 전승이라는 것은 고전 11:23에서 "내가 너희에게 전한 것은 주께 받은 것이니"라는 표현에서 유추된다. 이와 유사한 표현 15:1-3과 비교해 볼 것. 랑은 이 전승문을 바울이 안디옥 교회(나 혹은 이미 다메섹)에서 받아들였다고 본다. F. Lang, 앞의 책(1986), 151 참조. 복음서에 전하는 예수의 마지막 만찬의 말씀(막 14:22-25; 마 26:26-29; 눅 22:15-20)과 비교할 때, 바울 서신에 있는 것이 더 오래된 것으로 분석되었다. B. Kollmann, 앞의 책, 참조.

18) 이 구절에 대한 연구사에 관하여는 B. Kollmann, 앞의 책, 참조.

"우리를 위한 그리스도의 죽음"을 내용으로 하고, 떡과 잔으로써 먹고 마심을 상징하는 성만찬 제정의 말은 공동식사와 관련하여 생긴 문제를 해결하기 위해 바울에 의해 제시되면서, 이 편지의 발송 이후 이 말씀은 모든 공동식사의 시작을 알리는 선언문으로 사용되었을 것으로 이해된다.

그렇다면, 고린도전서 11장 17-34절이 쓰이기 전에는 성만찬과 공동식사(혹은 애찬식)의 구별이 없었다고 보인다. 예수의 성만찬 제정의 말은 공동식사를 여는 예전문의 역할을 담당할 수 있게 되고, 신학적으로 공동식사의 의미를 살리게 된다. 즉 공동식사는 하나님의 모든 자녀, 즉 가난한 자나 부유한 자나 예수를 믿는 모든 사람을 한 가족으로 묶어주는 일이고, 빈부의 차별 없이 모두 똑같은 형제자매임을 확인하는 행위인 것이다. 예수 그리스도의 죽음은 나만을 위한 것이 아니라 그를 믿는 모든 사람을 위한 것이기 때문이다.

100년경에 기록된 것으로 알려진 문서인 "열두 사도의 가르침(디다케서)"[19]에 의하면, 공동식사 전과 후에 선언하는 말이 소개된다(9장과 10장). 바울이 선교하던 당시에는 공동식사를 위한 정해진 규정이나, 식사를 위한 전후 기도문과 같은 예전문이 없었으나, 차츰 그러한 것들을 만들어가면서 교회의 질서를 이루어 갔던 것으로 추측해볼 수 있다.

---

19) 이 문서의 헬라어 원문과 독일어 번역으로는 K. Wengst, *Didache(Apostellehre), Barnabasbrief, Zweiter Klemensbrief, Schrift an Diognet* (Darmstadt, Wissenschafliche Buchgesellschaft, 1984), 한국어 번역과 해설으로는 정양모 역주, 『열두 사도들의 가르침 - 디다케』(교부문헌총서 7)(왜관: 분도출판사, 초판 1쇄 1993, 4쇄 2003) 참조.

### 2) 자기 자신과 주변을 살펴보라

성만찬 제정의 말씀에 이어서 바울은 "각 사람은 자기를 살펴야 합니다. 그런 다음에 그 빵을 먹고 그 잔을 마셔야 합니다"(고전 11:28)라고 조언을 하고 있다. 이어서 "우리가 스스로 살피면, 심판을 받지 않을 것입니다"라고 심한 경고의 말을 제시하고 있다. 이는 자신과 주변을 살핀 후에 공동식사에 임하라는 의미이며, 그것은 이 문제의 원인이 모든 구성원이 왔는지 살피지 않고, 이미 와 있는 사람들끼리 즐거워하며 식사하는 데에서 발생한 것임을 파악했기 때문에 나올 수 있는 것이다.

"여러분 가운데 몸이 약한 사람과 병든 사람이 많고 죽은 사람도 적지 않다"고 믿은 후의 현실을 지적하면서, "스스로 살피면 심판을 받지 않을 것이라"(고전 11:31)고 강한 어조의 경고를 던지고 있다.

### 3) 타인을 배려하라(기다리라)

자기 자신과 주변을 살펴보라는 경고의 메시지는 결국 먹으러 모일 때에는 "서로 기다리라"(고전 11:33)고 조언하는 것으로 귀결된다. 바울은 자신이 이렇게 조언을 하면, 분명 "배고픈데 어떻게 기다립니까?"라고 항의할 것을 예측하고 곧바로 이러한 항의에 대해서 답변한다. "배가 고픈 사람은 집에서 드십시오"(고전 11:34).

초기 그리스도교에서 하는 공동식사는 배불리 먹는 한 끼 식사였다. 한 조각 빵 조각과 한 모금의 포도주로 시행하는 상징적인 예식이 아니었다. 배불리 먹음으로써 생존을 가능케 하는 구체적인 생명의 역사였다. 그리고 그러한 실천의 신학적 근거는 "하나님이 아버지이고 모든 구성원이 형제자매인 거룩한 가족공동체"라는 의식에서 이루어졌던 것이다. 그런데 배부르게 하는 식사는 현실적으로 가난한 멤버들에게 더 큰 의미가 있다. 왜냐하면 부유한 멤버들은 거룩한 가족공동체라는 이념의 구현의 장이 아니고도 배불리 먹을 수 있는 장이 있기 때문이다. 그렇기 때문에 부유한 사람이 배고프기 때문에 가난한 멤버들이 오기까지 기다리지 못한다는 핑계에 대해 배가 고픈 사람은 집에서 먹고 오라고 단호하게 말할 수 있었던 것이다. 기다렸다가 형제자매들이 함께 먹어야만 성가족공동체로서의 공동식사의 의미가 훼손되지 않고 가난한 구성원들의 부끄러움이 사라진다.

## III. 나오는 말: 교회 현장에의 적용

고린도교회의 문제는 교인들이 식사에 참여하는 시간이 다르기 때문에 생긴 것이다. 모든 구성원이 다 모이기 전에 음식을 시작한 사람들이 있고, 나중에 온 사람은 배가 고픈데 먹을 것이 없어서 부끄러운 마음이 들게 되어 모임에 온 이유까지 재고하는 진지한 문제에까지 이른 것이다. 이 문제의 근본 원인을 바울은 타인에 대한 배려 없음으로 보았다. 그리하여 모든 구성원이 다 도착하였는지 살펴보고 기다렸다가 식사를 시작할 것을 권하고 있다. 각자 가져온 음식을 다 모이기 전에 먼저 먹고 즐거워하는 반면, 나중에 온 사람은 먹을 것이 없어서 부끄러운 마음이 든다면, "주의 만찬"이라고 할 수가 없다. 교회의 공동식사는 하나님의 자녀들이 모여 함께하는 성가족공동체임을 확인하고, 교인 모두가 "주 안에서 하나됨"을 추구하는 것이기 때문이다.

고린도교회에서 생긴 문제와 유사한 것이 현재 한국교회에는 별로 생기지 않는 것으로 보인다. 주일 예배 후에 식사를 하는 것이 보편적이기 때문이다. 그러나 한국교회에서도 간혹 공동식사에서 부끄러운 마음이 드는 것을 경험하는 사람이 있다. 교회에서 공동식사 때에 자기 가족들만 챙기는 경우이다. 이 경우 가족 없는 독신자나 부모 없이 교회에 나오는 아이들은 챙겨 먹지 못해 배고파 마음이 슬프거나 부끄러운 마음이 든다.

교회에서만큼은 혈육 중심의 가족 이기주의를 벗어나는 것이 필요하다. 다르게 말하면, 교회 가족은 집안이 아니라 교회 식구 모두라고 생각하고 대하는 것이 필요하다. 교회에서 하나님의 거룩한 성가족을 실천하는 것이라면, 교회 공동식사에서 자기 가족끼리 모여 앉아 식사하는 것을 지양하고 가족 없이 혼자 교회에 나오는 멤버들에 대한 배려가 있어야 할 것으로 보인다. 가족끼리 먹는 식사는 집에서 얼마든지 할 수 있는 것이 아닌가!

공동식사의 의미를 잘 살리고 있는 공동체의 경우, 밥을 퍼주는 사람들이 밥을 받는 사람들과 한 형제자매가 아니라 완전히 계층이 다른 사람이라는 의식으로 행하고 있다면, 하나님 아버지를 모시는 거룩한 공동체의 이미지는 사라진 것이고, 밥을 받는 사람들이 부끄러운 마음이 들 수 있다.

한국교회도 이젠 매주일 예배 후에 공동식사를 할 만큼, 공동식사의 신학적·실천적 의미를 잘 알고 시행하는 것으로 보인다. 교회는 우리 사회에 만연되어 있는 가족 이기주의를 지양하고, 하나님 중심의 거룩한 공동체로서의 비전을 가르치고 실천해야 할 과제를 지니고 있다.

# 제8장

## 성령과 함께 기뻐하자

— 고린도전서 12장 1-11절 해설

*이 글은 학술논문이라기보다는 성령 강림절 설교를 위한 성서 해설이다. 성서 주석 방식으로 서술하였다. 1999년 「설교자를 위한 성경연구」 1999년 5월(제5권 제6호, 통권 제54호), 60-73에 수록된 것을 보완 수정하였다.

## I. 들어가는 말

성령강림절은 성탄절, 부활절과 더불어 그리스도인들이 맞이하는 3대 명절에 속한다. 성탄절이 우리의 구원을 위해 이 세상에 오신 예수 그리스도의 탄생을 전하고, 부활절이 예수 그리스도를 죽음에서 일으키신 하나님의 결정적인 구원의 역사를 전한다면, 성령강림절은 부활하고 승천하신 예수 그리스도께서 그를 믿는 사람들에게 성령을 부어주시는 역사를 기념하고 전하는 날이다.

이렇게 의미 있고 즐거운 절기에 진지한 그리스도인이라면 누구든지 자기가 성령을 받았는지 생각을 해보게 된다. 성령을 받았다고 확신하는 사람은 그가 그리스도에게 확실히 붙잡혀 있다는 것을 안다. 그리스도가 자신 안에 자리 잡고 자신의 인생을 주관하신다는 것을 안다. 그렇지 못한 사람의 경우는 자기가 과연 그리스도인인지 정체성조차 흔들리곤 한다. 이처럼 성령의 수여에 대한 확신은 그리스도인의 정체성과 밀접한 관계가 있다.

성령을 받았는지 아닌지 판단할 수 있는 기준은 무엇인가? 성령은 어떤 방식으로 그리스도인들 안에서, 또 그들 사이에서 활동하는가? 이 문제에 대해 확실한 답변을 하기란 쉽지 않다. 성령은 보이지 않으며, 냄새도 없고, 만질 수도 느낄 수도 없기 때문이다. 그러나 다른 한편 성령은 보이지 않지만, 예수님이 지상에 계실 때 작용하셨고, 예수 그리스도를 증거하는 모든 사도의 활동에도 작용했으며, 그리스도를 믿는 모든 그리스도인 안에서, 그들을 통하여도 작용한다. 성령강림절을 맞이하여 우리에게 성령의 활동에 관해 알게 해주는 본문으로서 고전 12:1-11을 살펴보고자 한다.

## II. 본말

### 1. 주제 설정: 영적인 은사에 관하여(12:1)

12장 1절은 "페리 프뉴마티콘"(περι πνευματικων)이라는 말로써 주제를 설정하면서 시작하고 있다. 전치사 페리가 속격 명사를 취하면서 바울이 다루고자 하는 주제를 전개하는 경우를 고린도전서에서 종종 볼 수 있다. 가령 고전 7:1(여러분들이 쓴 것에 관하여), 8:1(우상에 관하여), 16:1(모금에 관하여), 16:2(아볼로에 관하여) 등. 전치사 페리와 함께 제시된 이 주제들은 고린도교회에서 논의가 된 것으로, 사도 바울은 교회의 창립자로서의 책임감을 가지고 이 주제에 관하여 차근히 설명해야 하겠다는 의도를 가지고 시작하는 것으로 보인다.

바울이 12장 이하에서 전개하려는 내용이 무엇인지는 전치사 페리의 속격 목적어로 쓰이고 있는 프뉴마티콘(πνευματικων)에 대한 해석에 달려 있다. 프뉴마티콘은 복수 속격형으로서 남성형 프뉴마티코스(πνευματικος)와 중성명사 프뉴마티콘(πνευματικον)의 복수형 둘 다 가능하다. 남성형일 경우 "영을 받은 사람들에 관하여"라고 번역될 수 있고, 중성형이라면 "영의 은사들에 관하여"라고 번역할 수 있다. 학계에서는 이 두 가지 가능성에 대해 열어놓고 있다. 몇몇 학자들은 남성형을 취하여 전자를 택하기도 하지만, 대부분의 학자들은 중성명사로 인정하여 영의 은사에 관한 것으로 해석한다. 필자도 후자의 해석을 따른다. 왜냐하면, 12장 4절에 프뉴마티콘의 대체어로서 중성명사로서 "은사"를 의미하는 명사 "χαρισματα"(카리스마타)가 쓰이고 있고, 또 이 문제의 마무리 발언이라 할 수 있는 14장 1절에서 중성명사형을 사용하여 "영적 은사들을 구하시오"(ζηλουτε δε τα πνευματικα)라고 권면하는 것을 고려해볼 때, 고린도전서 12장 1절 이하에서 바울이 다루려는 주제가 영적인 사람에 관한 것이라기보다는 영적인 은사에 관한 것이라고 여기는 것이 적절하게 보이기 때문이다.

12장 1절에서 바울은 고린도인들을 "형제들이여"라고 부른다. 초기 그리스도교 공동체에서는 그리스도인들 상호간에 형제들이라고 불렀다. 이는 세례 받은 모든 교회 구성원들이 하나님을 아버지로 고백하는 사실에 근거를 두고 있다. 그렇지만 바울이 편지를 쓰는 도중에 "형제들이여"라고 부르는 경우는 무언가 진지한 내용을 말하고자 할 때인 것으로 보인다(롬 10:1; 12:1; 고전 2:1; 3:1; 8:11; 10:1; 12:1; 15:1; 고후 8:1; 살전 2:1; 살후 1:3 참조). 이 모든 경우에 쓰인 그리이스어는 형제(αδελφος: 아델포스)의 남성형 복수 형제들(αδελφοι: 아델포이)이기 때문에 대부분의 독자들은 바울이 편지를 쓸 때 남성 그리스도인들만을 고려하고 여성들은 전혀 고려하지 않는 것으로 오해해왔다. 이로 인해 바울이 여성을 경홀히 여기는 남성우월주의에 빠져 있다고 여성신학계에서는 바울을 비판하기도 한다. 그러나 이것은 그리이스어의 특징을 모르기 때문에 생기는 오해이다. 그리이스어에서는 한 명의 남성과 백 명의 여성이 함께 있을 경우, 이들을 통틀어 표현할 때엔 남성 복수형으로 쓰기 때문이다. 그러므로 바울이 "형제들이여"(아델포이)라고 부를 때, 이 말에는 여성들도 포함된다고 보는 것이 합당하다. 또한 바울이 선교할 때 남자들뿐만 아니라 여자들도 바울의 동역자로 활동했으며, 교회 안에 여성들의 적극적인 활동이 있었다는 것을 무시할 수 없다. 그러므로 형제들이라는 말로 남성들만을 의미하는 것으로 생각하는 사람들을 위해서는 표준새번역의 "형제 자매들이여"라는 번역을 권할 만하다.

"여러분들이 알지 못하기를 원치 않습니다." 이 문장은 이중부정을 사용해서 바울의 간절한 의지를 표현한다. 이것은 바울이 이제 고린도 교인들이 알아야 할 중요한 내용을 알리고자 할 때 사용하는 문구이다.

### 2. 영적 은사의 수여 여부에 관한 기준(12:2-3): "주 예수"를 고백하는 사람은 성령을 받은 것이다

한국의 그리스도인들도 스스로 성령을 받았는지 아닌지 알고 싶어 한다. 오순절 계통의 교회에서는 성령 수여의 기준으로 방언을 제시하며, 성령을 받으라며 방언을 가르치고 따라하게 하기도 한다. 성경적으로 말하자면 방언은 성령의 여러 은사들 중 하나일 뿐이며 성령 받음의 척도가 되는 것은 아니다. 성령의 은사를 받았는지의 여부를 알 수 있는 기준에 대해 바울은 고린도전서 12장 3절에서 다음과 같이 전하고 있다.

> "하나님의 영으로 말하는 자는 누구든지 예수를 저주할 자라 하지 아니하고 또 성령으로 아니하고는 누구든지 예수를 주시라 할 수 없느니라."

바울은 흔히 하는 방식대로 상대방들이 알고 있는 사실을 전제로 하여 이야기를 시작한다(롬 6:3-4 참조). 바울은 고린도교인들을 향해 우선 그들의 과거를 지적하고 확인하는 식으로 이야기를 전개하는 경우가 많다. 가령 고전 1:26 이하에서 "형제들아 너희를 부르심을 보라 육체를 따라 지혜로운 자가 많지 아니하며 능한 자가 많지 아니하며 문벌 좋은 자가 많지 아니하도다"라고 서술함으로써 고린도교인들의 과거를 확인시키듯이, 12장 2절에서 "너희가 이방인으로 있을 때에 말 못 하는 우상에게로 끄는 그대로 끌려 갔느니라"라고 표현함으로써 그들의 과거의 상태를 확인시킨다. 2-3절을 통해 바울은 고린도교인들로 하여금 그리스도인이 되기 전과 후의 변화가 무엇인지 알게 해준다.

첫째, 바울은 그리스도인이 되기 전 고린도인들에 대해 "이방인"(εθνη: 에트네)이라고 표현한다. 이것은 고린도인들이 유대인들이 아니라 이방인 출신이라는 것을 확인시켜주며, 다른 한편으로는 그리스도인이 된 후로는 더 이상 이방인이 아니라는 것을 뜻한다. 여기서는 이방인에 대한 대립어가 유대인이 아니라 "하나님의 백성"이라고 보아야 할 것이다. 그리스도인들은 예수 그리스도를 믿기 전에는 이방인이었으나 믿음의 세계에 들어온 후로는 더 이상 이방인이 아니라는 것을 선언하는 것이다.

둘째, 고린도교인들이 믿음의 세계에 들어오기 전에는 "말 못 하는 우상"에게 끌려 다녔다는 것이다. 이것은 다시 말하면, 지금 그리스도인이 된 후에 그들은 말 못 하는 우상의 지배를 받지 않으므로 말을 잘한다는 것을 전제한 말이다. 이 구절은 바울이 12장 4절 이하에서 전개하려는 영의 은사를 다루는 데 중요한 시사를 준다. "말 못 하는 우상"이란 표현에 대립되는 것으로서 3절에 "말하다"와 6절의 "역사하다"가 표현되었다. 이로써 바울은 그리스도인들은 말을 잘한다는 것, 그리고 그들에게는 역사가 일어난다는 것을 말하고자 하는 것이다.

3절은 영의 은사를 받은 사람이 그의 입술로 말하게 되는 내용을 소개한다. 그리스도인들이 믿는 하나님은 그의 영(혹은 성령)을 통하여 역사하여 그들로 하여금 말하게 한다. "저주 예수"(αναθημα Ιησους: 아나테마 예수스)가 아니라 "주 예수"(Κυριος Ιησους: 퀴리오스 예수스)라고. "주 예수"라고 소리 내어 말하는 것이 바로 성령의 역사이다. 이 구절에 의하면, 사람이 성령을 받았는지 아닌지는 "주 예수"라고 말할 수 있느냐 없느냐에 달려 있다.

고린도전서 서두에서 바울은 편지 수신인들을 "우리 주 예수 그리스도의 이름을 부르는 자들"이라고 언급한다(고전 1:2). 이것으로 보아 "주 예수"라고 부르는 사람들이란 예수를 주로 고백하는 그리스도인들 외에 다른 사람들이 아니다. 크라머와 벵스트의 연구에 의하면 "주 예수"라는 표현은 바울 이전부터 고정적인 형태로 전해지는 신앙고백문의 일종이다. 이 말은 그리스도인들이 모였을 때 한 목소리로 힘차게 외침으로써 그들이 믿는 주님 예수를 중심으로 단합하는 행위라고 볼 수 있다. 이 신앙고백의 외침말은 여러 주들을 알고 있는 이방세계에서 예수만을 자신들의 주로 고백하는 신앙의 배타성을 내포한다(고전

8:6 참조).

그러면 그리스도인들 중에 누가 과연 "저주 예수"(αναθημα Ιησους) 라는 말을 외칠 수 있을까? 쉬미트할스는 "저주 예수"라는 외침말을 바울의 적대자를 이해하는 출발점으로 삼는다. 그에 의하면 고린도인들은 영지주의자들이어서 육과 영이라는 이분법에 근거해서 십자가에 달린 지상의 예수를 저주하고 올리워지신 영의 그리스도를 경배하였다는 것이다. 쉬미트할스의 영지주의와의 관련은 현재 더 이상 지지를 얻지 못하고 있다. 왜냐하면 1세기 중엽에는 아직 이분법적 · 영지주의적 그리스도론을 입증할 만한 자료를 찾아보기 어렵기 때문이다.

쉘라터는 "저주 예수"라는 말이 유대인의 회당에서 형성된 것으로 추측하고 있다. 이러한 추측은 개연성이 있다. 왜냐하면 구약성서에 의하면 나무에 달린 자는 저주받은 것이기 때문이다(신 21:23; 갈 3:13). 십자가에 달린 예수는 성서에 충실한 유대인들에게는 의심의 여지없이 저주받은 자로 보였을 것이다. 바울이 다메섹 사건 이전에 광분해서 그리스도인들을 박해한 이유도 아마 십자가에 달린 저주받은 자를 그리스도라고 주장하는 데 대한 대결이었을 것이다. 그럼에도 불구하고 쉘라터의 추측을 받아들이기 어려운 이유는 하나 있다. 그것은 다름 아니라 고린도교인들은 거의 이방인이기 때문에 성서에 입각한 위와 같은 이해에 대해 전혀 알 바가 없었으리라는 점이다. 왜 바울이 고린도인들이 전혀 이해 못 할 내용을 이 문맥에서 끌어들였을까 하는 물음에 답변할 길이 없다.

콘첼만은 아예 "저주 예수"라는 저주의 말이 실제로 존재하였을까 의심을 하였다. 그에 의하면 이 저주의 말은 "주 예수"라는 공식적인 신앙고백의 외침말에 대한 대립어로서 바울이 만들어냈다는 것이다.

만일 이 말이 바울의 창작물이라면, 이 경우에 바울은 예수를 받아들이기 전 자신의 과거에 가졌던 생각이나 혹은 그와 유사하게 그리스도인들의 복음 선포에 대해 율법을 가지고 논쟁하였던 유대인들을 염두에 두고 한 것이라고 생각해볼 수 있다.

### 3. 다양한 영적 은사들과 한 성령(12:4-7)

"은사는 여러 가지나 성령은 같고 직분은 여러 가지나 주는 같으며 또 사역은 여러 가지이지만 모든 것을 모든 사람들 가운데서 이루시는 하나님은 같으니 각 사람에게 성령을 나타내심은 유익하게 하려 하심이라" (고전 12:4-7).

4-7절은 성령의 은사의 선물로서의 특징을 강조한다. 이것으로써 바울은 성령을 받았다고 우쭐거리는 고린도인들이나 혹은 남이 받은 은사보다 자기가 받은 은사가 열등하다고 우울에 빠지는 사람들 때문에 생긴 교회 안의 문제점들을 해결하기 위한 전제를 제시한 것이라 하겠다. 바울이 볼 때 성령의 은사는 모호하고 추상적인 것이 아니라 교회 안에서 봉사하는 일로 나타나고, 구체적인 역사로 나타난다. 바울은 여기서 성령의 활동에 대해 삼위일체적인 형태로 묘사하려고 한다. 그리고 성령-주-하나님의 순서로 이루어지고 있는 삼위일체적 표현에서 최종점은 성령의 작용과 주의 활동을 모두 포함하는 하나님에게 놓여 있다. 하나님은 모든 역사의 원동자이고, 성령의 은사를 서로 다른 방식으로 제공하는 수여자이다.

다양한 모든 은사가 하나의 같은 근원을 가지듯이 그 목적도 하나이고 같다. 즉 "유익"함을 위하여, 쉽게 말하면 쓸모 있도록 주어졌다는 것이다. 성령의 은사의 근원과 목적이 같다는 것을 강조하는 것은 결국 고린도교인들이 가지고 있었던 성령 이해에 대한 비판을 담고 있다. 고전 12-14장에 이어지는 전체 내용은 고린도인들이 개인적인 성령의 소유로 인해 거만해지고 결국 고린도교회 안에서 일어났던 분열과 다툼에 대한 비판이다.

### 4. 다양한 영적 은사들의 목록(12:8-10)

8-10절에는 다양한 성령의 은사들이 열거되고 있다. 지혜의 말씀, 지식의 말씀, 믿음과 병 고침, 능력의 행위, 예언, 영들의 분별, 방언과 방언의 통역 등. 여기 열거된 은사목록은 아마도 고린도교회에서 높이 평가하는 지혜나 지식, 또는 특이한 현상들이 고려된 것 같다. 12장 28절에서 바울은 은사목록들을 좀 더 구체적으로 "직책"의 차원에서 열거하기도 한다. 사도, 선지자, 교사, 능력을 행하는 자, 병 고치는 자, 처리하는 자, 방언하는 자 등.

#### 1) 말씀의 은사

첫 번째로 언급된 은사는 "지혜의 말씀"(λογος σοφιας: 로고스 소피아스)이다. 이것이 고린도교인들 사이에서 매우 선호되던 능력이라는 사실은 고전 1-4장의 내용을 통해 알 수 있다. 고린도전서 1장 22절에 의하면 지혜란 그리스인들이 추구하던 대상이다. 철학이라는 말이 그리스어로 필로소피아(φιλοσοφια), 즉 지혜를 사랑하는 일이라고 할 만큼, 지혜는 철학이 만연되어 있던 그리스 문화권에 사는 사람들에게 있어서 최고의 가치였다. 그러나 바울은 고전 1-4장에서 "십자가의 말씀"을 "세상의 지혜"에 대립개념으로 내세운다. 그리고 십자가를 하나님의 지혜라고, 세상의 지혜와 비교 불가능하도록 월등한 것으로 소개한다. 그럼에도 불구하고 영의 은사를 열거하는 12장 문맥에서는 고린도인들이 높이 평가하는 지혜의 말씀을 은사목록 맨 앞단에 열거한다.

두 번째로 "지식의 말씀"(λογος γνωσεως)이 언급되는 것으로 보아 바울은 분명히 지혜와 지식을 다른 것으로 이해하고 있다. 그리스인들에게 지혜와 지식은 소피아와 그노시스라고 어휘도 다르다. 한국인에게도 지혜와 지식은 다른 것으로 이해되고 있다. 지식은 학교를 다니고 책을 통해 배워서 축적된 것, 그래서 알아지고 이 앎이 살아가는 데 힘이 되는 것을 의미한다. 반면에 지혜는 학습을 통해 배우지 않더라도 살아가는 데 무엇이 필요한지 알고 일을 어떻게 처리해야 옳은지 알고 행하는 능력을 의미한다. 학교 문전에도 가보지 못한 배움 없는 할머니가 매우 지혜로운 경우가 회자되곤 한다. 우리 사회에서는 지혜 있는 사람을 현명한 사람, 똑똑한 사람이라고 부른다. 그런데 그리스 사람들에겐 지혜와 지식이 어떻게 다른가? 그리고 바울이 성령의 은사로서 지혜와 지식을 다른 것으로 말할 때 이 둘의 차이는 무엇일까?

이미 앞에서 말한 바와 같이 지혜는 그리스 전통에서 철학자들이 최고선으로 추구하던 것이었다. 철학하는 일, 즉 지혜를 사랑하는 일이란, 인생의 중요한 문제를 놓고, 가령, 죽음이란 무엇인가, 삶이란 무엇인가, 죽음 이후에 인간은 어떻게 되는가, 행복이란 무엇인가? 등의 주제를 놓고 깨달음이 올 때까지 대화를 계속하는 일이다. 이에 반해 지식은 다른 전통에서 유래한 개념이다.

그노시스는 그리스도교 이후에 구원과 관련해서 열광주의적으로 나아간 영지주의자들의 주요 개념이 되었기 때문에, 지금까지 학계에서는 그노시스가 헬라사상을 대변하는 것으로 이해되어왔다. 그러나 1947-56년에 사해 주변의 쿰란 동굴에서 문서들이 발견된 이후 그노시스에 대해 새로운 생각이 가능케 되었다. 첫 번째 동굴에서 발견된 그들의 찬양시집(1QH)을 보면, "하나님을 아는 지식"을 인해 감사하고 이 지식이 하나님이 주신 영에 의한 것이라고 고백하는 내용이 매우 빈번히 등장한다는 점이다(1QH XII, 11-12; XII, 18-19). 쿰란공동체는 철저히 유대인들의 단체로서 당대 유대인들을 사고를 대변한다. 하나님을 아는 일은 오직 성서, 하나님이 모세를 통해 전하신 거룩한 말씀(토라와 예언서들)을 통해서만 가능하다고 보았다(1QH XI, 15-18; XIV, 8-13). 그래서 그들이 하나님을 알고자 할 때엔 성서를 연구하는 일을 하였고, 그들에게 하나님을 아는 지식이란 결국 성서지식을 의미한다. 이렇게 볼 때, 지식은 기록된 문서에 기초를 두고 깨달아 알아진 것을 의미한다. 반면, 지혜란 사람의 머리, 즉 경험이나 논리에 맞는 사유를 통한 깨달음을 의미한다고 본다. 바이스는 이 본문을 고전 12:28의 직책과 연결하여 지식은 예언자와, 지혜는 교사와 연결시켰다. 8-11절의 은사들을 28절의 직책과 연결해보는 것은 매우 흥미로운 작업이다. 왜냐하면 바울 자신도 교회 안의 직책들을 성령의 은사에 기초를 둔 것으로 이해하고 있기 때문이다. 그러나 바이스의 위와 같은 연결은 개연성이 있을 것으로 입증할 길이 없다. 위와 같은 지혜와 지식의 개념 출처를 미루어볼 때, 오히려 지혜의 말씀과 예언자를 연결시키고, 지식의 말씀과 교사를 연결시키는 것이 적절해 보인다. 왜냐하면 교사란 예로부터 동서고금을 막론하고 아무거나 가르치는 사람이 아니라 무엇에 근거하여 가르치는 사람이다. 특별히 교회 안에서 가르치는 사람이란 쓰인 문서, 즉 거룩한 책, 성서를 가르치거나 혹은 사도들이 전한 신앙 전승문에 대한 해석을 해주는 사람이기 때문이다. 반면에 예언자란 무엇에 기초해서 가르치기보다는, 원래 구약 전통에 의하면, 미래에 있을 일을 하나님으로부터 직접 계시를 받아 전하는 사람이다.

뿐만 아니라 바울은 고린도전서에서 예언자에 대한 이해를 좀 더 포괄적으로 넓히고 있다: 예언자란 교인들을 위로하고 권면하는 일을 한다(고전 14:3). 물론 이러한 이해가 구약성서의 전통을 넘어선 것은 아니다. 왜냐하면 백성들에 대한 위로도 예언자의 임무 중의 하나이기 때문이다(사 40:1). 백성들을 위로하기에는 분명히 지혜도 필요했을 것이다. 이렇게 지혜의 말씀과 예언자를 연결시키기에 무난해 보이지만, 또 하나의 난점이 있다. 왜냐하면 지혜의 말씀과 지식의 말씀 외에 예언이 따로 언급되기 때문이다. 예언자란 여하간 예언과 관련될 것이 틀림없다.

그렇다면 마지막 남은 가능성은 지혜의 말씀과 사도를 연결시키는 일이다. 이 점에서는 각별히 유의해야 한다. 왜냐하면 바울은 고전 1-4장에서도 언급한 바와 같이 세상의 지혜에 대립 개념으로서 "십자가의 말씀"을 제시하고 있으며, 사도의 임무란 복음, 즉 예수 그리스도의 십자가 죽음과 부활의 소식을 전하는 일이기 때문이다. 지혜의 말씀이란 고린도인들이 선호하기 때문에 영의 은사들을 열거할 때 거리낌 없이 열거했지만(고전 12:8), 구체적으로 교회 안의 직분을 언급할 때엔 지혜의 말씀을 넘어서는 십자가의 말씀을 전하는 사도직을 언급하게 된 것이다(고전 12:28).

2) 치유와 능력, 그리고 신뢰의 은사

9절에서 은사의 하나로 언급된 "믿음"이란 바울 신학(인의론) 특유의 전문적인 용어로 쓰인 것은 아니다. 여기서의 믿음은 그 다음에 열거되고 있는 병 고침과 능력 행함과 같은 맥락에서 이해되어야 한다. 이 세 은사는 눈에 띄는 이적 현상들을 가리킨다. 영이 작용하는 곳에는 치유와 귀신축출과 같은 생명과 자유의 역사가 일어난다. 그런데 이 놀라운 기적들은 신뢰가 없이는 일어나지 않는다. 여기서 언급된 믿음이란 바로 치유와 능력의 역사가 일어날 수 있도록 하는 기적행위자에 대한 신뢰를 의미한다. 병 고침과 귀신 축출과 같은 놀라운 역사는 예수에게서 일어났고 그때에도 예수에 대한 신뢰가 전제되었다.

여기 언급된 신뢰와 치유, 능력 행함을 이해하기 위해서는 유대인들의 종말 이해를 알 필요가 있다. 수백 년 동안 유대인들은 그들의 현재에서 괴로운 경험을 많이 한 백성이었다. 그들은 하나님이 이 세상을 창조하시고 그가 특별히 이 백성을 선택하여 선한 길로 인도하심을 믿는다. 그런데 계속되는 인생고에서 그들은 마지막 때에 대한 희망을 갖게 된다. 즉 현재 그들이 당하는 고통은 그들이 죄를 지었기 때문인데, 마지막 때에는 하나님이 모든 악과 죄를 멸하신다는 것이다. 의인들은 그때 죄 용서함을 받고 성령을 선물로 받는다는 것이다. 유대인의 사유에 의하면 병이란 죄의 결과이다. 그런데 그리스도인들에게서 죄 용서함과 함께 병으로부터 해방되고, 지금까지 나를 누르고 억압해 온 사탄으로부터 해방되는 역사가 일어났다. 즉 사람들에게 참 생명과 자유를 주시기를 원하는 하나님의 이러한 종말론적인 구원의 역사가 예수와 함께 일어났고, 현재 그를 믿는 사람들을 통해서도 이러한 영의 역사는 계속되고 있다.

### 3) 예언과 방언의 은사

영의 은사로서 예언은 종말론적인 구원과 관련해서 특별한 의미가 있다. 예언이란 구약성서에 의하면 하나님이 직접적으로 개입하시는 것으로서 하나님과 인간 사이의 특별히 밀접한 연결을 의미한다. 하나님은 한 사람을 예언자로 선택하고 그를 통해 자신의 뜻이 알려지도록 하는 방식으로 인간 역사에 개입하신다. 그리고 특별히 요엘 3:1-5에 의하면 종말론과 관련이 있다. 랍비 문헌에 보면 예언자들의 활동은 성령의 작용으로 이해되고 있다. 랍비 문헌에 의하면 마지막 예언자 말라기 이후에 성령의 활동은 정지되었다. 그러나 마지막 때, 구원의 날에 다시 성령이 작용하리라는 것이다. 바울에 의하면 마지막 때의 영의 은사인 예언이 예수를 주로 고백하는 그리스도인들 사이에서 일어나고 있다. 그것도 소수의 특정인이 아니라 모든 그리스도인이 다 가질 수 있는 것처럼 바울은 고린도인들을 향하여 권면한다. "예언을 하려고 하십시오"(고전14:1). 바울에 의하면 현재는 더 이상 고난의 때만이 아니라, 이미 종말구원의 은사를 누리고 있는 구원의 때이다.

> "그런즉 누구든지 그리스도 안에 있으면 새로운 피조물이라
> 이전 것은 지나갔으니 보라 새것이 되었도다.
> 내가 은혜 베풀 때에 너에게 듣고 구원의 날에 너를 도왔다 하셨으니
> 보라 지금은 은혜 받을 만한 때요 보라 지금은 구원의 날이로다."
> (고후 5:17; 6:2)

그런데 이토록 중요한 예언의 은사를 왜 바울은 은사목록의 맨 앞에 언급하지 않고 비교적 하단에 언급한 것일까? 그것은 바울이 고전

12장 1절에서 "영적인 것(프뉴마티콘)에 관하여"라고 주제를 제기하면서 편지를 쓰는 이유를 알게 하는 데 관건이 된다. 12장 1절로 시작된 이 문제는 14장 40절 "모든 일을 적절하게, 그리고 순서 있게 하라"는 권면으로 마감할 때까지 계속된다. 바울이 12-14장에 이르기까지 장장 세 장에 걸쳐서 해결을 보려고 했던 문제는 방언은사로 인한 것이었다. 사람들이 교회 안에 모이면, 기도하고 찬양하는 것이 보통일 것이다. 그런데 기도 중에 누군가가 예언을 받았다고 말한다고 가정할 때, 그것은 큰 문제가 되지 않는다. 왜냐하면 예언이 어떤 내용인지 알아들을 수 있기 때문이다.

반면에 방언의 경우는 성격이 완전히 다르다. 방언은 전혀 알아들을 수 없는 말이기 때문이다. 경우에 따라서는 방언을 한 사람도 무슨 말을 했는지 모르는 경우도 허다하다. 방언을 한 사람이 자신이 무슨 말을 했는지 몰라서 답답해하는 경우는 별로 없는 것 같다. 왜냐하면, 방언의 의미는 그 내용에 있다기보다 하나님과의 비밀스럽고 긴밀한 교제라는 점에 있기 때문이다. 방언을 못 하는 사람들이 주변에서 방언하는 사람들을 볼 때, 문제는 달라진다. 왜냐하면 함께 기도하는 중에 다른 사람이 이해할 수 없는 말을 오랫동안 하면서 황홀경에 빠지는 것을 보면, 부럽기도 하거니와 방언하는 사람이 하나님과 어떤 내용의 교제를 나누고 있는지 궁금하게 되기 때문이다. 다른 한편 방언을 하는 사람은 자기가 무슨 말을 하는지 모른다 해도 남들 앞에 하나님과의 관계가 돈독하다는 것을 입증한 셈이 되기 때문에 그를 부러워하는 사람 앞에서 우쭐거릴 수 있었다. 바울은 사람들이 일반적으로 높이 평가하는 방언에 대해 예언을 대립시키면서 방언보다 예언하기를 힘쓰라고 권면한다(14:1). 은사로서 예언이 비교적 나중에 언급된 것은 방언과 가까운 위치에 놓고 대비시키려는 의도이다.

바울이 성령의 은사들을 열거하기 전에(4절), 그리고 열거하고 난 후 11절에서 이 모든 은사가 "한 성령", "같은 성령"에서 나왔다고 모든 은사의 평등성을 언급하는데, 이는 고린도교인들에 의해 방언의 은사가 다른 무엇보다 우위적인 것으로 평가되는 것에 대한 반론이라고 할 수 있다. 그리고 일부러 방언에 관한 것을 맨 나중에 언급하고 있는 것이다. 고린도전서 12-14장은 주제를 글 전체의 후미에 배치하는 미괄식의 글이라 할 수 있다.

바울은 고전 12:14-27에서 상이한 은사를 가진 교인들로 이루어진 교회를 "여러 지체를 가진 몸"에 유비하여, 각 지체마다 우위를 다룰 수 없이 모두 중요한 것처럼 은사들도 마찬가지라고 지적하는 것도 어떤 특정한 은사를 높이 평가하는 고린도교인들에 대한 반대의 의사표시라고 할 수 있다. 여기서 우리는 바울이 신령한 것, 영적인 은사를 언급하게 된 동기를 알 수 있다. 즉, 교회 안에서 방언을 말하는 사람과 그렇지 못한 사람 사이에서 오는 갈등의 문제를 해소하기 위함이다. 바울은 모든 은사가 같은 성령에서 나왔다고 말함으로써 은사들의 동등성을 주장하면서도 다른 한편 방언을 의도적으로 하위에 놓으려고 한다. 은사들을 구체적인 직책과 관련시켜 언급하는 28-31절에서는 이러한 의도가 더욱 두드러지게 나타난다. 즉 말씀 선포를 담당하고 교회의 리더급인 사도, 예언자, 교사를 선두에 언급하고, 그중에서도 고린도교회의 창설자인 사도 바울 자신을 가장 우위에 두었다. 그 다음으로 기적능력과 치유 같은 초자연적인 능력들이 다시 언급되고, 8-11절에 언급되지 않았던 봉사와 치리 및 가난한 사람들과 병자들을 돌보는 일이나 교회 관리도 은사로 언급되었고, 방언이 마지막으로 언급되었다.

바울이 방언을 의도적으로 은사 목록 끝에 언급하면서 방언을 높이 평가하기 때문에 오는 교회의 문제를 해결해보고자 했지만, 바울 자신도 무언가 불충분한 것을 느낀 것 같다. 14장에서 바울은 아예 방언과 예언을 대조시킴으로써 방언보다 예언할 것을 권면한다. 이 경우 기준은 이 말이 다른 교인들에게 유익한가 하는 점이다. 방언이 하나님을 위한 신령한 말(고전 14:2)이고 영으로 기도하는 말(고전 14: 2, 14)이라는 점에 바울은 동의한다. 바울은 자기 자신이 방언을 하는 것에 대해 긍지를 가지고 있었고(고전 14:18), 모든 교인이 자기처럼 방언을 할 수 있기를 희망한다(고전 14:5).

방언의 문제는 방언 그 자체에 있는 것이 아니라, 방언의 몰이해성에 있다. 즉 방언은 이해되지 않기 때문에 교회 안에서 아무런 유익을 끼치지 못한다는 것이다. 방언의 무용성을 바울은 아무 의미 없이 울리는 트럼펫 소리에 유비했다(고전 14:7-8). 이 방언이 교회 안에서 유용한 것이 되려면 사람들이 알아들을 수 있는 말로 통역되어야 한다는 것이다. 그래서 바울은 방언은 해석되거나 통역되어야 하며, 통역자가 없을 경우는 아예 침묵하라고 요청한다(14:5, 27-28). 방언에 대조적으로 예언을 언급한 이유는 고린도교회 내에서 방언을 하는 사람과 예언을 하는 사람이 경쟁을 하는 관계에 있어서라기보다는, 방언이 알아들을 수 없는 말인 데 반해 예언은 알아들을 수 있는 말이라는 점에 있다. 예언은 알아들을 수 있는 말이므로 교회 안에서 권면을 한다거나 위로를 함으로써 기여할 수 있다.

### 5. 성령 받은 사람은 교회 안에서 쓸모 있는 존재이다(12:11)

마지막으로 바울은 성령의 은사의 기준을 교회를 위한 기능 여부에 둔다. 아무리 위대하고 멋진 은사라 하더라도, 교회 안에서 다른 교인들의 마음을 상하게 하고 다른 사람에게 전혀 유익을 끼치지 못한다면 의미가 없을 뿐만 아니라 오히려 독이 될 수도 있다. 성령을 받은 사람은 다른 사람의 형편을 헤아리고 하나님 앞에서 아름다운 형제애를 나누려고 하는 사람이다. 성령의 은사는 성령께서 원하시는 대로 각 사람에게 나누어주신 것이다.

## III. 나오는 말: 성령과 함께 기뻐하자

성령 혹은 성령강림절과 관련하여 고린도전서 12장 1-11절을 검토한 결과 얻은 메시지는 다음과 같다.

### 1. 성령은 "주 예수"를 고백하게 한다

우리에겐 고정 관념이 있다. 때때로 우리가 가진 고정관념은 우리를 개방적이고 창조적인 사유와 생활을 방해하곤 한다. 성령의 역사와 관련해서 우리가 가진 고정관념은, 성령이 임하시면, "감화 감동"되어 무언가 감정적으로 찡한 것이 온다고 생각하는 점이다. 그러나 마음속에 찡한 감정이 오는 일은 성령과 관계없이 일어나는 경우도 많다. 가령 세계 최고 수준의 명연주가나 지휘자가 이끄는 연주회에 참석해서 감동을 받을 수도 있다. 또는 도시를 떠나 아름다운 풍경을 접했을 때 신령한 감동을 받기도 한다. 무언가 인간의 이성을 초월해서 기적적인 일이 벌어지는 것이 성령의 역사라고 보는 경향이 있다.

그런데 바울에 의하면 성령의 활동은 감정적인 작용이 아니라 믿는 자들 안에서 작용하는 구체적인 역사이다. 물론 기적적인 일도 성령의 역사이다. 그리고 하나님과 비밀스런 교제를 나누며 황홀경을 경험하는 것도 성령의 역사이다. 그러나 그 무엇보다도 예수를 주로 고백하게 하고 다른 사람들에게 쓸모 있는 일을 하도록 하는 것이 성령의 역사라는 점에 바울은 주안점을 둔다. 주 예수를 부르는 모든 그리스도인은 성령을 받은 자들이다. 아무 의심을 하지 말고 성령이 내게 어떻게 역사하는지 살펴보도록 하자. 다른 사람이 받은 은사와 비교해서 부러워하거나 시기 질투할 것이 아니라 내게 주신 성령의 은사를 인해 감사하고 기뻐하며, 받은 은혜를 나눔으로써 남들에게 유익을 끼치는 사람이 되자.

## 2. 성령은 하나이지만 성령의 역사는 다양한 모습으로 나타난다

### 1) 성령 받은 사람은 말을 잘한다

성령 받은 그리스도인들의 특징은 첫째, 전과는 달리 말을 잘하게 되었다는 것이다. 성령 받은 사람들이 무슨 말을 잘하는가 하면, 주예수를 고백하는 말이다. 그들은 예수를 주로 고백하고 전한다. 그리고 그들은 지혜의 말, 지식의 말, 예언의 말에 능하고, 사람들이 알아들을 수 없는 헛말(방언)도 할 수 있다. 방언을 해석하거나 통역할 수도 있다. 그리스도를 믿고 하나님의 은혜를 체험하는 성령 받은 그리스도인들은 입을 다물고 있을 수가 없다. 그들은 예수 그리스도를 통한 하나님의 놀라운 구원의 역사에 대해 침묵할 수가 없다. 성령 받은 그리스도인들이 모이면 조용하지 않다. 그들은 교회 밖에 나아가서 예수 그리스도를 전도하고, 교회 안으로 들어오면 예수 그리스도를 고백한다. 그들이 모인 곳에는 소리가 난다. 믿는 자들은 다른 형제들의 말에 귀를 기울일 뿐만 아니라 믿지 않는 사람들도 이 공동체에 대해 관심을 가지게 된다. 사람들은 말을 통하여 다른 형제를 권면하고 위로하며, 서로에게 유익한 일을 도모함으로써 자유와 생명을 주기 원하시는 하나님의 의도를 전하고 실천하며 그리스도 안에서 하나된 공동체를 더욱 돈독히 한다.

2) 성령 받은 사람은 능력을 발휘한다

말을 못 한다고 해서 성령을 못 받는 것은 물론 아니다. 말의 능력은 받지 못했지만 누구를 신뢰할 수 있다거나 병을 고치거나 능력을 행함도 성령의 역사이다. 초기 그리스도교에서는 병자들이 치유 받는 일과 귀신을 내어 쫓는 능력 행함의 일이 많이 일어났다. 치유와 귀신 축출의 역사는 예수님이 지상에서 활동하시던 때부터 일어났다. 이 구원의 역사, 즉 생명과 자유의 역사는 신뢰가 없으면 생기지 않는다. 치유와 능력의 역사는 예수를 주로 고백하는 그리스도인들 사이에서도 일어난다. 예수 그리스도 안에서 하나님이 역사하셨던 것처럼, 이제 믿는 자들 안에서 하나님의 영이 작용하기 때문이다. 인간의 보통 능력을 넘어서는 초자연적인 치유와 능력의 발휘를 통해 그 사람 자신의 능력이나 그의 이름이 부각되는 일은 성령의 역사라고 보기 어렵다. 왜냐하면 성령은 하나님의 영으로서 성령의 역사는 하나님의 구원 역사, 생명의 역사가 드러나는 것이기 때문이다.

### 3) 성령 받은 사람은 봉사한다

말을 잘하는 것과 능력을 행하는 것 외에 서로 돕는 것과 치리하는 것도 성령 받은 표시이다. 예수를 통한 하나님의 구원 역사에 관한 소식을 받아들인 그리스도인들은 개인 구원에 만족하고 지낸 것이 아니라, 초창기부터 함께 모여 기도하는 공동체를 이루었다(행 1:14). 그리스도교 공동체는 예수 그리스도를 통해 구원 활동을 시작하신 하나님을 찬양하고, 함께 식사를 하며(고전11:18-34) 감사와 기쁨을 나누었다. 이 공동체는 혈연관계를 넘어 하나님을 아버지라고 부르는 자들의 공동체로서 서로를 형제라고 부른다. 하나님 아버지를 중심으로 하는 이 사랑의 가족공동체는 구체적으로 공동식사를 하는 일에서 가족공동체를 실현한다. 부유한 사람은 많이 가져오고 어려운 사람은 거저먹는다. 함께 식사를 하노라면 식탁을 차리거나 음식 시중을 드는 등 여러 가지 봉사할 일이 많다. 큰 행사가 있을 때에는 재정적으로나 행정적으로 처리를 해야 할 일도 많다. 거룩한 공동체가 유지되기 위해 필요한 일들을 위해 봉사하는 것, 이것도 성령의 은사이다.

## 3. 성령 받은 그리스도인은 다른 사람의 유익을 구한다

성령의 역사는 다양하기 때문에 그리스도인의 모습도 다양하다. 어떤 사람은 말씀의 능력, 치유와 이적의 능력, 봉사의 능력까지 다 구비한 사람이 있을 수도 있지만 대부분의 사람들은 이 은사들 중에 한둘 정도 가지고 있을 것이다. 가령 사도 바울의 경우는 지혜의 말씀, 지식의 말씀, 예언과 방언을 했다. 그는 사도이고 예언자이며 교사이기도 했을 것이다. 바울이 공동식사 때에 남의 식사 시중을 드는 봉사까지 했었을 거라든가, 혹은 교회의 재정 관리를 담당했으리라고는 생각되지 않는다. 왜냐하면, 그는 교회에 머물러 관리하는 자가 아니라 어디든지 나아가 예수의 복음을 전하는 데 심혈을 기울였기 때문이다. 가령 한국의 대형교회 목사님들의 경우를 보면 대개, 그분들은 말씀의 은사들(지혜, 지식, 예언과 방언), 병의 치유와 귀신 축출의 능력 등의 은사들을 가지고 계실 것이다. 게다가 그분들은 또 교회의 일꾼들과 교인들, 재정과 사업을 유능하게 운영하는 경영 은사도 가지고 있다. 그러나 그분들이 교인들의 식사 시중을 드는 봉사를 하거나 교회 차량 정돈을 하는 봉사를 하면서 즐거워할 수 있는 은사를 받았으리라고는 상상이 되지 않는다. 이처럼 아무리 많은 은사를 받은 사람이라 하더라도 모든 은사를 다 받았다고는 볼 수 없다. 대부분의 사람들은 한둘 정도의 은사를 받았을 것이다. 아무것도 할 수 없지만 식사준비는 할 수 있다거나, 혹은 말은 못하지만 계산은 할 수 있어서 교회의 회계 정리를 할 수 있다거나, 혹은 성서에 대한 전문지식은 없지만 예언의 능력은 있다거나, 청소하는 봉사를 할 때엔 즐겁지 않은데, 학생들을 앞에 놓고 가르치려면 자기가 생각했던 것보다 훨씬 더 많은 내용이 흘러나오고 기쁨이 넘치는 사람, 병든 자를 위해 기도하면 치유되는 놀라운 경험을 하는 사람도 있을 것이다. 이처럼 성령의 은사는 실로 각 사람에게 다양하게 나타난다.

그러나 이 많고 다양한 능력들이 과연 하나님으로부터 오는 은사인지 아닌지는, 이 능력이 그 사람 개인의 자랑을 위해 소용되고 있느냐, 아니면 다른 사람의 유익을 도모하느냐에 의해 분별된다. 고전 12-14

장에서 거론된바, 하나님과의 밀접한 관계를 확인하고 유지하는 방언이라 할지라도 그것이 다른 교인들의 마음에 열등감이나 시기심을 조장시킬 경우(알아듣지 못하는 말이므로), 통역을 해서 다른 사람들의 궁금증을 풀어주고, 통역자가 없을 경우는 공공장소에서 하지 말라고 권면한다(고전 14:28). 왜냐하면 알아듣지 못할 말로써 방언을 사람들 앞에서 하는 것은 자신과 하나님의 관계가 돈독한 것을 자랑하는 행위이지 다른 사람들에게 아무런 유익을 주지 못하기 때문이다. 지혜의 말씀이든, 지식의 말씀이든 혹 예언의 말씀이든 다른 사람의 유익을 도모하는 것이 아니라 말하는 사람의 자랑을 위해서 이루어지고 있다면, 이것이야말로 바울이 경계하는 일이다. 가령 어떤 사람이 예언을 받았다고 하면서 다른 사람의 마음을 괴롭히고 결국은 그 사람의 생활과 신앙을 파괴적으로 이끌게 하는 일은 영의 은사라고 말할 수 없음은 자명하다. 그래서 바울은 영의 분별까지도 은사의 하나로 넣었던 것이다. 그리스도인들이 무슨 말을 하든지, 무슨 행위를 하든지 그것이 영의 은사인 것은 그것이 다른 사람의 유익을 도모하고, 하나님과 주님 안에 머물면서 사랑의 교제를 나누게 하기 때문이다.

제9장

# 믿음 소망 사랑 중에 사랑이 제일인 이유

— 바울 신학 이해를 위한 소고

## I. 들어가는 말

"믿음 소망 사랑, 이 세 가지는 항상 있을 것인데, 그 중의 제일은 사랑이라."

이 표현은 고린도전서 13장 13절에 나온다. "사랑장"이라고도 불리는 고린도전서 13장은 성령의 은사 문제를 다루는 고린도전서 12-14장 안에 위치한다.

고린도전서 12-14장은 성령의 은사들 중에 특별히 알아들을 수 없는 방언으로 인해 고린도교인들 간에 갈등이 생긴 문제에 대해 해법을 제시하기 위해 바울이 기록한 것이다. 예언이나 방언, 지식이나 지혜와 같이 고린도교인들이 당시에 성령의 은사로서 사모하거나 이미 소유했다고 자랑하는 모든 것에 대해 바울은 그것들은 현재 온전한 것이 아니라 다만 부분적인 것들이며, 구원의 완성 때에 비로소 온전하게 될 것이라고 선언한다. 그리고 고린도교인들이 부러워하는 방언과 같은 신령한 은사도 사랑이 없다면 시끄러운 꽹과리 소리일 뿐이라고 진술하기도 한다(고전 13:1-2). 이와 같은 문맥으로 이해하면, 예언이나 방언, 그 어떤 좋은 말도 사랑이 없으면 아무 의미가 없다. 오직 사랑으로 할 때라야 사람에게 감동을 주고 위로를 주어 유익을 가져다줄 수 있다는 뜻으로 이해할 수 있다.

성령의 은사로 인한 갈등 문제를 풀기 위한 해법으로 나오는 말이긴 하지만, "믿음 소망 사랑 중에 제일은 사랑"이라는 바울의 말의 의미는 고린도전서 12-14장의 문맥에서뿐만 아니라, 바울 신학 전체 안에서 조명해볼 때 더욱 부각된다. 그리스도인들은 무엇을 믿고 무엇을 소망하며 무엇을 어떻게 사랑하는 사람들인가? 믿음이 무엇이기에, 소망이 무엇이기에, 사랑이 무엇이기에 그리스도인들에게 이 셋이 가장 중요하며, 또한 이 셋 중에서도 특별히 사랑이 제일인 이유는 무엇일까? 사랑보다 믿음이 더 중요하고 우선하는 것이 아닐까? "믿으면 구원을 얻는다"(롬 10:9; 행 16:31)고 교회는 가르치는데, 구원을 얻는 믿음보다 왜 사랑이 제일인가?

이 글은 믿음의 내용과 소망의 내용, 사랑의 내용이 각각 무엇인지 고찰함으로써 믿음 소망 사랑 중에 사랑이 제일인 이유를 찾아보려는 것을 목적으로 한다. 신약학계에서나 일반 신앙인 입장에서나 어느 누구도 지금까지 왜 사랑이 제일이냐고 의문을 제기한 적은 없었다. 사람들은 대개 성경을 읽을 때 "하나님의 말씀"으로 읽기 때문에 "왜?"를 묻기보다는 "그런가 보다"라고 그냥 동의해버리는 경우가 많다. 그러나 필자는 오랫동안 믿음 소망 사랑 중에 사랑이 제일인 이유를 알고 싶었다. 종교 개혁자 루터도 사랑을 강조하기보다 믿음을 강조하였다. Sola fide(오직 믿음만으로), Sola scriptura(오직 성경만으로)는 주창하였어도 사랑을 내세우진 않았다. 성경에는 믿음보다 사랑이 제일이라는데. 한국교회도 사랑보다는 믿음을 더 중요하고 우선하는 것으로 가르치고 있지 않은가? 바울은 왜 믿음보다, 소망보다, 사랑이 제일이라고 하는가?

## II. 본말

### 1. 바울이 전하는 믿음의 내용: 예수 그리스도의 죽음과 부활

선교자로서 바울이 무엇을 믿고 무엇을 전했는지는 고린도에 보내는 편지에서 찾아볼 수 있다.

> "내가 너희에게 전한 복음을 너희에게 알게 하노니, 이는 너희가 받은 것이요 또 그 가운데 선 것이라. 너희가 만일 내가 전한 그 말을 굳게 지키고 헛되이 믿지 아니하였으면 그로 말미암아 구원을 받으리라. 내가 받은 것을 먼저 너희에게 전하였노니… 그러므로 나나 그들이나 이같이 전파하매 너희도 이같이 믿었느니라"(고전 15:1-3, 11).

이 구절들에 의하면, 초기 선교자들이 사람들에게 전한 메시지를 "복음"(ευαγγελιον, 기쁜 소식)이라고 칭하였음을 알 수 있다. 바울이 전하는 복음은 "말"이고, 그가 믿고 전하는 신앙의 내용이다. 그리고 이것은 바울뿐만 아니라 그리스도인이 된 모든 사람이 가진 신앙의 내용이기도 하다. 그리스도인의 믿음의 내용이며 삶의 기초가 되고 있는 복음의 내용은 3-5절에 제시되고 있다.

"이는 성경대로 그리스도께서 우리 죄를 위하여 죽으시고 장사 지낸바 되셨다가 성경대로 사흘 만에 다시 살아나사 게바에게 보이시고 후에 열두 제자에게와 그 후에 오백여 형제에게 일시에 보이셨나니 그 중에 지금까지 대다수는 살아 있고 어떤 사람은 잠들었으며 그 후에 야고보에게 보이셨으며 그 후에 모든 사도에게와 맨 나중에 만삭되지 못하여 난 자 같은 내게도 보이셨느니라"(고전 15:3-8).

이에 의하면 신앙의 내용은 그리스도의 죽음과 부활로 요약된다. 바울은 그가 전하는 복음이 그가 창작한 것이 아니라 그도 받은 것이라고 밝힌다. 다시 말하면 그리스도의 죽음과 부활이란 신앙의 내용은 바울이 고린도서를 쓰기 이전에 이미 형성되어 있었다는 것이다. 이에 착안을 하여 크라머(Kramer)는 고전 15:3-4이 가장 오래된 신앙고백문이라고 주장하였다.[1] 고린도전서가 53-54년경에 쓰였다면 이 신앙문은 예수의 사후 30년-50년대 사이에 형성된 것이라 할 수 있다.

크라머의 주장 이후 많은 학자들이 그리스도교에서 가장 오래된 신앙문이 무엇인지 찾고자 연구하였다. 크라머의 연구 이후 9년 후에 벵스트(Wengst)[2]는 고린도전서 15장 3-4절에 전해지는 그리스도의 죽음과 부활에 관한 신앙고백문은 비교적 후기에 형성되었으며, 그보다 먼저 형성된 신앙문이 있다는 것과 이 신앙문들이 매우 고정적인 문장 형태로 전해지고 있었다는 것을 주장함으로써 크라머의 주장은 설득력을 잃게 되었다.[3] 벵스트는 신앙고백의 내용에 따라, 그리스도

1) W. Kramer, *Christos Kyrios Gottessohn* (Zürich: Zwingli Verlag, 1963), 15-40.

2) K. Wengst, *Christologische Formeln und Lieder des Urchristentums* (Gütersloh: Gütersloher Verlag, 1972).

3) Ph. Vielhauer, *Geschichte der urchristlichen Literatur* (Berlin: Gruyter, 1975), 14-22.

의 부활만을 전하는 부활고정문, 예수의 죽음만을 전하는 죽음고정문, 예수 그리스도의 죽음과 부활을 함께 전하는 복합고정문으로 분류했다.

#### 1) 부활고정문

벵스트에 의하면 가장 오래된 신앙고정문은 예수 그리스도의 부활에 관한 것이다.[4] 가장 대표적인 문장은 로마서 10장 9절에서 찾아볼 수 있다.

> "네가 만일 네 입으로 예수를 주로 시인하며
> 또 하나님께서 그를 죽은 자 가운데서 살리신 것을
> 네 마음에 믿으면 구원을 얻으리니"

이 문장에서 "믿다"(πιστευω)는 동사의 목적어로 쓰인 것이 신앙의 내용이라 하겠다. 이 문장에서는 헬라어 ινα(목적절을 이루는 접속사)가 이끄는 목적절이 믿다의 목적어가 되고 있다. 목적절에서 주어는 하나님 목적어는 인칭대명사 삼인칭 남성 목적격이 사용되고 있다. 바로 앞에 "예수"가 나오므로 인칭대명사는 예수를 가리키는 것이 분명하다. 즉 믿음의 목적어는 하나님이 예수를 죽은 자 가운데서 살리셨다는 것이다. 이처럼 믿다의 목적절로서 하나님이 주어로 예수가 목적어로 서술적으로 사용되는 문장이 있는가 하면, 아래와 같이 하나님을 수식하는 관형어구로 이루어진 문장도 있다.

---

4) Wengst, 앞의 책, 27-48.

"죽은 자 가운데서 그리스도를 살리신 하나님 아버지"(갈 1:1).

"예수 우리 주를 죽은 자 가운데서 살리신 이를 믿는 자"(롬 4:24).

"너희는 저를 죽은 자 가운데서 살리신 하나님을 … 믿는 자니"(벧전 1:21).

"죽은 자들 가운데서 그를 일으키신 하나님"(골 2:12).

벵스트는 위 구절들을 종합하여 바울 이전에 형성되고 전해지는 부활고정문을 다음과 같이 재구성하였다.[5] "하나님이 예수를 죽은 자 가운데서 일으키셨다." 이 문장에서 주어는 하나님, 목적어는 예수, 동사로는 "일으키다"(ἐγειρω)의 단순과거형이 쓰였다. 이 단순한 문장으로써 부활 사건은 전적으로 하나님의 구원 역사라는 것과 예수에게서 이 구원의 사건이 단번에 일어났음을 말해준다.

벵스트에 의하면 부활고정문은 가장 먼저 형성된 신앙고백문이며 팔레스틴 원교회에서 이루어졌다.[6] 왜냐하면 유대인들은 마지막 때 하나님이 죽은 자를 일으키리라는 희망을 가지고 있었으므로 이 사건에 대해서는 더 이상 신학적 해석을 필요로 하지 않고 그 사실 자체만으로도 신학적 의미가 담지되어 있기 때문이라는 것이다.

부활을 나타내는 문장 중에는 하나님이 아니라 그리스도가 주어로 쓰인 경우도 있다. 즉 "그리스도께서 (죽은 자 가운데서) 다시 살아나셨다"는 문장인데, 주목할 만한 것은 그리스도가 부활의 주체로서 스스로 살아났다고 전하는 이 문장은 바울 서신 중에서 고전 15:12-20에만 여섯 번 나오고 있다는 점이다. 벵스트는 이러한 사실에 착안을 하

5) 앞의 책, 32.

6) 앞의 책, 42.

여 그리스도가 부활의 주체로 표시되는 이 고정문은 신앙고정문으로 따로 형성되어 전해진 것이 아니라 고린도전서 15장 3-4절에 소개된 복합고정문의 영향으로 바울이 쓴 것이라고 지적한다.[7)]

하나님이 하늘과 땅을 만드신 창조주시며 이스라엘을 이집트로부터 이끌어내신 분이라는 것이 유대교 전통에서 주된 신앙고백이었다면, 하나님이 예수를 죽은 자들로부터 살리셨다는 신앙고백은 부활이라는 구원사건의 주체자로서 하나님을 파악한 창조적인 신앙고백이라고 볼 수 있다.

### 2) 죽음고정문

예수의 죽음을 신앙의 내용으로 전하는 고정문으로는 두 가지 종류가 있다. 하나는 "내어주다"(παραδιδομι)는 동사가 사용되는 경우와 다른 하나는 "죽다"(θνησκω)가 사용되는 경우이다. "내어주다"는 동사가 사용되어 예수의 죽음을 전하는 신앙고정문을 "내어줌의 고정문"이라고 부르고 "죽다"는 동사가 사용되는 신앙고정문은 "죽음고정문"이라 부른다.

#### (1) 내어줌의 고정문[8)]

"자기 아들을 아끼지 아니하시고 우리 모든 사람을 위하여 내주신 이"(롬 8:32).

"그리스도께서 하나님 곧 우리 아버지의 뜻을 따라 … 우리 죄를 대속하

7) 앞의 책, 34.
8) 앞의 책, 55-77.

기 위하여 자기 몸을 주셨으니"(갈 1:4).

"나를 사랑하사 나를 위하여 자기 자신을 버리신 하나님의 아들을 믿는" (갈 2:20).

벵스트는 "내어주다"(παραδιδομι 혹은 διδομι)는 동사가 사용된 여러 문장들을 고려하여 내어줌의 고정문을 다음과 같이 재구성하였다. "하나님이 우리(죄)를 위하여 자기 아들을 내어주셨다." 즉 하나님이 주어, 그의 아들이 목적어, 그리고 내어주다(παραδιδομι)라는 동사가 단순과거형으로 사용된 문장이다. 단순과거형 동사를 사용하여 예수의 죽음은 하나님이 그의 아들을 사용하여 "단번에" 이루신 구원사건임을 말해준다.[9] 이 문장에서는 "우리(죄)를 (대속하기) 위하여"라는 부사구가 필수적이다. 이것은 예수의 죽음을 우리를 위한 대속죽음으로 이해하는 신학적 해석이 담겨 있음을 말해준다.

(2) 죽음의 고정문[10]

"죽다"(θνησκω)라는 동사가 사용되어 예수 그리스도의 죽음을 표현하는 신앙고정문은 다음과 같은 구절들에서 찾아볼 수 있다.

"그리스도께서 우리를 위하여 죽으심으로"(롬 5:8).

"그리스도께서 대신하여 죽으신 형제를"(롬 14:15).

"그는 그리스도께서 위하여 죽으신 형제라"(고전 8:11).

"그리스도께서 헛되이 죽으셨느니라"(갈 2:21).

---

9) 앞의 책, 62-63.

10) 앞의 책, 78-86.

"예수께서 우리를 위하여 죽으사"(살전 5:10).

죽음의 고정문은 다음과 같이 재구성될 수 있다. "그리스도께서 우리를 위하여 죽으셨다." 그리스도가 주어, "죽다"라는 자동사는 단순과거형으로 사용된다. 그리고 내어줌의 고정문과 마찬가지로 이 문장에서도 "우리를 위하여"라는 부사구가 필수적이다. 예수의 죽음이 대속죽음이라는 신학적 해석이 첨가되고 있는 것이다. 이 문장이 주어도 예수라기보다는 그리스도였으리라고 벵스트는 추정을 하고 있다.

벵스트에 의하면 죽음고정문은 부활고정문에 비해서 후기에 생겼으며, 헬레니즘계 교회에서 형성되었다.[11] 유대인들이 죽음을 긍정적으로 여기지 않는 반면에, 그리스 정신에는 "형제를 위하여", 혹은 "친구를 위하여", 혹은 조국이나 민주주의 등과 같은 대의명분을 위하여 죽는 죽음을 칭송하는 예들이 있기 때문이라는 것이다. 그리고 그리스도인들이 예수 그리스도의 죽음을 이와 같이 "우리를 위한 죽음"이라고 신학적 해석을 내릴 수 있는 것은 이미 그가 부활했다는 사실을 전제할 때 가능하다는 사실도 지적하였다.[12]

### 3) 복합고정문

크라머가 신앙고백문으로서 가장 오래되었을 것이라고 주장했던 고린도전서 15장 3-4절은 벵스트에 의하면 부활고정문과 죽음고정

---

11) Wengst, 앞의 책, 66-67. 그 외 예수의 죽음에 대한 구속사적 해석의 기원에 관한 다양한 연구들에 대해서는, 김창선, "예수의 죽음에 대한 구원론적 해석의 기원 연구", 「말씀과 교회」 19집(1998 여름), 112-131 참조.

12) Wengst, 앞의 책, 71.

문이 형성된 이후에야 비로소 이루어졌다. 이 문장에는 예수 그리스도의 죽음과 부활에 대해 매우 깊고도 다양한 신학적 숙고를 한 흔적이 엿보이기 때문이다.[13]

> "성경대로 그리스도께서 우리 죄를 위하여 죽으시고 장사지낸바 되었다가 성경대로 사흘 만에 다시 살아 나사 게바에게 보이시고, 후에 열두 제자에게와…."

이 문장에서 주어는 그리스도이며, 신앙의 내용인 그리스도의 죽음과 부활을 전하기 위해 네 가지 동사가 사용되고 있다. "죽다, 장사지낸바 되었다, 다시 살아나다, 보이다." 이 중에서 "장사지낸바 되었다"는 동사는 죽었다는 사실을 더욱 확고하게 나타내주는 강조의 역할을 하고 있고, "보이셨다"는 동사는 다시 살아났다는 사실을 더욱 확실하게 표현해주는 것으로 마찬가지 강조의 역할을 하고 있다.

또한 이 문장이 비교적 후기에 형성된 문장이라는 사실은 "성경대로"라는 부사구와 "사흘 만에"라는 부사구 때문에 더욱 지지를 얻고 있다. 이미 살펴본 바와 같이 부활고정문이나 죽음고정문, 그 어느 것에도 아직은 성경적 고찰을 한 것은 없다. 그러나 이 문장에서는 예수 그리스도의 죽음과 부활이 성경에 의한 것인지 아닌지 신학적 숙고를 거친 다음이라는 것을 알 수 있다.

이외에 예수의 죽음과 부활을 함께 전하는 복합고정문으로는 롬 4:25; 8:34; 14:9; 고후 5:15; 살전 4:14를 들 수 있다.

---

13) 앞의 책, 92-104.

"예수는 우리 범죄함을 위하여 내어줌이 되고, 또한 우리를 의롭다 하심을 위하여 살아나셨느니라"(롬 4:25).
"죽으실 뿐만 아니라 다시 사신 이는 그리스도 예수시니"(롬 8:34).
"이를 위하여 그리스도께서 죽었다가 다시 살아나셨으니"(롬 14:9).
"오직 저희를 대신하여 죽었다가 다시 사신 자를 위하여"(고후 5:15).
"우리가 예수의 죽었다가 다시 사심을 믿을진대"(살전 4:14).

이상과 같이 살펴본 바에 의하면 바울이 "받아서 전하는" 믿음의 내용이란 예수 그리스도의 죽음과 부활 외에 다른 것이 아니다. 그리스도의 부활을 나타낼 때 그리스도가 능동적으로 일어난 것처럼 묘사된 글도 있지만(고전 15장), 대부분의 문장에는 부활 배후에 하나님이 행하셨다는 이해가 들어 있다. 즉, 하나님이 예수를 죽은 자 가운데서 일으키셨다(롬 10:9)는 것이다. 그리고 그리스도는 일으킴을 받은 것이다. 죽음을 이기고 생명을 살리시는 하나님의 구원 역사가 예수 그리스도의 부활을 통해 시작되었다. 놀라운 구원의 역사를 이루기 위해 예수의 죽음은 불가피했다고 보는 것이다. 이것이 그리스도인들이 받아들인 복음의 내용, 그들 믿음의 내용이며, 이것은 모두 "과거에 일어난 일"임을 밝혀준다. 물론 "하나님을 믿는다", "주 예수를 믿는다"는 표현도 사용되는데, 이러한 표현은 하나님의 인격이라든가, 하나님의 존재를 인정한다는 내용이라기보다는, 그리스도의 죽음과 부활을 포괄하는 내용이 함축되어 있다고 할 수 있다.

그러므로 믿음이란 복음, 즉 예수 그리스도와 관련된 "이미 일어난", 과거의 사건에 대한 소식을 받아들이면서, 그 사건과 자신을 관련시키는 일이라고 할 수 있을 것이다. 믿음은 그리스도와 관련된 사람이 되는 것, 즉 그리스도인이 되는 출발점이라고 할 수 있을 것이다.

## 2. 바울이 전하는 소망의 내용: 죽은 자들의 부활

### 1) 데살로니가전서 4:13-18

바울서신 중에서 그리스도인의 소망의 내용으로서 고려할 수 있는 것은 데살로니가전서 4장 13-18절[14]이다. 이 본문은 데살로니가 교회에서 죽는 사람들이 나오자, 예수께서 다시 오시기 전에 죽는다면 예수 믿는 것도 아무런 의미가 없다고 생각하고 슬퍼하는 교인들을 위로하기 위해 기록된 것이다(살전 4:13b, 18).

바울은 이 문제를 다루기 위해 "잠자는 자들에 관하여"라는 표현으로써 주제를 제시한다(살전 4:13a). 여기서 잠자는 자들이란 표현은 죽은 자들을 의도적으로 대신한 것이다. 바울의 입장에서는 죽음으로써 모든 것이 끝난 것이 아니라 이미 죽은 자들도 예수 그리스도의 재림 때에 부활하여 구원의 완성에 참여하게 될 것을 확신시키고 위로하고자 하였기 때문에, 죽음을 예수 그리스도의 부활 때까지 잠시 잠을 자는 것으로 표현하고 싶었을 것이다. 그러므로 "잠자는 자들에 관하여"란 주제 제시는 "죽은 자들에 관하여", 혹은 "죽은 자들의 부활에 관하여"라고 해도 무방하겠다.

그리스도인들이 소망을 가진 사람들이라는 것은 13절에서 확인할 수 있다. 바울은 이 편지를 쓰는 이유까지 제시한다. 바로 "그리스도인

---

14) 이에 관한 해석으로 추천할 만한 책으로는 G. Sellin, *Der Streit um die Auferstehung der Toten. Eine religionsgeschichtliche und exegetische Untersuchung von 1 Korinther 15* (Göttingen: Vandenhoeck und Ruprecht, 1986), 37-49.

들이 소망 없는 사람처럼 살지 않기를 바라서"라는 것이다. 그리고 이미 죽은 사람이나 현재 살아 있는 사람이나 마지막 때 온전한 구원을 얻기에는 전혀 차별이 없다고 말함으로써(살전 4:15) 이 문제로 고민하고 슬퍼하는 사람들을 위로하고자 하는 노력이 역력하다.

그리스도인들이 가지는 부활이라는 소망은 아무 근거가 없는 것이 아니라 분명한 역사적 근거를 가진다. 그 근거란 다름 아니라 바로 예수 그리스도의 부활이다. 이는 14절에 잘 표현되어 있다. "예수께서 죽었다가 다시 사셨다는 것을 우리가 믿는다면, 하나님이 예수 안에서 자는 자들을 그와 함께 데리고 오실 것이다." 이와 같이 바울은 그리스도인들이 잘 알고 있는 신앙고정문을 소망의 근거로 제시한다.

15-16절에서 바울은 예수께서 강림하실 때 일어날 현상을 소개하고 있다. 주께서 다시 오실 때에 호령, 천사장의 소리, 하나님의 나팔소리가 크게 울려 퍼질 것이다. 이것은 유대인들이 종말에 일어날 것으로 기대해오던 표상이다. 호령, 천사장의 소리, 하나님의 나팔, 이 세 가지는 모두 전쟁 포고를 의미한다. 유대인들은 이처럼 종말에 하나님이 모든 악과 죄를 섬멸하기 위한 전쟁을 일으킬 것으로 기대했다.[15]

유대인인 바울은 그 당시 일반 유대인들이 가지고 있었던 종말 기대를 알았고, 종말에 관한 유대 표상을 빌려온다. 이 본문에서는 종말 전쟁을 연상시키는 전통적인 표현들인 "호령, 천사장의 소리, 하나님

15) 유대인들이 가졌던 종말 기대에 관해서는 P. Volz, *Eschatologie der jüdischen Gemeinde im neutestamentlichen Zeitalter* (Tübingen: Mohr, 1934) 참조. 종말 전쟁에 관한 표상은 쿰란 문헌 1QM(전쟁두루마리)에 반영되고 있다. 이 문헌에 의하면 마지막 때는 하나님이 전쟁의 지휘관으로서 이스라엘 민족을 이끄시며 악을 섬멸하신다는 것이다. 종말 전쟁은 40년간 지속되며, 안식일과 안식년을 지켜가며 전쟁을 수행한다는 것이다. 1QM 텍스트는 E. Lohse, *Die Texte aus Qumran. Hebräisch und Deutsch* (Darmstadt: Wissenschaftliche Buchgesellschaft, 1981), 177-225 참조.

의 나팔소리"를 사용한다. 그러나 더 이상 전쟁 상황을 묘사하지 않는다. 그 대신 죽은 자들의 부활만을 묘사한다. 그리스도께서 다시 오시면, 죽은 자들이 다시 일어날 것과 그때까지 살아 있는 자들은 다시 생명을 얻은 사람들과 함께 구름 속으로 들려 공중에서 주를 만나게 되리라고 말한다. 주님은 내려오시고 그리스도인들은 올라가, 하늘도 아니고 땅 위도 아닌 중간 지점에서 주님을 만난다는 식의 묘사이다. 유대인들은 마지막 때의 심판이나 구원이 하늘이 아니라 그들이 살고 있는 지구상에서 일어난다고 생각했다.[16)]

한국의 그리스도인들 중에는 죽으면 하늘에 올라가 하나님과 예수님, 그리고 우리보다 먼저 죽은 모든 아는 사람들을 만나서 영원히 산다고 생각하는 사람들이 많이 있다. 마치 죽음이 천국으로 가는 첫걸음인 것 같은 인상이다. 그러나 바울이 이 본문에서 전하는 바에 의하면 유대인들의 구원 이해나 한국 그리스도인들의 구원 이해와는 거리가 있다. 죽은 자는 땅 아래 있다가 예수님이 다시 오실 때에 생명을 얻어 공중에 들려진다는 것이지, 죽자마자 하늘로 올라간다고 말하지 않는다. 죽자마자 하늘에 간다면, 죽음이 곧 구원일 것이다. 바울은 이 본문에서 죽은 자가 다시 생명을 얻고, 산 자들은 그대로 공중으로 올라가 주님을 만나는 그곳이 어디인지 분명하게 말하지 않는다. 그가 이 말을 할 때, 유대인들이 가지고 있는 칠층천이나 삼층천과 같은 표상을 염두에 두고 있었는지도 분명치 않다. "공중", 혹은 "구름 속"이란 표현으로써 마치 하늘과 지상 사이 중간 부분인 것처럼 애매하게 표현

---

16) 에녹서 1:4에 의하면 하나님이 예전에 자신을 계시하셨던 곳 시나이산, 에녹서 90:20에 의하면 하나님이 사랑하시는 땅 팔레스틴, 쿰란 문헌에서는 예루살렘을 의인이 마지막 때에 구원을 얻을 장소로 이해하고 있다.

하고 있다.

그리스도인이 진정으로 소망해야 할 내용은 그 다음에 언급된다. "우리가 항상 주와 함께 있으리라"(4:18). 그리스도인들이 바라고 원하는 소망사항은 죽은 자의 부활 자체보다는 오히려 주님과 "항상" 함께 있는 일이다. 죽음도 그리스도인들이 그리스도와 맺은 관계를 끊지 못한다는 것을 말하기 위해 바울은 죽은 자들의 부활인 것으로 보인다. 바울의 입장에서는 주님과 항상 함께 있는 것이 완전한 구원이다.

물론 그리스도인들은 현재도 예수 그리스도와 함께하고 있다. 그리스도인들은 세례를 받음으로써 그리스도의 죽음에 동참하고(롬 6:3-4), 그리스도로 옷 입은 자들이다(갈 3:27). 그리하여 그리스도께서 그들 안에서 살아 계셔서 역사하신다. 그리스도인들이 그리스도와 맺은 사랑의 관계는 아무도 끊을 수 없다(롬 8:35). 그러나 현재 누리는 이것은 완전하지 못하다. 그러나 그날, 예수께서 다시 오시는 날, 구원의 완성 날에는 온전한 구원을 누릴 것이다. 결국 그리스도인은 소망을 지닌 자이고, 그들의 소망은 다름 아닌 구원의 완성에의 참여라고 할 수 있을 것이며, 그것은 궁극적으로 미래의 일이다.

**2) 고린도전서 15장**

죽은 자의 부활이란 주제는 고린도전서 15장에서 다시 한 번 거론된다. 논의의 흐름을 볼 때 고린도교회에서 생긴 문제는 데살로니가교회의 문제와 사뭇 다른 것으로 보인다. 데살로니가교회에서는 예수님의 재림 이전에 죽는 교인의 죽음에 봉착해서 구원의 완성에 참여하지 못함으로 믿음의 의미를 상실하는 데에서 오는 실망이 문제였다면, 고린도교회에서는 아예 "죽은 자의 부활은 없다"(αναστασις νεκρων ουκ εστιν: 고전 15:12), 즉 죽은 자가 다시 사는 일은 없다고 주장하는 사람들이 나온 것이 문제였다.

고린도교인들 중에 누가 과연 죽은 자의 부활을 부인하는 것이며, 그 이유는 무엇인가에 대해서는 많은 이론들이 있었다.

현재 주종을 이루는 학자들은 고린도교회에서 사람들이 문제를 일으킨 것은 부활 자체에 대한 부인보다는 부활의 미래성에 대한 부인이라는 학설을 지지하고 있다.[17] 즉 디모데후서 2장 18절에 나오듯이 "부활은 이미 일어났다"는 주장을 하는 열광주의자들이 이미 부활된 자로서의 자의식을 가지고 있기 때문에 미래적 부활을 부인한다는 것이다. 물론 신약성서의 후기 문서에는 부활을 영적으로 해석하여 이미 부활은 일어났다고 주장하는 것은 있지만, 바울 당시에는 아직 그런 것은 없었으며,[18] 만일 이 학설이 옳다면, "죽은 자의 부활은 없다"고 언급할 것이 아니라, 오히려 죽은 자의 부활은 있고, 이미 일어났다고 말할 것이기 때문이다. 그러므로 많은 학자들이 지지하고 있을지라도 이러한 자설은 고전 15장에 흐르는 논리 전개를 고려할 때 동의하기가 쉽지 않다.

다음으로 유력한 주장은 부활 부인의 내용이 부활의 미래성이 아니라 부활의 육체성이라는 것이다. 이러한 주장을 하는 사람들은 고전 15:34-50에 상세히 논구하고 있는 내용이 부활의 몸에 관한 것이라

---

17) 이 주장은 이미 크리소스톰에 의해 지적되었던 바이다. R. Bultmann, *Theologie des Neuen Testament,* 불트만/허혁 역, 『신약성서신학』(서울: 성광문화사, 1976), 172; H. Lietzmann/W.G. Kümmel, *An die Korinther I/II*, HNT 9 (1969(5)), 192; J. Becker, *Auferstehung der Toten im Urchristentum*, SBS 82 (Stuttgart: Katholisches Bibelwerk, 1976), 74 이하; Barrett/번역실 역, 『고린도전서』(국제성서주석 35)(서울: 한국신학연구소, 1984), 397-398.

18) G. Sellin, 앞의 책, 28-30.

는 것을 강조한다. 고린도교회에서 부활을 부인하는 사람들은 영혼적으로 부활을 이미 경험했기 때문에 몸은 썩어도 무방하다고 보고 몸의 부활은 없다고 주장할 수 있었다는 것이다.[19] 그러나 이러한 주장도 마찬가지로 바울의 논리 전개를 고려할 때 쉽게 동의할 수가 없다.

바울은 고전 15장에서 아래 여섯 단계의 논리 전개를 통해 죽은 자의 부활에 대한 소망이 그리스도인들의 신앙생활에 매우 중요한 것임을 천명한다.

(1) 예수 그리스도의 부활에 관한 교회전승(15:1-11)을 제시함으로써 고린도교인들의 그리스도인으로서의 기본을 다짐시킨다.

(2) 부활 부인의 문제점(15:12-22)을 제시한다. 죽은 자의 부활 부인은 곧 신앙의 근거가 무너지는 결과가 된다는 것, 그리고 그리스도의 부활이 모든 죽은 자의 부활의 첫 열매(살전 4:14; 고전 15:23)라는

---

19) 이러한 해석을 지지하는 많은 학자들이 있다. 그 이유에 대해서는 다양한 견해를 보이고 있다. 가령 플라톤적 육체-혼의 이원론 때문이라고 주장하는 학자들로는 G. Heinrici, *Der erste Brief an die Korinther*, KEK 5, (Göttingen: Vandenhoeck und Ruprecht, 1896(8), 439 이하; J. Weiss, *Der erste Korintherbrief*, KEK 5 (Göttingen: Vandenhoeck und Ruprecht, 1910(Neudruck 1970)), 344 이하; 영지주의의 영향이라고 보는 W. Lütgert, *Freiheitspredigt und Schwarmgeister in Korinth. Ein Beitrag zur Charakteristik der Christuspartei* (BTchTh 12,3),(Gütersloh: Gütersloher Verlag, 1908), 147-148; P. Hoffmann, *Die Toten in Christus. Eine religionsgeschichtliche und exegetische Untersuchung zur paulinischen Eschatologie*, NTA N.F. 2 (Münster: Aschendorff, 1966). 그러나 영지주의의 영향이 아니라는 주장이 제기되고 있다. 가령, L. Schottroff, *Der Glaubende und die feindliche Welt. Beobachtungen zum gnostischen Dualismus und seiner Bedeutung für Paulus und das Johannesevangelium* (WMANT 37) (Neukirchen: Neukirchener Verlag, 1970). 그 외 E. Brandenburger, *Fleisch und Geister. Paulus und die dualistische Weisheit* (WMANT 29) (Neukirchen: Neukirchener Verlag, 1968)과 젤린은 필로의 영향을 받은 것으로 이해한다. Sellin, 앞의 책, 92-189 참조.

것으로써 그리스도와 그리스도인의 관계를 제시한다.

(3) 예수 재림의 목적(15:23-28)을 제시한다. 예수께서 재림하시면 그에게 속한 자들이 생명을 얻고, 그 후에 남아 있는 나머지 모든 비구원적인 세력, 정치, 권력, 능력 그리고 사망들을 멸하고, 하나님만이 만유의 주로 계시도록 한다. 이 단락에서 보면, 재림하신 예수 그리스도는 하나님이 아니라, 하나님의 종말 심판을 돕는 도우미 역할을 한다고 하겠다. 마지막 때에 모세나 엘리야, 혹은 메시아가 나타나 하나님의 심판을 돕는다는 유대교의 종말론과 같은 도식에서 재림 예수의 역할을 그리고 있다.

(4) 죽은 자를 위한 대리 세례(15:29-34)를 제시한다. 죽은 자가 부활하는 일이 없다면, 죽은 자들을 위한 대리 세례가 무슨 의미가 있겠느냐고 바울은 설의법(設疑法)적으로 논증한다. 이로써 초기 그리스도인들이 가지고 있었던 세례와 구원과의 밀접한 관계에 관한 이해를 엿볼 수 있다. 고전 15:12절의 표현 "너희 중에서 어떤 이들"로 보아 고린도교회의 모든 사람이 부활을 부정한 것은 아니라고 볼 수 있다. 부활을 부정하는 사람이 죽은 자를 위한 대리 세례에 의미를 두었을지는 미지수이다. 다만 고린도교인들이 죽은 자들을 위해 대리 세례를 받았다는 것은 짐작할 수 있다. 또한 죽은 자의 부활 부인이 초래할 상황은 교인들의 신앙을 교란하고 죄짓게 할 것으로 바울은 염려하고 있음을 알 수 있다.

(5) 죽은 자들의 부활의 실상 제시로 새로운 몸에 관해 묘사한다(15:35-50). 바울은 부활을 부인하는 사람들의 말을 인용하는 식으로 시작한다: "누가 묻기를 죽은 자들이 어떻게 다시 살며, 어떠한 몸으로 오느냐 하리니." 이 질문은 죽은 자의 부활에 관해 관심이 있어서 묻는

질문이라기보다는 "부활을 없다"(고전 15:12)는 주장과 같은 성격의 발언이라고 할 수 있다. 즉 "죽은 자들이 어떻게 다시 살 수 있겠느냐, 말도 안 되는 소리다." 이에 맞서는 바울의 발언은 장구하지만, 결론은 분명하다. 무엇보다도 먼저 바울은 자연의 농사법에 비유를 들어 썩어질 씨앗과 씨에서 나온 밀과 같은 식물을 예로 들면서, 부활의 모습은 우리가 알 수 없는 것으로 설명한다. 그리고 지상에 있는 존재들, 즉 사람, 짐승, 새, 물고기 등 다양한 형체를 취하되 이 모든 형체가 하나님에게서 온 것처럼 부활한 몸도 하나님이 주관하신다는 식으로 논술한다. 마지막으로 하늘과 땅의 형체, 해, 달과 각종 별의 빛이 다르듯이 죽은 자의 부활의 모습도 다를 것이라고 말하면서, 그러나 모든 것은 하나님에게서 온다는 것, 그리고 그 부활의 형체는 현재의 것과 질적으로 다르다고 피력한다.

(6) 마지막 때에 관한 묘사와 위로와 격려의 메시지(15:51-58)가 나온다. 바울은 그의 논증의 마지막 단계에서 살전 4:13-18에서 언급했던 것과 유사한 방식으로 전개한다. 마지막 때에 죽은 자들이 일어날 것에 대한 묘사로써, 데살로니가전서에서 사용하였던 "잠자는 자들"이란 표현을 사용한다. 데살로니가전서의 묘사와 조금 달라진 차이점을 소개한다면 다음과 같다.

① 종말심판의 상황에 관한 묘사가 데살로니가전서에서 "호령, 천사장의 소리, 하나님의 나팔"로 표현되었다면, 고린도전서 본문에서는 "마지막 나팔"만 표현되었다.

② 데살로니가전서에서 주의 강림 때에 죽은 자들이 일어나고, 그때까지 살아있는 자들과 똑같이 공중에 올려져 주님을 영접하게 되리라고 말한 반면, 고린도전서에서는 죽은 자의 부활뿐 아니라 살아 있

던 자들의 썩지 않을 것으로의 변화를 언급한다. 변화 개념은 데살로니가전서 본문에는 없던 새로운 것으로, 그 내용은 썩을 것이 썩지 않을 것으로, 죽을 것이 죽지 않음으로 변화이다.

③ 그리고 재림 예수와 만나는 장소로 제시되었던 공중 개념이 고린도전서에서는 사라졌다. 살전 4:13-17에서 유대교적 종말 사상에 근거하여 좀 더 상세히 묘사된 내용이 고린도전서에서는 15:51-53의 세 구절 정도로 간결하게 축소되었다고 볼 수 있다. 바울의 입장에서 볼 때 고린도교인들에게는 예수의 재림 상황과 관련해서 죽은 자의 부활에 대한 묘사에서 중요한 것은, 죽은 자도, 산 자도 모두 변화하여, 지금의 모습과는 달리 썩지 않고, 죽지 않을 영원한 생명으로 변모된다는 것이다. 물론 바울이 그리스도인의 미래에 관한 이러한 묘사를 통해 주장하고 싶은 것은 그 다음에 이어지는 발언이라고 할 수 있다. 지금은 사망의 권세 앞에 두려워 떨고, 좌절하고 있는 그리스도인들이 있고, 우리도 어김없이 죽어가지만, 마지막에는 하나님과 예수 그리스도의 권능은 죽음보다 강한 것이니, 사망 권세에 굴복하지 말고 오직 하나님만 바라보고 현재 그리스도인의 삶에 충실하자는 것이다(고전 15:54-58).

결국 고전 15장에서 죽은 자의 부활 논쟁과 관련해서 바울이 의도하는 것은 살전 4:13-18절에서와 다르지 않다는 것을 확인할 수 있다.[20] 즉 그리스도의 도래 이전에 죽음으로서 좌절하지 말자고 위로

20) 살전 4:13-18과 고전 15:51-58의 관계에 관해 G. Sellin, 앞의 책, 46-49 참조. 내용적인 차이점으로는 살전 본문에서 중요한 의미를 가지고 있던 올리워짐 모티브가 고전에서는 사라지고 그 대신 변모의 모티브가 부각된다. 지상적-과거의 소마가 영적인 몸으로 변모된다.

하고, 주 예수 그리스도 안에서 승리의 삶을 살자고 권면하는 것이다. 동요되지 말고 주의 일에 더욱 힘쓰는 자가 되자고 권면하고 싶은 것이다.

이상과 같이 살전 4:13-18과 고전 15장을 통해 바울이 소망이라는 말로 표현하고 있는 내용은 분명하다. 전통적인 용어로는 "죽은 자의 부활"이지만, 이것은 신학적으로 미래에 있을 구원의 완성을 의미하는 것이라고 할 수 있다. 소망의 내용은 미래에 관련된 것이다. 죽은 자가 살아날 것이 소망의 내용으로 제시되는 이유는, 사람들이 죽음으로써 좌절하는 현실을 극복하기 위함이라고 할 수 있다. 즉 죽은 자의 부활에 관한 소망을 제시하는 것은, 그리스도인으로서 현재 좌절하지 말고 꿋꿋하게 살자는 권면인 것이다.

### 3. 바울이 전하는 사랑의 본질과 내용

바울은 사랑이란 말을 무슨 의미로 사용하고 있을까? 일반적으로 사람들이 생각하고 있는 남녀 사이에 끌리는 열렬한 감정이나 타인에 대한 호감, 기호품에 대한 애착이 아닐 것은 가히 짐작이 된다. 바울의 입장에서 사랑의 구체적인 의미는 고전 8:1-13에서 찾아볼 수 있다.

이 본문은 모두 우상제물 먹는 문제에 관련해서 생긴 교회의 문제를 해결하려는 바울의 답변이다. 교회 안에서 우상제물을 아무런 거리낌 없이 먹을 수 있는 사람이 있는 반면에 어떤 사람은 심히 거리낌을 가지기도 한다는 것이다. 그런 상황에서 거리낌을 가지고 있는 사람이 그렇지 않은 사람을 따라하다가 양심의 가책을 받아 괴로워하는 사례가 발생한 것이다. 바울은 이 문제를 해결하기 위해 고전 8:1에서 지식

(gnosis)과 사랑(agape)이란 개념을 대립시키고 사랑을 지식보다 우위에 둔다.

지식이란 무엇인가 안다는 것인데, 그노시스라는 그리스어로 인해, 거리낌 없이 우상제물을 먹는 사람들은 영지주의자들이라는 오해를 받아왔다.[21] 그러나 바울이 이 개념을 사용할 때 영지주의자들을 고려했다고 볼 수는 없다. 그들이 가지고 있는 지식의 내용으로 볼 때, 그것은 곧 그리스도인들이 가지고 있는 신앙내용 외에 다른 것이 아니기 때문이다. 지식의 내용은 고전 8:6[22]에 소개되고 있다:

> "그러나 우리에게는 한 분 하나님, 아버지가 있는데,
> 그에게서 만물과 우리가 (나왔고) 그를 향하여 (갈 것이며),
> 그리고 우리에게는 한 분 주님, 예수 그리스도가 있는데,
> 그를 통해 만물과 우리가 (구원 받고), 그를 통하여 (구원 완성에 이를 것이다)."

즉, 하나님과 예수 그리스도, 그리고 우리들(그리스도인들)과의 관

---

21) 고린도교회의 문제를 일으킨 장본인들로 영지주의자를 지적한 대표적인 학자는 W. Schmithals, *Gnosis in Korinth. Eine Untersuchung zu den Korintherbriefen* (Göttingen: Vandenhoeck und Ruprecht, 1969). 1945년 나그함마디에서 도마복음서와 같은 영지주의 문헌이 발견된 후 학계에서는 바울 당시 영지주의가 있었다기보다 바울신학의 영향을 받아 영지주의가 형성되어 2세기 중엽에 활성화된 것으로 보고 있다. 그리하여 과거 불트만과 슈미탈즈에 의해 고린도교회에 나타난 바울의 적대자들을 영지주의로 보았다면, 이후로는 "영-열광주의(Pneuma-Enthusiamus)"라는 표현으로 대신했다.

22) 이 구절의 삶의 자리에 관해 K. Wengst, 앞의 책, 131-143 참조. 벵스트는 헬레니즘계 이방 그리스도인들에 의해 형성되었고 선교 과정에서 선전용으로 이루어졌다고 입증한다.

계에 관한 지식이다. 그러므로 이 지식을 가진 사람을 우리는 신앙이 확고한 사람이라고 말할 수 있을 것이다. 지식이 있어 강한 자들이란, 열광주의라든가 영지주의라고 보기보다는, 세상에 많은 신과 주가 있다 할지라도 나의 하나님은 오직 한 분인 것과, 세상에 많은 주들이 있다 할지라도 나의 주님은 오직 한 분 예수 그리스도라는 것을 확실하게 고백할 수 있는 그리스도인들, 그래서 우상제물이라 하더라도 거리낌 없이 먹을 수 있는 사람들을 가리킨다.

지식은 사람으로 하여금 행위에 대한 결단과 용기의 근거가 된다. 올바로 알면 올바로 행할 수 있다. 정확히 알면 거리낌 없이 행동할 수 있다. "아는 것이 힘이다"라는 영국의 철학자 베이컨의 명언이 고린도 교회의 상황에서도 여전히 적용된다고 하겠다.

그런데 교회 안에는 이 고기를 먹을 때 꺼림칙하게 느끼는 사람들이 있다는 것이다. 바울은 이들을 "약한 자들"이라고 표현한다(8:11).[23] 그들은 우상제물을 먹는 일이 꺼림칙하면서도 다른 사람들이 거침없이 먹는 것을 보고 덩달아 먹지만, 결국 종교적 양심에 가책을 받아 괴로워하게 된다는 것이다. 여기서 우리는 사랑이 무엇인지 짐작할 수 있다. 사랑은 다름 아니라 구체적인 행위이며, 내가 비록 확실한 지식(신앙)이 있어서 아무런 거리낌 없이 행동할 수 있지만, 만일 어떤 사람이 나의 담대함을 따라 하다가 양심의 가책을 받을 일이 있다면 나의 지식을 앞세워 다른 사람을 가르치려 하지 않고, 오히려 약한 사람의 입장

---

23) G. Theissen, "Die Starken und die Schwachen in Korinth", *Studien zur Soziologie des Urchristentums* (Tübingen: Mohr, 1983), 272-289. 타이센/김명수 역, "고린도 교회의 강한 자와 약한 자", 『원시 그리스도교의 사회학적 연구』(서울: 대한기독교출판사, 1985), 342-364.

을 살펴서 행동하는 것을 의미한다. 사랑이 무엇인지 고전 10:24에 더욱 구체적으로 표현되고 있다: "누구든지 자기의 유익을 구치 말고 남의 유익을 구하라."

사람들은 누구나 자기 자신의 유익을 구한다. 이러한 이기성은 모든 사람이 가지고 있는 성향이라고 한다. 아마도 자기 자신을 위하는 것은 인간 본성에 속하는 일일 것이다. 자기 자신의 유익을 구하기 위해 남을 해치거나 괴롭히는 경우도 많다. 샤머니즘은 매우 개인적인 차원에서 자기 자신과 자신의 가정(가정은 넓은 의미의 자기이다)의 안녕과 영화, 복에만 관심이 있다. 반면에 훌륭한 종교들은 개개인이 가진 이기성을 극복하고 좀 더 평화로운 삶을 살 수 있도록 그 길을 제시한다.

바울이 고린도교회에서 생긴 먹는 문제와 관련해서 해결방안으로 내놓은 것은 "약한 형제를 배려하라"는 것이고, 이를 위해 바울은 "사랑"이라는 표현을 사용했다. 여기서 바울의 사랑의 개념을 확정할 수 있을 것이다. 사랑은 확고한 자기 신앙이나 지식을 넘어서, 다른 사람을 고려하고 배려하여 나만이 아니라 함께 살고자 하는 삶의 자세라고 하겠다.

로마교회로부터 특수한 경우를 듣지는 않았지만, 사람이 모이는 교회라면 의례히 생길 수 있는 문제가 식사와 관련된 것임을 인지한 바울은 유사한 문제를 고려하며 교회 안에 약한 자와 강한 자의 갈등 문제를 상정하여 권면한다. "믿음이 연약한 자를 너희가 받되 그의 의견을 비판하지 말라. 어떤 사람은 모든 것을 먹을 만한 믿음이 있고 믿음이 연약한 자는 채소만 먹느니라"(롬 14:1-2). 15절에서 좀 더 구체적으로 언급한다. "만일 음식으로 말미암아 네 형제가 근심하게 되면

이는 네가 사랑으로 행하지 아니함이라"(롬 14:15).

이처럼 바울에게 사랑이란 타인에 대한 배려, 나의 언행이 타인을 근심하게 한다거나 곤란에 빠뜨리거나 하게 된다면 그런 일을 삼가는 것을 의미한다. 즉, 자신의 유익만이 아니라 다른 사람의 유익을 구하는 일이다.

이러한 사랑의 차원을 가르칠 수 있는 근거로서 바울은 바로 우리 모두를 위해 죽으신 예수 그리스도에 대한 신앙을 제시한다. 나를 위해 죽으신 예수 그리스도는 바로 나만이 아니라 신앙이 약해서 쓰러질 수도 있는 형제들(그리스도인들)을 위해서도 죽으셨던 것이다(롬 14:1b; 고전 8:11). 모든 사람을 위해 죽으신 예수 그리스도에 대한 신앙, 그를 죽은 자 가운데서 살리는 하나님의 놀라운 능력과 사랑에 대한 신앙에 근거하여 그리스도인들은 현재 사랑을 할 수 있게 되었다.

## III. 나오는 말: 믿음 소망 사랑 중에 사랑이 제일인 이유

그리스도인됨은 예수 그리스도가 우리를 위해 죽으셨다는 것과 하나님께서 그를 죽은 자 가운데서 살리셨다는 메시지, 복음을 받아들이는 일, 즉 믿음에서 출발한다. 그리고 그리스도인들이 미래에 있을 구원의 완성 때에 참여할 소망을 가진 자들이다. 그 소망의 근거는 과거에 있었던 그리스도를 통한 하나님의 구원사건에 대한 믿음에 있다. 또한 그리스도인들이 현재 다른 형제들을 돌보고 배려하는 사랑을 가능케 하는 것도 그리스도를 내어주시기까지 하면서 보여주신 하나님의 능동적인 사랑의 행위에 대한 믿음에 그 근거를 두고 있다. 그렇다면 소망과 사랑보다 믿음이 더 중요한 것이 아닐까 하는 생각이 든다. 믿음이 그리스도인의 과거와 현재, 미래를 포괄하는 모든 삶에 기초가 되고 있기 때문이다. 그런데 왜 바울은 그리스도인의 소망과 사랑의 근거가 되는 믿음보다 사랑이 제일이라고 하는 것일까?

고린도교회에서 생겼던 문제들 중 하나가 바로 성령의 은사들 중에서 방언을 하는 사람과 그렇지 못한 사람들 사이에 생긴 문제였다. 방언을 못하는 사람은 부러움과 시기심, 더 나아가서는 자기 비하에 이르고, 방언을 하는 사람은 자랑스러운 나머지 남들이 알아듣지도 못할 말을 큰 소리로 냄으로써 교회를 소란스럽게 하는 문제에 대해 바울은 고린도전서 12장 1절 –14장 40절을 할애하고 있다. 중간(13장)은 언뜻 보기에는 주제와 상관없이 엉뚱하게 끼어든 것 같은 인상이 든다. 바울은 그리스도인들이 성령의 은사와 관련해서 방언, 예언, 지혜의 말, 지식의 말 등 모든 은사가 다 귀한 것이지만, 온전한 구원이 이루어지면, 예언, 방언, 지식 등 당시 그리스적 가치관 아래에서 귀하게 평가되던 그 모든 것이 의미를 잃고, 오직 믿음 소망 사랑 이 세 가지만 항상 있을 것이라고 말한다. 그리고 그중에 제일은 믿음도 소망도 아니라, 사랑이라고 말한다. 사랑이 제일인 것은 무슨 이유일까?

이미 살펴본 바와 같이 믿음이 과거에 일어난 일들을 그 내용으로 가진다면, 소망의 내용은 미래에 관련된 일이다. 사랑이 제일인 까닭은 바로 사랑이 "현재"와 관련되고 있기 때문이 아닐까 생각된다. 우리의 인생은 과거가 쌓여 이루어지고 미래를 향하여 나아가고 있지만, 실제로 우리가 살고 있는 순간은 매일매일 현재로 연결되고 있다. 물론 과거가 우리의 현재를 결정적으로 규정하기도 한다. 물론 미래에 대해 소망이 없으면, 존재의 기반인 과거가 흔들리고, 현재의 삶을 회의와 불안에 빠뜨릴 수도 있다. 소망이 있는 사람이 가지는 현재 삶에 대한 자세가 소망이 없는 사람의 그것과 다를 것이다.

그러나 무엇보다도 중요한 것은 현재이다. 현재 어떻게 살아가고 있느냐가 바로 그 사람의 인생을 표현해준다. 인생은 과거-현재-미래로 구성되어 있다고 생각되지만, 사람이 살고 있는 현실은 항상 현재일 뿐이다. 현재가 지나면 과거가 되고, 미래는 매일 현재로 다가온다. 즉 사람이 살고 있는 시공간은 항상 현재일 뿐이다. 그런 의미에서 현재와 관련이 있는 사랑이 과거와 관련된 믿음보다, 미래와 관련된 소망보다 더 중요한 의미가 있는 것이다. 믿음이 중요한 것은 믿음 자체에 있기보다는 현재의 삶에 기초가 되기 때문이며, 미래에 대한 소망을 잃지 않도록 바울이 고심하는 것도 바로 미래의 구원보다는 현재 흔들리지 않는 그리스도인으로 살아가기를 바라서일 것이다. 현재의 삶 속에서 결단과 행동의 근거가 되는 것으로써 바울은 사랑을 제시했고, 그래서 믿음, 소망, 사랑 중에 사랑이 제일인 것이다.

# 참 고 문 헌

## 1. 사전류

Balz. H./Schneider.G.(Hg.). *Exegetisches Wörterbuch zum Neuen Testament 1-3*, Stuttgart: Kohlhammer, 1992(2).

Bauer, W. *Griechisch-deutsches Wörterbuch zum Neuen Testament und der übrigen urchristlichen Literatur*. Berlin/New York: Walter de Gruyter, 1971.

Danker. F.W.(Ed.). *A Greek–Englisch Kexicon of the New Testament and other Early Christian Literature*. Chicago: The University Chicago press, 2003.

Hawthorne. G.F./Martin. R. P./Reid. D.G.(Hg.). *Dictionary of Paul and his Letters*. Dawners Grove: InterVarsity Press, 1993.

Kittel. G./Friedrich.G.(Hg.). *Theologisches Wörterbuch zum Neuen Testament 1-10*, Stuttgart: Kohlhammer, 1933-1979.

## 2. 신약성서개론서

김득중. 『신약성서개론』. 서울: 컨콜디아사, 1995.

김창락(외 12인). 『신약성서개론』. 서울: 대한기독교서회, 2002.

큄멜/박익수 역. 『신약성경개론』. 서울: 대한기독교출판사, 1988.

Kümmel. W.G. *Die Einleitung in das Neue Testament*. Heidelberg: Quelle und Meyer, 1989(21).

Vielhauer. Ph. *Geschichte der urchristlischen Literatur*. Berlin/New York: Walter de Gruyter, 1979.

## 3. 고린도전서 주석

김지철. 『고린도전서』(대한기독교서회 창립 100주년 기념 주석 38). 서울: 대한기독교서회, 1999.

박익수. 『누가 과연 참그리스도인인가』. 서울: 대한기독교서회, 2002.

바레트/번역실 역. 『고린도전서』(국제성서주석 35). 서울: 한국신학연구소, 1985.

Conzelmann. H. *Der erste Brief an die Korinther*. KEK 5. Göttingen: Vandenhoeck und Ruprecht, 1969. 1981(12).

Hay. R. B. *First Corinthians*. Louisville: John Knox Press, 1997.

Klauck. H.J. *1. Korintherbrief*. Die Neue Echter Bibe 7. Würzburg: Echter Verlag, 1984.

Lang. F. *Die Briefe an die Korinther*. NTD 7. Göttingen: Vandenhoeck und Ruprecht, 1986.

Lietzmann. H. *An die Korinther I*. HNT 9. Tübingen: Mohr, 1969(5).

Lindemann. A. *Der erste Korintherbrief*. HNT 9/1. Tübingen: Mohr, 2000.

Orr. W.F./Walther. J.A. *1Corinthians*. Anchor Bible 32. Garden City, NY: Double-day, 1976.

Schrage. W. *Der erste Brief an die Korinther, 2.Teilband 1 Kor 6,12-11,16*. EKK VII/2. Neukirchen: Neukirchener Verlag, 1995.

Schrage. W. *Der erste Brief an die Korinther, 1.Teilband 1 Kor 1,1-6,11*. EKK VII/1. Neukirchen: Neukirchener Verlag, 1991.

Weiss. J. *Der Brief an die Korinther*. KEK V. Göttingen: Vandenhoeck und Ruprecht, 1910.

Wendland. H.D. *Der Brief an die Korinther*. NTD 7. Göttingen: Vandenhoeck und Ruprecht, 1936. 1980(15).

## 4. 연구 논문과 저서들

권오현. 『바울의 편지』. 서울: 대한기독교서회, 1995.

김경희. "고린도전서 11장 2-16에 나타난 바울의 성차별주의와 초창기 기독교 여성들의 성평등 의식". 「한국여성신학」 45호(2001 봄). 7-49.

김경희. "갈라디아 3장 27-28절을 통해 본 원시 기독교의 평등의 비전". 『신약성서의 교회론』. 한국신약학회 편. 서울: 한들, 2000, 48-82.

김광수. 『고린도전서. 바울서신 다시 읽기』. 서울: 은성 1999.

김판임. 『쿰란공동체와 초기그리스도교』. 서울: 비블리카 아카데미아, 2008.

김판임. "지식과 사랑의 이중주: 고전 8장 이해". 「말씀과 교회」 40(2006.1), 64-76.

김판임. "아주 특별한 용기: 하나님 아버지를 부름에 대한 초기 그리스도교의 이해와 21세기 여성주의 시대의 이해 비교". 「한국여성신학」 61(2005 여름), 62-68.

김판임. "쿰란공동체와 초기그리스도교 공동체 비교(2): 공동식사를 중심으로". 「신약논단」 12/1(2005 봄), 133-155.

김판임. "쿰란공동체와 초기 그리스도교 공동체 비교: 입회과정과 자격조건을 중심으로". 「신약논단」 11/4(2004년 겨울), 837-870.

김판임. "바울의 신앙고백과 선교". 「말씀과 교회」 26(2000 가을), 221-235.

김판임. "유대교의 여성들의 지위와 역할 및 이에 대한 예수의 입장". 「한국기독교신학논총」 18(2000). 109-158.

김호경. "여성, 교회 그리고 사회, 그 역학관계: 새 창조의 전망에서 본 바울의 여자 이해". 「한국여성신학」 42(2000 여름), 8-27.

김희성. 『그 중에 제일은 사랑이라』. 서울: 한국성서학연구소, 1999.

남호. 『초대기독교예배』 .서울: 기독교대한감리회 홍보출판국, 2001.

박수암. 『옥중서신』. 서울: 대한기독교서회, 1997.

윤철원. 『고린도전서 다시 읽기』. 서울: 한국성서학연구소, 2011.

이경숙(외 5인). 『구약성서개론』. 서울: 대한기독교서회, 2005.

장영란. 『그리스신화』. 파주: 살림, 2005.

장혜경(외). 『고린도전서. 어떻게 설교할 것인가』(두란노 How주석 시리즈 40). 서울: 두란노아카데미, 2007.

장흥길. 『신약성서윤리』. 서울: 장로회신학대학 출판부, 2002.

정양모 역주. 『열두 사도들의 가르침 – 디다케』(교부문헌총서 7). 왜관: 분도출판사, 초판1쇄 1993, 4쇄 2003.

전경연. 『고린도서신의 신학논제』. 서울: 대한기독교출판사, 1988.

최병조. 『로마법 강의』. 서울: 덕영사, 1999.

최영실. 『성서와 여성』. 서울: 민들레책방, 2004.
그닐카/김경희 역. 『필립보서』(국제성서주석 39). 서울: 한국신학연구소, 1998.
던. 제임스 D.J./박문재 역. 『바울신학』. 서울: 크리스찬다이제스트, 2003.
디츠펠빙거/조경철 역. 『사도 바울의 회심사건』. 서울: 감신대출판부, 1996.
가이거. 루틸트/윤선아 옮김. "신약성서 주변 세계에서의 이혼 여성의 위치", 『원시 그리스도교의 여성』, 다우젠베르크(편)/윤선아 옮김. 서울: 한국신학연구소, 1992, 171-201.
마르티네즈. F. · 티그셸라아르 E. 영어 편역/강성열 옮김, 『사해문서 1』. 파주: 나남, 2008.
메르클라인. 헬무트/윤선아 옮김. "남자는 여자와 관계를 맺지 않는 것이 좋다". 『원시그리스도교의 여성』. 다우젠베르크(편)/윤선아 옮김. 서울: 한국신학연구소, 1992. 285-322.
바클레이/이희숙 옮김. 『바울의 생애와 선교』. 서울: 종로서적, 1989.
불트만/허혁 역. 『신약성서신학』. 서울: 성광문화사, 1976.
쉬슬러 피오렌자. "바울공동체의 남녀평등". 『바울 새로 읽기』. 김재성(편). 서울: 한국신학연구소, 2000. 235-290.
피오렌자/김애영 역. 『크리스찬 기원의 여성 신학적 재건』. 서울: 태초, 1993.
앤와이어/조태연 역. 『원시그리스도교의 잊혀진 여성들』. 서울: 대한기독교서회, 2001.
에케하르트 슈테게만 · 볼프강 슈테게만/손성현 · 김판임 옮김, 『초기그리스도교의 사회사』. 서울: 동연, 2008.
예레미아스/김경희 역. 『예수의 선포』. 왜관: 분도출판사, 1996.
예레미아스/번역실. 『예수 시대의 예루살렘』. 서울: 한국신학연구소, 1988.
제롬 카르코피노/류재화 역. 『고대 로마의 일상생활』. 서울: 우물이 있는 집, 2003.
타이센 · 메르츠/손성현 역. 『역사적 예수』. 서울: 다산글방, 2002.
타임라이프 북스/윤영호 옮김. 『로마, 세계의 정복자』. 서울: 가람기획, 2003.
플라실리에르 로베르/심현정 역. 『고대 그리스의 일상생활』. 서울: 우물이 있는 집, 2004.
헹엘 마틴/김명수 역. 『하나님의 아들』(현대신서 116). 서울: 대한기독교서회, 1981.
호크. R.F./전경연 역. 『바울 선교의 사회적 상황』. 서울: 대한기독교출판사, 1984.
Baltenweiler. H. *Die Ehe im Neuen Testament*. AThANT 52. Zürich: Zwingli, 1967.
H. Balz · G. Schneider. Art. "προλαμβανω". EDNT Vol.III. Grand Rapids: Eerdmans, 1993,
Baumert. N. *Ehelosigkeit und Ehe im Herrn: Eine Neuinterpretation von 1 Kor 7*. Würzburg:

Echter, 1986.

Bousset. W. *Kyrios Christos. Geschichte der Christusglaubens von der Anfängen des Christentums bis Irenäus*. FRLANT 22. Göttingen: Vandenhoeck und Ruprecht, 1921.

Brandenburger. E. *Fleisch und Geister. Paulus und die dualistische Weisheit*. WMANT 29. Neukirchen: Neukirchener Verlag, 1968.

Bultmann. R. *Theologie des Neuen Testament*. Göttingen: Vandenhoeck und Ruprecht, 1968.

Collins, R.F. *First Corinthians*. Sacra Pagina Series 7; Collegeville, 1999.

Cope. L. "1Cor 11:2-16: One Step Further," JBL 97(1978), 435f.

Demming, W. *Paul on Marriage and Celibacy: The Hellenistic Background of 1Corinthian 7*. Grand Rapids: Eerdmans, 1994.

Fiorenza, E.S. *Im Memory of Her. A Feminist Theological Reconstruction of Christian Origins*, New York: Crossroad, 1990.

Gordon, J.D. *Sister or Wife: 1Corinthian 7 and Cultural Anthropology*. Sheffield: Sheffield Academic Press, 1997.

Heitmüller. W. *Im Namen Jesu. Eine sprach- und religionsgeschichtliche Untersuchung zum Neuen Testament, speziell zur altchristlichen Taufe* Göttingen: Vandenhoeck und Ruprecht, 1903.

Hoffmann. P. *Die Toten in Christus. Eine religionsgeschichtliche und exegetische Untersuchung zur paulinischen Eschatologie*. NTA N.F. 2. Münster: Aschendorff, 1966.

Horn. F. W. *Angeld des Geistes*. Göttingen: Vandenhoeck und Ruprecht, 1992.

Jeremias. J. *Theologie des Neuen Testament, Teil 1, Die Verkündigung Jesu*. Gütersloh: Gütersloher Verlag, 1971.

Jeremias. J. *Abba. Studien zur neutestamentlichen Theologie und Zeitgeschichte*. Göttingen: Vandenhoeck & Ruprecht, 1966.

Karr. M. "Petrus im paulinischen Gemeindekreis". ZNW 80(1989), 210-231.

Kim. P. *Heilsgegenwart bei Paulus. Eine religionsgeschichtlich-theologische Untersuchung zu Sündenvergebung und Geistgabe in den Qumrantexten sowie bei Johannes dem Täufer, Jesus und Paulus*. Diss. Göttingen, 1996.

Klauck. H.-J. *Herrnmahl und hellenistischer Kult*. Münster: Aschendorff, 1987.

Kollmann, B. *Ursprung and Gestalten der frühchristlichen Mahlfeier*. Göttingen: Vandenhoeck und Ruprecht, 1990.

Kramer. W. *Christos Kyrios Gottessohn*. Zürich: Zwingli, 1963.

Liebs. N. *Römisches Recht.* UTB 465. Göttingen: Vandenhoeck und Ruprecht, 1975.

Lohse. E.(ed.) *Die Texte aus Qumran: hebräisch und deutsche.* Darmstadt: Wissenschaftsverlag, 1986.

Lütgert. W. *Freiheitspredigt und Schwarmgeister in Korinth. Ein Beitrag zur Charakteristik der Christuspartei*. Gütersloh: Gütersloher Verlag, 1908.

MacMaster, M.Y. "Women Holy in Body and Spirit: The Social Setting of 1 Corinthians 7". *NTS* 36 (1990), 161-181.

Maier. J. *Die Qumran-Essene: die Texte vom Toten Meer. Teil 1.* München: Reinhardt, 1995.

Martinez. F. and Tigchelaar. E. *The Dead Sea Scrolls. Study Edition Volume 1*. Leiden: Brill, 1997.

Murphy-O'Connor. J. "Sex and Logic in 1 Corinthians 11:2-16." *CBQ* 42 (1980), 482-500.

Murphy-O'Connor. J. "1Corinthians 11:2-16 Once again". *CBQ* 50 (1988), 265-274.

Murphy-O'Conner. J. *St. Paul's Corinth: Texts and Archaeology*. Wilmington, Glazier, 1983.

Niederwimmer. K. *Askese und Mysterium: Über Ehe, Ehescheidung und Eheverzicht in den Anfängen des christlichen Glaubens*. Göttingen: Vandenhoeck und Ruprecht, 1975.

Schenk. W. Art. "Korinterbriefe". *TRE* 19 (1990), 620-640.

Schmithals. W. *Die Gnosis in Korinth. Eine Untersuchung zu den Korintherbriefen*. Göttingen: Vandenhoeck und Ruprecht, 1969(3).

Schnelle. U. *Paulus. Leben und Denken*. Berlin: Walter de Gruyter, 2003.

Schnelle. U. *Gerechtigkeit und Christusgegenwart*. Göttingen: Vandenhoeck und Ruprecht, 1986.

Schottroff. L. *Der Glaubende und die feindliche Welt. Beobachtungen zum gnostischen Dualismus und seiner Bedeutung für Paulus und das Johannesevangelium* (WMANT 37). Neukirchen: Neukirchener Verlag, 1970.

Sellin, G. *Der Streit um die Auferstehung der Toten. Eine religionsgeschichtliche und exegetische*

*Untersuchung von 1Korinther 15*. Göttingen: Vandenhoeck und Ruprecht, 1986.

Sellin. G. "Das Geheimnis der Weisheit und das Raetsel der Christuspartei (Zu 1Kor 1-4)". *ZNW* 73 (1982), 69-96.

Stegemann. H. *Die Essener, Qumran, Johannes der Täufer und Jesus*. Freiburg: Herder, 1993.

Theissen, G. *Psychologische Aspekte paulinischer Theologie*. Göttingen: Vandenhoeck und Ruprecht, 1983.

Theissen. G. *Studien zur Soziologie des Urchristentums*. Tübingen: Mohr, 1979.

Thomson, C. L. "Hairstyles, Head-coverings and St. Paul. Portraits from Roman Corinth". *BA* 51 (1988), 99-115.

Trompf, G. W. "One Attitudes Toward Women in Paul and Paulinist Literature: 1 Corinthians 11: 3-16 and its Context." *CBQ* 42 (1980), 196-215.

Vielhauer. Ph. "Paulus und Kephaspartei in Korinth". *NTS* 2 (1975), 341-352.

Vielhauer. Ph. "Paulus und Kephaspartei in Korinth", *Oikodome. Aufsätze zum Neuen Testament Bd 2*. München: Kaiser, 1979, 169-182.

Wengst. K. *Didache(Apostellehre), Barnabasbrief, Zweiter Klemensbrief, Schrift an Diognet*. Darmstadt: Wissenschafliche Buchgesellschaft, 1984.

Wengst. K. *Christologische Formeln und Lieders Urchristentums*. Gütersloh: Gütersloher Verlag, 1972.

Wire. A. C. *The Corinthian Women Prophets. A Reconstruction through Paul's Rhetoric*. Minnea-polis: Augsburg Fortress, 1990.

Witherington III, B. *Women in the Earlist Churches*. Cambridge: Cambridge University Express, 1991.

바울과 고린도교회

2014년 7월 29일 초판 1쇄 인쇄
2022년 3월 15일 초판 2쇄 인쇄

지은이 | 김판임
펴낸이 | 김영호
펴낸곳 | 도서출판 동연
등　록 | 제1-1383호(1992. 6. 12.)
주　소 | 서울시 마포구 월드컵로 163-3
전　화 | (02) 335-2630
팩　스 | (02) 335-2640
이메일 | yh4321@gmail.com



ISBN 978-89-6447-252-1 93200